U0164921

N1模拟考试

新日语能力考试考前对策

[日] 新日语能力考试研究组 编著

合格模試

3回分

扫码领卡

世界图书出版公司
北京 · 广州 · 上海 · 西安

图书在版编目（C I P）数据

N1 模拟考试：新日语能力考试考前对策 / 日本新日语能力考试研究组编著；胡雅芸译．--
北京：世界图书出版有限公司北京分公司，2022.1
ISBN 978-7-5192-8570-8

Ⅰ．①N… Ⅱ．①日… ②胡… Ⅲ．①日语—水平考试—习题集 Ⅳ．① H360.41-44

中国版本图书馆 CIP 数据核字 (2021) 第 093141 号

©Ask Publishing Co., Ltd. 2020
Originally Published in Japan by ASK Publishing Co., Ltd., Tokyo

书　　名　N1 模拟考试：新日语能力考试考前对策
　　　　　N1 MONI KAOSHI: XIN RIYU NENGLI KAOSHI KAOQIAN DUICE

编 著 者　[日] 新日语能力考试研究组
译　　者　胡雅芸
责任编辑　苏靖

出版发行　世界图书出版有限公司北京分公司
地　　址　北京市东城区朝内大街 137 号
邮　　编　100010
电　　话　010-64038355（发行）　64033507（总编室）
网　　址　http://www.wpcbj.com.cn
邮　　箱　wpcbjst@vip.163.com
销　　售　新华书店
印　　刷　北京中科印刷有限公司
开　　本　787mm × 1092mm　1/16
印　　张　21.5
字　　数　413 千字
版　　次　2022 年 1 月第 1 版
印　　次　2022 年 1 月第 1 次印刷
版权登记　01-2021-1241
国际书号　ISBN 978-7-5192-8570-8
定　　价　59.00 元

版权所有　翻印必究
（如发现印装质量问题，请与所购图书销售部门联系调换）

はじめに　前言

《N1模拟考试：新日语能力考试考前对策》含三套模拟试题及答案解析，并含题型介绍及备考方法，专为以下读者编写：

✿ 决心通过新日语能力考试（JLPT）N1级别的读者

✿ 初次备考，想了解N1考试题型及备考方法的读者

✿ 想进一步提高自身的日语能力及备考技巧的读者

✿ 想对自己的日语能力进行自我检测的读者

✿本书优点✿

· 三套模拟试题的题型与真题完全相同，难易度高度接近。

· 考试题型介绍详细，针对每个题型都给出了高效、可操作性强的备考方法。

· 配精要解析，梳理核心考点及解题思路，供考生研读，吃透。

· 附有考试时间安排及评分标准。读者可模拟实战进行自我检测，并自行评分。

· 可扫码答题，另附全文翻译等电子学习资料。

关于日语能力考试N1
（JLPT）

Q1 关于日语能力考试（JLPT）

日语能力考试以母语不是日语的人士为对象，对其日语能力进行测试和评定。目前在日本47个都道府县、海外80多个国家或地区均设有考点。每年报名人数总计超过100万人，是全球最大规模的日语考试。该考试于2010年实行改革，由从前的4级到1级的四个级别变为现在的N5到N1的五个级别。

Q2 关于N1

N1的难度和原日语能力考试1级基本相同，需要考生熟练掌握各种场景中所使用的日语，是日语能力考试中难度最大的级别。N1的合格者通常会受到企业的优待，同时，日本的公务员考试等诸多国家考试都会将N1设为参加考试的门槛。

Q3 N1的考试科目

N1考试设有两个科目：①语言知识（文字・词汇・语法）・阅读、②听力。详细出题内容请参阅题型与对策（p2～p19）。

Q4 N1合格评定标准

N1考试设有三个评分单项：①语言知识（文字・词汇・语法）、②阅读、③听力，通过各单项得分和综合得分来评定是否合格。各单项及格分为19分，满分60分；综合得分的及格分为100分，满分180分。如果各单项得分中有一项没有达到19分，或者综合得分低于100分，则都视为不合格。

Q5 报考流程

第一阶段：注册个人信息和上传电子照片

阅读考生须知 〉 注册个人信息 〉 登录报名系统 〉 上传电子照片 〉 完成个人信息注册 〉

第二阶段：预定座位和支付考费，完成考试报名

登录报名系统 〉 选择报考级别和考点 〉 填写报名表 〉 同意考生承诺书 〉 完成网上支付 〉 自行打印准考证 〉 完成考试报名 〉

请登录JLPT考试官网了解详情。

https://jlpt.neea.cn/

https://jlpt.neea.edu.cn/

もくじ
目录

この本の使い方

本书的使用方法

本书构成

本书包含了 3 套模拟试题、配套解析及全文翻译（电子版）。每次模拟考试，请计时并集中精力答题。答题结束后自行评分，并阅读解析。

题型与对策 熟悉日语能力考试各种题型的答题要领，有针对性地掌握相应的备考方法。

答案及解析 不仅要知道是否答对，还要弄明白自己答错的原因。
正确答案以外的选项进行解析。
□ 题中出现的词语及表达方式，以及与之相关的词语及表达方式。

试题（含答题卡） 单独取出 1 套题，剪下末页的答题卡，模拟实际考试，计时并独立完成。

备考计划

开始备考时：完成第 1 次模拟考试，了解考试的题型，测一测自身实力。

↓

根据第 1 次模拟考试，针对自己不擅长的单项进行集中训练。
- **文字・词汇・语法：**将解析中提到的词语和表达方式抄到笔记本上，边写边记。
- **阅读：**坚持每天阅读一篇完整的日语文章。
- **听力：**边看听力原文边听录音。

↓

完成第 2 次、第 3 次模拟考试，检验自己的日语能力有没有提高。

↓

正式考试之前：扫码答题，再做一遍模拟试题，考前巩固，查缺补漏。

电子资料

N1問題の構成と対策
N1 题型与对策

時間の目安
时间分配

試験は時間との戦いです。模試を解くときも、時間をきっちりはかって解きましょう。下記はだいたいの目安です。

考试就是和时间赛跑。模拟考试时也要分配好做题时间。以下是答题的时间分配，供大家参考。

言語知識（文字・語彙・文法）・読解　110分

	問題 问题	問題数 问题数	かける時間の目安 大题时间分配	1問あたりの時間 小题时间分配
文字・語彙	問題1　漢字読み	6問	1分	10秒
文字・語彙	問題2　文脈規定	7問	2分	15秒
文字・語彙	問題3　言い換え類義	6問	2分	20秒
文字・語彙	問題4　用法	6問	6分	50秒
文法	問題5　文の文法1（文法形式の判断）	10問	5分	30秒
文法	問題6　文の文法2（文の組み立て）	5問	5分	1分
文法	問題7　文章の文法	5問	5分	1分
読解	問題8　内容理解（短文）	1問×4	10分	1文章2分30秒
読解	問題9　内容理解（中文）	3問×3	18分	1文章6分
読解	問題10　内容理解（長文）	4問×1	15分	—
読解	問題11　総合理解	2問×1	10分	—
読解	問題12　主張理解（長文）	4問×1	15分	—
読解	問題13　情報検索	2問×1	8分	—

聴解　60分

	問題 问题	問題数 问题数	かける時間の目安 大题时间分配	1問あたりの時間 小题时间分配
聴解	問題1　課題理解	6問	10分	1分35秒
聴解	問題2　ポイント理解	7問	14分	2分
聴解	問題3　概要理解	6問	9分	1分30秒
聴解	問題4　即時応答	14問	8分	35秒
聴解	問題5　統合理解	4問	8分	2分

聴解は、「あとでもう一度考えよう」と思わず、音声を聞いたらすぐに答えを考えて、マークシートに記入しましょう。

听力部分，不要总想着“我待会再思考一遍”，听的同时就要思考答案，然后立刻填写答题卡。

言語知識（文字・語彙・文法）

問題1　漢字読み　6問

漢字で書かれた言葉の読み方を答える。

問題1　＿＿＿の言葉の読み方として最もよいものを、1・2・3・4から一つ選びなさい。

例1　あの人は会議でいつも鋭い意見を言う。

1　かしこい　　2　するどい　　3　すごい　　4　とうとい

例2　がんばって、試験に合格したい。

1　ごかく　　2　こっかく　　3　ごうかく　　4　こうかく

例3　春の風が心地いい。

1　しんじ　　2　しんち　　3　ここじ　　4　ここち

答え：2　3　4

POINT　答题要领

例1のように、読みはまったく違うけど同じジャンルのことばが選択肢に並ぶ場合と、例2のように「っ」や「゛」、長い音の有無が解答の決め手となる場合がある。特別な読み方をする漢字語彙も出題される。例1のパターンでは、問題文の文脈からそこに入る言葉の意味が推測できることがある。問題文は全部読もう。

此类题型大致可以分为两种情况。一种如例1所示，4个选项虽然读音完全不同，但属于同一类型；另一种如例2，"っ（促音）""゛（浊音/半浊音）"，或者有无长音是答题的决定性因素。同时还会考查具有特殊读音的汉字词汇。第1种题型（例1）中，有时可以通过题干上下文推测出画线处词语的意思，因此做题要养成把题干从头到尾读一遍的习惯。

勉強法　备考方法

漢字は「読み方」「意味」「その漢字を使った言葉」を一緒に覚えるようにしましょう。そうすることで語彙も増え、漢字だけでなく語彙問題、読解問題の対策にもなります。例2のパターンでは、発音が不正確だと正解を選べません。漢字を勉強するときは、音とひらがなを結び付けて、声に出して確認しながら覚えましょう。一見遠回りのようですが、これをしておけば聴解力も伸びます。

学习日语汉字，可以把"读音""意思""含有该汉字的词"兼顾起来学习，除了能够增加词汇量，对语法和阅读理解也有帮助。在第2种题型（例2）中，如果发音不正确则无法选中正确答案。学习日语汉字时，要结合汉字的读音和假名一起记，边读边记。虽然看上去多此一举，但这样做可以帮助我们高效记忆，还有助于提高听力水平。

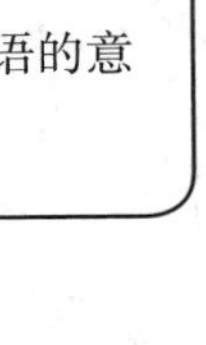

問題2　文脈規定　7問

（　　　）に入れるのに一番いい言葉を選ぶ。

問題2　（　　　）に入れるのに最もよいものを、1・2・3・4から一つ選びなさい。

例1　みんな帰って、教室の中は（　　　）静まりかえっていた。
　1　ぱっと　　2　じっと　　3　じんと　　4　しんと

例2　この番組では、いつも（　　　）な話題を提供している。
　1　ホット　　2　ポット　　3　ポイント　　4　ビジョン

答え：4　1

POINT 答题要领

①漢字語彙、②カタカナ語、③動詞・形容詞・副詞の問題が出る。

此类题型经常考查：①带汉字的词，②片假名词，③动词、形容词、副词。

勉強法 备考方法

①漢字語彙：勉強法は問題1と同じです。
②カタカナ語：カタカナ語は多くが英語に由来しています。カタカナ語の母語訳だけでなく、英語と結び付けておくと覚えやすいでしょう。語末の“s” は「ス」（例：bus→バス） など、英語をカタカナにしたときの変化を自分なりにルール化しておくと、初めて見る単語も類推できるようになります。
③動詞・形容詞・副詞：その単語だけでなく、よく一緒に使われる単語とセットで、例文で覚えましょう。

①带汉字的词：备考方法见问题1。
②片假名词：由于片假名词大多来源于英语，因此结合英语进行记忆会比较轻松。例如，“バス”来源于英语的“bus”，这里的“s”变成了片假名“ス”。针对此类由英语变化而来的片假名词，大家可以按照自己的方式对其进行整理，总结规律。这样一来，即使碰上生词也能够推测出其意思。
③动词、形容词、副词：除了记住该词本身的意思外，还要连同经常与其一起使用的单词，通过例句进行记忆。

問題3　言い換え類義　6問

＿＿＿の語や表現と意味が一番近い語や表現を選ぶ。

問題3　＿＿＿の言葉に意味が最も近いものを、1・2・3・4から一つ選びなさい。

例1　彼は不意に教室に現れた。
　1　ゆっくり　　2　いやいや　　3　突然　　4　さっさと

例2　この店のアットホームな雰囲気が気に入っている。
　1　友好的な　　2　家庭的な　　3　現代的な　　4　古典的な

答え：3　2

POINT　答题要领

①漢字語彙、②カタカナ語、③動詞・形容詞・副詞の問題が出る。
どの選択肢を選んでも正しい文になることが多い。意味をしっかり確認すること。

此类题型经常考查：①带汉字的词，②片假名词，③动词、形容词、副词。

此类题型中，任何一个选项往往都能和题干组成一个说得通的句子，因此需要准确弄清画线词语的意思。

勉強法　备考方法

よく一緒に使われる単語とセットで、単語の意味を覚えていれば大丈夫。N1レベルで覚えたほうがいい語彙はとても多いので、少しずつでも毎日勉強しましょう。

可以通过经常搭配的词组来记住单词的意思。备考N1需要记忆的词语非常多，所以每天的积累很重要。

問題4　用法　6問

問題の語を使った文として、一番いい文を選ぶ。

問題4　次の言葉の使い方として最もよいものを、1・2・3・4から一つ選びなさい。

例　密接
　1　密接なスケジュールで、体を壊してしまった。
　2　すき間ができないように、マスクをしっかり密接させる。
　3　取引先とは密接な関係を築く必要がある。
　4　密接した国同士、仲良くすべきだ。

答え：3

勉強法 备考方法

単語の意味を知っているだけでは答えられない問題もあります。語彙を覚えるときは、いつどこで使うのか、どの助詞と一緒に使われるか、名詞の場合は「する」が付いて動詞になるのか、などにも注意して覚えましょう。

此类题型中，有时只知道词义是无法选中正确答案的。记词时，要注意该词是什么时候、用在什么地方，和哪个助词一起使用的；如果是名词，要注意能否加上“する”变成动词等。

問題5　文の文法1（文法形式の判断）　10問

文の中の（　　　）に入れるのに一番いい言葉を選ぶ。

問題5　次の文の（　　　）に入れるのに最もよいものを、1・2・3・4から一つ選びなさい。

例1　（お知らせで）

今後もお客様により良いサービスを提供してまいりたいと思っております。（　　　）、アンケートにご協力のほど、どうぞよろしくお願いいたします。

1　すなわち　　2　つきましては　　3　要するに　　4　ただし

例2　田中「新しい職場はどう？ 楽しい？」

山田「楽しい（　　　）。毎日、残業ですよ。」

1　もんですか　　2　ことですか　　3　わけですか　　4　ところですか

答え：2　1

POINT 答题要领

会話形式や、二文くらいの少し長めの問題もある。接続詞・敬語表現（～ていただく・～なさいます・～願います など）・カジュアルな表現（～ったって・～んなら・～っこない・～ばよかったのに など）を問う問題も出る。文法問題と読解問題は時間が分かれていない。読解問題に時間をかけられるよう、文法問題は早めに解くこと。

此类题型题目较长，并且还会出现对话形式的问题。有时也会考查接续词、敬语表达（～ていただく・～なさいます・～願います等）以及较随意的表达（～ったって・～んなら・～っこない・～ばよかったのに等）的用法。语法和阅读不会分开计时。为了确保阅读部分有足够的时间，要尽快弄懂语法问题。

勉強法 备考方法

N1レベルの文法の中には、使う場面がほぼ決まっているものも多くあります。文法項目ごとに、自分の気に入った例文を一つ覚えておきましょう。その文法が使われる場面のイメージを持つことが大切です。

N1中的许多语法，其使用的场景基本上都是固定的。每个语法都可以通过自己喜欢的一个例句来进行记忆。关键是要对该语法的使用场景有一个整体印象，弄清楚它在什么时候、在什么情况下使用。

問題6　文の文法2（文の組み立て）　5問

文にある4つの＿＿＿に言葉を入れ、＿★＿に入る選択肢を答える。

問題6　つぎの文の＿★＿に入る最もよいものを、1・2・3・4から一つえらびなさい。

例　日本経済は、政府の景気対策により、少しずつ ＿＿＿ ＿＿＿ ＿★＿ ＿＿＿ 依然、苦しい状態が続いている。

1　回復に　　2　つつある　　3　とはいえ　　4　向かい

答え：2（1 → 4 → 2 → 3）

POINT 答题要领

＿＿＿だけ見るのではなく、文全体を読んで話の流れを理解してから解答する。ニュース記事のような内容のものも出題される。たいていは3番目の空欄が＿★＿だが、違うこともあるので注意。

不要只看画线部分，而是要阅读并理解全句脉络后再作答。该类题型有时还会出现新闻报道的内容。大多数情况下，“＿★＿”会出现在第3个画线处，但也有例外，要注意。

勉強法 备考方法

文型の前後にどんな品詞の言葉が来て、どんな形で接続するのかに注意して、語順を覚えるようにしましょう。さらに、＿＿＿の前後とうまくつながるかがヒントになるので、少し長めの文を読むときには、文の構造を図式化するなどして、文の構造に慣れておきましょう。

注意句型前后会出现怎样的词类，以怎样的形式连接，并记住单词的排列顺序。同时，画线前后是否能够连贯起来也是一种提示，因此在阅读较长的句子时，可以将句子的结构做成图示，以便熟练掌握句子的结构。

問題7　文章の文法　5問

文章の流れに合った表現を選択肢から選ぶ。

問題7　次の文章を読んで、文章全体の内容を考えて、例1 から 例4 の中に入る最もよいものを、1・2・3・4から一つ選びなさい。

「最近の若者は、夢がない」とよく言われる。わたしはそれに対して言いたい。 例1 、しょうがないじゃないか。子供のころから不景気で、大学に入ったら、就職率が過去最低を記録している。そんな先輩たちの背中を見ているのだ。どうやって夢を持って 例2 。しかし、このような状況は、逆に 例3 だとも考えられる。

自分をしっかりと見つめなおし、自分のコアを見つけるのだ。そしてそれを成長への飛躍とするのだ。今のわたしは高く飛び上がるために、一度 例4 状態だと思って、明日を信じてがんばりたい。

例1　1　したがって　　2　だって　　3　しかも　　4　むしろ

例2　1　生きていけというのだ　　2　生きていかなければならない

　　　3　生きていってもいいのか　　4　生きていくべきだろう

例3　1　ヒント　　2　アピール　　3　ピンチ　　4　チャンス

例4　1　飛んでいる　　2　もぐっている

　　　3　しゃがんでいる　　4　死んでいる

答え：2　1　4　3

POINT　答题要领

以下の３種類の問題がよく出題される。

①接続詞：下記のような接続詞を入れる。空欄の前後の文を読んでつながりを考える。

- 順接（顺接）：すると、そこで、したがって、ゆえに、よって
- 逆接（逆接）：しかし、しかしながら、だが、ところが、それでも、とはいえ、むしろ
- 並列（并列）：また、および、かつ
- 添加（添加）：そのうえ、それに、しかも、それどころか、さらに
- 対比（对比）：一方（で）
- 選択（选择）：または、あるいは、もしくは、ないし
- 説明（说明）：なぜなら
- 補足（补充）：ただ、ただし、実は、ちなみに、なお
- 言い換え（改变说法）：つまり、要するに、すなわち、いわば
- 例示（举例）：たとえば
- 転換（转换话题）：ところで、さて、では、それでは
- 確認（确认）：もちろん
- 収束（总结）：こうして、このように、その結果、結局

②文脈指示 :「そんな～」「あの～」といった表現が選択肢となる。指示詞の先は、一つ前の文にあることが多い。ただし「先日、こんなことがありました。～」のように、あとに続く具体例を指す言葉が選択肢となることもある。答えを選んだら、指示詞のところに正答と思う言葉や表現を入れてみて、不自然ではないか確認する。

③文中表現・文末表現：文の流れの中で、文中や文末にどんな表現が入るかが問われる。前後の文の意味内容を理解し、付け加えられた文法項目がどのような意味を添えることになるか考える。

此类题型经常从以下3个方面进行考查。

①接续词：考查接续词的用法。阅读空格前后的句子，并思考其间的关联。

②指代上下文：选项中经常出现“そんな～”“あの～”之类的表达方式。指示词所指代的内容通常可以在前一个句子中找到。但是，也有指代后文的情况，如“先日、こんなことがありました。～”。选择答案后，将其代入指示词的位置，检查句子是否自然。

③句中及句末表达方式：结合文章走向，选择填入文中或文末的表达。理解前后文的内容，思考选项中所使用的语法会给句子或文章增添什么样的意思。

勉強法 备考方法

①接続詞：上記の分類を覚えておきましょう。

②文脈指示：「こ」「そ」「あ」が日本語の文の中でどのように使われるか、母語との違いを明確にしておきましょう。

③文中表現・文末表現：日ごろから文法項目は例文も一緒に覚えておくと役に立ちます。また、文章を読むときは流れを意識するようにしましょう。

①接续词：记住以上分类并加以练习。

②指代上下文：明确“この”“こんな”“その”“そんな”“あの”“あんな”等指示词的用法，并注意其和母语的区别。

③句中及句末表达方式：平时通过例句来学习和记忆语法，这不失为一种有效的学习方法。另外，在阅读文章时，要注意文章的脉络。

読解

問題8　内容理解（短文）　1問×4

200字程度のテキストを読んで、内容に関する選択肢を選ぶ。

POINT 答题要领

質問のパターンはいろいろあるが、だいたいは、筆者が最も言いたい内容が問題になっている。消去法で答えを選ぶのではなく、発話意図をしっかりとらえて選ぶこと。

〈よくある質問〉
・筆者の考えに合うのはどれか。
・このメールを書いた、一番の目的は何か。
・＿＿＿について、筆者はどのように述べているか。
・筆者によると、＿＿＿とはどういうことか。
・筆者によると、＿＿＿のはなぜか。
・この案内から、＿＿＿についてどんなことがわかるか。

此类题型的提问形式很多，但基本上问的都是作者在文章中最想表达什么。答题的关键在于准确把握文章的中心思想和作者的写作意图，而不是用排除法选答案。

問題9　内容理解（中文）3問×3

500字程度の文章を読んで、内容に関する選択肢を選ぶ。

POINT 答题要领

「＿＿＿とあるが、どのような○○か」「＿＿＿とあるが、なぜか」のような質問で、キーワードや因果関係を理解できているか問う問題が出題される。下線部の意味を問う問題が出たら、同じ意味を表す言い換えの表現や、文章中に何度も出てくるキーワードを探す。下線部の前後にヒントがある場合が多い。

常见的提问方式有“＿＿＿とあるが、どのような○○か”“＿＿＿とあるが、なぜか”等，考查对关键词或因果关系的理解。对于这种就画线部分的意思进行提问的题，大家可以找出表示相同意思的替换表达方式或者文章中反复出现的关键词。大多数情况下，可以从画线部分的前后文找到提示。

問題10　内容理解（長文）4問×1

1,000字程度の文章を読んで、内容に関する選択肢を選ぶ。

POINT 答题要领

「＿＿＿とはどういうことか」「＿＿＿について、筆者はどのように考えているか」「筆者の考えに合うものはどれか」のような質問で、文章の内容や著者の考えが理解できているか問う問題が出題される。筆者が言いたいことは、最初の段落と最後の段落に書かれていることが多いので、特に注意して読もう。

以"＿＿＿とはどういうことか""＿＿＿について、筆者はどのように考えているか""筆者の考えに合うものはどれか"为例，此类题型重点考查对文章内容以及作者主张的理解。通常情况下，作者想要表达的内容会出现在最初或者最后的段落中，因此阅读文章时需要特别注意。

問題11　統合理解　2問×1

300字程度の2つの文章を読み比べて、内容に関する選択肢を選ぶ。

POINT 答题要领

「＿＿＿について、AとBはどのように述べているか」「＿＿＿について、AとBで共通して述べられていることは何か」のような質問で、比較・統合しながら理解できるかを問う問題が出題される。前者の場合、選択肢は「AもBも、＿＿＿」と「Aは＿＿＿と述べ、Bは＿＿＿と述べている」の形になる。二つの文章の共通点と相違点を意識しながら読もう。

常见的提问方式有"＿＿＿について、AとBはどのように述べているか""＿＿＿について、AとBで共通して述べられていることは何か"，需要综合比较两篇文章的内容和主张。前一种提问方式的选项通常是"AもBも、＿＿＿"和"Aは＿＿＿と述べ、Bは＿＿＿と述べている"这样的形式。阅读时，要有意识地找出两篇文章的相同点和不同点。

問題12　主張理解（長文）　4問×1

1,000字程度の文章（評論など）を読んで、主張や意見が述べてある選択肢を選ぶ。

POINT 答题要领

「______について、筆者はどう述べているか」「筆者によると、______にはどうすればいいか」「______とはどういうことか」「筆者の考えに合うものはどれか」「この文章で筆者が最も言いたいことは何か」のような質問で、全体として伝えようとしている主張や意見がつかめるかを問う問題が出題される。筆者の考えを問う問題では、主張や意見を示す表現（～べきだ、～のではないか、～なければならない、～ではないだろうか など）に注目する。

该大题重点考察对文章整体的理解，问题通常是“______について、筆者はどう述べているか”“筆者によると、______にはどうすればいいか”“______とはどういうことか”“筆者の考えに合うものはどれか”“この文章で筆者が最も言いたいことは何か”这种询问作者的主张或意见的形式。对询问作者想法的问题，则需要注意表达作者主张或意见的语句，该类语句通常以“～べきだ”“～のではないか”“～なければならない”“～ではないだろうか”等结尾。

勉強法 备考方法

問題9～12では、まずは、全体をざっと読むトップダウンの読み方で大意を把握し、次に問題文を読んで、下線部の前後など、解答につながりそうな部分をじっくり見るボトムアップの読み方をするといいでしょう。日ごろの読解練習でも、まずざっと読んで大意を把握してから、丁寧に読み進めるという二つの読み方を併用してください。

在问题9和12中，首先，粗略地阅读整篇文章，用自上而下的方法来把握文章大意；然后阅读问题，并仔细观察下划线部分前后的语句等，用自下而上的方法仔细阅读与解答相关的部分。在日常的阅读训练中，要有意识地并用“自上而下”和“自下而上”这两种阅读方法，先粗略阅读全文，把握文章大意后再仔细阅读。

問題13　情報検索　2問×1

700字程度の広告、パンフレットなどの中から必要な情報を探し出して答える。

POINT 答题要领

何かの情報を得るためにチラシなどを読むという、日常の読解活動に近い形の問題。初めに問題文を読んで、必要な情報だけを拾うように読むと効率がいい。多い問題は、条件が示されていて、それに合う商品やコースなどを選ぶもの。また、「参加したい／利用したいと考えている人がしなければならないことはどれか」という問題もある。その場合、選択肢一つひとつについて、合っているかどうか本文と照らし合わせよう。

日常生活中，人们常常为了获取信息而阅读传单等宣传物品，因此，此类题型与我们日常的阅读活动非常相近。首先阅读提问，然后有针对性地阅读必要信息，这样效率会比较高。多数情况下，需要根据问题中列出的条件选择符合该条件的商品或课程等。除此之外，也会出现诸如“参加したい／利用したいと考えている人がしなければならないことはどれか”之类的问题。这时可以把每个选项逐一与正文对照，判断是否正确。

勉強法 备考方法

広告やパンフレットの情報としてよく出てくることばを理解しておきましょう。

（例）　時間：営業日、最終、～内、開始、終了、即日
場所：集合、お届け、訪問
料金：会費、手数料、割引、無料、追加、全額負担
申し込み：締め切り、要⇔不要、最終、募集人数、定員、応募、手続き
貸出：可⇔不可
利用条件：～に限る、一人一点限り
など

理解广告或宣传小册子中经常出现的与信息相关的词语。

聴解

POINT 答題要領

聴解試験は、時間も配点も全体の約3分の1を占める、比重の高い科目。集中して臨めるよう、休み時間にはしっかり休もう。

試験中は、いったん問題用紙にメモして、あとから解答用紙に書き写す時間はない。問題を聞いたらすぐにマークシートに記入しよう。

听力的时间和分值在考试中所占比重很大，约为三分之一。因此在听力考试开始前要好好休息，以便集中精力完成考试。

在考试中，如果你把答案写在试卷上，后面就没有时间再把答案抄到答题卡上了。因此一听完提问，要马上涂答题卡，而不要把答案写在试卷上。

勉強法 备考方法

聴解は、読解のようにじっくり情報について考えることができません。わからない語彙があっても、瞬時に内容や発話意図を把握できるように、たくさん練習して慣れましょう。とはいえ、やみくもに聞いても聴解力はつきません。話している人の目的を把握したうえで聞くようにしましょう。また、聴解力を支える語彙・文法の基礎力と情報処理スピードを上げるため、語彙も音声で聞いて理解できるようにしておきましょう。

听力无法像做阅读题那样可以充分思考。平时要做大量的练习，以便做到即使有不懂的词也能够瞬间把握对话内容和说话人的意图。话虽如此，不动脑筋地为听而听是无法提高听力水平的。要在把握说话人意图的基础上进行听力训练。另外，词汇、语法和信息处理速度是听力的基础，因此在学习词汇时，可以边听边理解词义，从而提高听力水平。

問題1　課題理解　6問

二人の会話を聞いて、ある課題を解決するのに必要な情報を聞き取る。

練習する
听例题

状況説明と質問を聞く
听场景说明和提问

▼

会話を聞く
听正文（两人之间的对话）

▼

もう一度質問を聞く
再听一遍提问

▼

選択肢、またはイラストから答えを選ぶ
选择答案并涂卡

問題1では、まず質問を聞いてください。それから話を聞いて、問題用紙の1から4の中から、最もよいものを一つ選んでください。

🔊 病院の受付で、男の人と女の人が話しています。
男の人はこのあとまず何をしますか。

🔊 M：すみません、予約していないんですが、いいですか。
F：大丈夫ですよ。こちらは初めてですか。初めての方は、まず診察券を作成していただくことになります。
M：診察券なら、持っています。
F：それでは、こちらの書類に症状などをご記入のうえ、保険証を一緒に出してください。そのあと体温を測ってください。
M：わかりました。ありがとうございます。

🔊 男の人はこのあとまず何をしますか。

1　予約をする
2　診察券を作成する
3　書類に記入する
4　体温を測る

答え：3

POINT　答题要领

質問をしっかり聞き、聞くべきポイントを絞って聞く。質問は「（これからまず）何をしなければなりませんか」というものがほとんど。「＿＿＿はいいかな」などと話が二転三転することも多いので注意。「その前に」「～はそれからで」「先に」「差し当たり」「とりあえず」「ひとまず」「それより」など、優先順位を表す言葉を聞き逃さないようにしよう。

仔细听问题，并抓住重点。问题几乎都是“（これからまず）何をしなければなりませんか”这样的形式。对话过程中话题会反复变化，因此要注意“＿＿＿はいいかな”这样的语句。同时，“その前に”“～はそれからで”“先に”“差し当たり”“とりあえず”“ひとまず”“それより”等表示优先顺序的词语也很关键，注意不要漏听。

問題2　ポイント理解　7問

二人、または一人の話を聞いて、話のポイントを聞き取る。

練習する
听例题

状況説明と質問を聞く
听场景说明和提问

▼

選択肢を読む
读选项

▼

話を聞く
听正文

▼

もう一度質問を聞く
再听一遍提问

▼

選択肢から答えを選ぶ
选择答案并涂卡

問題2では、まず質問を聞いてください。そのあと、問題用紙のせんたくしを読んでください。読む時間があります。それから話を聞いて、問題用紙の1から4の中から、最もよいものを一つ選んでください。

🔊 テレビで司会者と男の人が話しています。男の人は芝居のどんなところが一番大変だと言っていますか。

（約20秒）

🔊 F：富田さん、今回の舞台劇『六人の物語』は、すごく評判がよくて、ネット上でも話題になっていますね。
M：ありがとうございます。空いている時間は全部練習に使ったんですよ。でも、間違えないでセリフを話せたとしても、キャラクターの性格を出せないとお芝居とは言えないので、そこが一番大変でしたね。

🔊 男の人は芝居のどんなところが一番大変だと言っていますか。

1　体力がたくさん必要なところ
2　セリフをたくさん覚えないといけないところ
3　練習をたくさんしないといけないところ
4　キャラクターの性格を出すところ

答え：4

POINT　答題要領

質問文を聞いたあとに、選択肢を読む時間がある。質問と選択肢から内容を予想し、ポイントを絞って聞くこと。問われるのは、原因・理由や問題点、目的、方法などで、日常での聴解活動に近い。「実は」「しかし」「ただ」「でも」などの言葉のあとには、大事な話が続くことが多いので、注意して聞こう。

听完问题后，有阅读选项的时间。大家可以从问题和选项预测接下来要听的内容，抓住重点听。此类题型的对话场景很接近日常生活，问题通常会涉及原因、理由、问题点、目的、方法等等。多数情况下，对话中的重要内容会出现在“実は”“しかし”“ただ”“でも”等表达后，需要特别注意。

問題3　概要理解　6問

二人、または一人の話を聞いて、話のテーマ、話し手の言いたいことなどを聞きとる。

練習する
听例题

問題3では、問題用紙に何も印刷されていません。この問題は、全体としてどんな内容かを聞く問題です。話の前に質問はありません。まず話を聞いてください。それから、質問とせんたくしを聞いて、1から4の中から、最もよいものを一つ選んでください。

状況説明を聞く
听场景说明

日本語学校で先生が話しています。

▼

話を聞く
听正文

F：みなさん、カレーが食べたくなったら、レストランで食べますか、自分で作りますか。カレーはとても簡単にできます。じゃがいも、にんじん、玉ねぎなど、自分や家族の好きな野菜を食べやすい大きさに切って、ルウと一緒に煮込んだらすぐできあがります。できあがったばかりの熱々のカレーももちろんおいしいのですが、実は、冷蔵庫で一晩冷やしてからのほうがもっとおいしくなりますよ。それは、冷めるときに味が食材の奥まで入っていくからです。自分で作ったときは、ぜひ試してみてください。

▼

質問を聞く
听提问

先生が一番言いたいことは何ですか。

▼

選択肢を聞く
听四个选项

1　カレーを作る方法
2　カレーをおいしく食べる方法
3　カレーを作るときに必要な野菜
4　カレーのおいしいレストラン

▼

答えを選ぶ
选择答案并涂卡

答え：2

POINT　答题要领

話題になっているものは何か、一番言いたいことは何かなどを問う問題。細部にこだわらず、全体の内容を聞き取るようにする。とくに「つまり」「このように」「そこで」など、要旨や本題を述べる表現や、「～と思います」「～べきです」など、話し手の主張や意見を述べている部分に注意する。

对话围绕什么话题展开，作者最想表达什么，是此类题型的考查重点。答题关键是不要在细节上纠结，而是要把握整个对话内容。对于“つまり”“このように”“そこで”等表述重点或者中心思想的表达方式，以及“～と思います”“～べきです”这类表述说话人的主张或意见的部分，大家要特别注意。

問題4　即時応答　14問

質問、依頼などの短い発話を聞いて、適切な答えを選ぶ。

練習する
听例题

質問などの短い発話を聞く
听提问等短句

▼

選択肢を聞く
听三个选项

▼

答えを選ぶ
选择答案并涂卡

問題4では、問題用紙に何も印刷されていません。まず文を聞いてください。それから、それに対する返事を聞いて、1から3の中から、最もよいものを一つ選んでください。

F：あれ、まだいたの？ とっくに帰ったかと思った。

M：1　うん、思ったより時間がかかって。
　　2　うん、予定より早く終わって。
　　3　うん、帰ったほうがいいと思って。

答え：1

勉強法　備考方法

問題4には、日常生活でよく使われている挨拶や表現がたくさん出てきます。日ごろから注意して覚えておきましょう。文型についても、読んでわかるだけでなく、耳から聞いてもわかるように勉強しましょう。

在问题4中，会出现很多日常生活中经常用到的问候语及其表达方式。平时要注意积累。学习句型也一样，不仅要看得懂，还要听得懂。

問題5　統合理解　4問

複数の情報を比較しながら、内容を聞き取る。

練習なし
无例题

問題5では、長めの話を聞きます。この問題に練習はありません。
問題用紙にメモをとってもかまいません。
1番、2番　問題用紙に何も印刷されていません。まず話を聞いてください。それから、質問とせんたくしを聞いて、1から4の中から、最もよいものを一つ選んでください。

状況説明を聞く
听场景说明

🔊 家で家族三人が娘のアルバイトについて話しています。

▼

会話を聞く
听正文

🔊 F1：ねえ、お母さん。わたし、アルバイト始めたいんだ。いいでしょう？
F2：まだ大学に入ったばかりなんだから、勉強をしっかりやったほうがいいんじゃないの？
F1：でも、友達はみんなやってるし、お金も必要だし…。お父さんだって、学生時代アルバイトやってたんでしょう？
M：そうだな…。じゃあ、アルバイトはしないで、お父さんの仕事を手伝うのはどうだ？ 1時間1,000円出すよ。
F1：えっ、本当に？ やるやる。
F2：よかったわね。でも、大学の勉強も忘れないでよ。

▼

質問を聞く
听提问

🔊 娘はなぜアルバイトをしないことにしましたか。

選択肢を聞く
听四个选项

🔊 1　大学の勉強が忙しいから
2　お金は必要ないから
3　母親に反対されたから
4　父親の仕事を手伝うから

答えを選ぶ
选择答案并涂卡

答え：4

POINT 答题要领

1番と2番では、質問と選択肢がわからないまま1～2分程度の長めの会話を聞かなければならない。ポイントになりそうなことをメモしながら聞こう。

第1题和第2题，需要我们在不知道问题和选项的情况下听一段1～2分钟的对话。听的过程中要做笔记，把关键信息写下来。

選択肢を読む 读选项
状況説明を聞く 听场景说明
一人の話を聞く 听单人讲话
▼
二人の会話を聞く 听两人对话
▼
二つの質問を聞く 听两个提问
▼
選択肢から答えを選ぶ 选择答案并涂卡

3番　まず話を聞いてください。それから、二つの質問を聞いて、それぞれ問題用紙の1から4の中から、最もよいものを一つ選んでください。

1　Aグループ　　2　Bグループ
3　Cグループ　　4　Dグループ

🔊 あるイベントの会場で、司会者がグループ分けの説明をしています。

🔊 司会者：今から性格によって四つのグループに分かれていただきたいと思います。まず、Aグループは「社交的なタイプ」の方。それから、Bは「まじめで几帳面タイプ」の方、Cは「マイペースタイプ」の方、Dは「一人でいるのが好きなタイプ」です。では、ABCDと書かれた場所に分かれてお入りください。

🔊 M：僕はよく研究者っぽいって言われるから、Dなのかなあ。

F：そう？ マイペースなだけなんじゃない？ それに、一人でいるとこなんて見たことないよ。

M：そう言われるとそうだな。じゃあ、あっちか。

F：私はどうしよう。

M：うーん、君はけっこう細かいんじゃない？ 時間にもうるさいし。

F：そっか。じゃ、こっちにしよう。

🔊 質問1　男の人はどのグループですか。

質問2　女の人はどのグループですか。

答え：3　2

POINT 答题要领

ある話に関する説明を聞いたあと、それについて二人が話す会話を聞く。説明部分は、問題用紙に書かれた選択肢の周りにメモをしながら聞くこと。そのメモを見ながら会話部分を聞き、答えを選ぶ。

该题分为两个部分，先听一段关于某话题的说明，再听两个人围绕该说明展开的对话。在听第一部分的说明时，可以边听边在试题的选项旁边做笔记，然后边看笔记边听第二部分的对话，选择正确答案。

第1回　解答・解説

第1套模拟试题答案及解析

合格模試　解答用紙

N1　言語知識（文字・語彙・文法）・読解

正答　答案

受験番号 Examinee Registration Number		名前 Name	

〈ちゅうい　Notes〉

1. くろいえんぴつ（HB、No.2）でかいてください。
   Use a black medium soft (HB or No.2) pencil.
   （ペンやボールペンではかかないでください。）
   (Do not use any kind of pen.)
2. かきなおすときは、けしゴムできれいにけしてください。
   Erase any unintended marks completely.
3. きたなくしたり、おったりしないでください。
   Do not soil or bend this sheet.
4. マークれい Marking Examples

よいれい Correct Example	わるいれい Incorrect Examples
●	⊗ ✓ ○ ◎ ⊜ ◐ ● (grey)

問題1				
1	●	②	③	④
2	①	●	③	④
3	①	●	③	④
4	①	●	③	④
5	①	②	③	●
6	●	②	③	④
問題2				
7	①	●	③	④
8	●	②	③	④
9	●	②	③	④
10	①	②	③	●
11	●	②	③	④
12	①	②	●	④
13	①	②	●	④
問題3				
14	①	②	③	●
15	●	②	③	④
16	●	②	③	④
17	①	②	③	●
18	①	②	●	④
19	①	●	③	④
問題4				
20	●	②	③	④
21	①	②	●	④
22	①	②	●	④
23	①	●	③	④
24	●	②	③	④
25	①	②	③	●

問題5				
26	①	②	●	④
27	①	②	③	●
28	①	●	③	④
29	①	②	●	④
30	①	②	③	●
31	①	●	③	④
32	①	②	●	④
33	①	②	③	●
34	●	②	③	④
35	①	②	③	●
問題6				
36	①	②	●	④
37	●	②	③	④
38	①	②	●	④
39	①	②	③	●
40	①	②	③	●
問題7				
41	①	●	③	④
42	●	②	③	④
43	①	②	●	④
44	●	②	③	④
45	①	②	③	●
問題8				
46	①	●	③	④
47	①	②	③	●
48	①	②	●	④
49	①	②	③	●

問題9				
50	①	●	③	④
51	①	●	③	④
52	①	②	●	④
53	①	②	●	④
54	●	②	③	④
55	●	②	③	④
56	①	②	●	④
57	①	●	③	④
58	①	●	③	④
問題10				
59	●	②	③	④
60	①	●	③	④
61	●	②	③	④
62	①	●	③	④
問題11				
63	①	②	●	④
64	①	②	③	●
問題12				
65	①	②	③	●
66	①	②	●	④
67	●	②	③	④
68	①	②	●	④
問題13				
69	①	●	③	④
70	①	●	③	④

合格模試　解答用紙

N1　聴解

正答　答案

受験番号 Examinee Registration Number		名前 Name	

〈ちゅうい　Notes〉

1. くろいえんぴつ（HB、No.2）でかいてください。
   Use a black medium soft (HB or No.2) pencil.
   （ペンやボールペンではかかないでください。）
   (Do not use any kind of pen.)
2. かきなおすときは、けしゴムできれいにけしてください。
   Erase any unintended marks completely.
3. きたなくしたり、おったりしないでください。
   Do not soil or bend this sheet.
4. マークれい Marking Examples

よいれい Correct Example	わるいれい Incorrect Examples
●	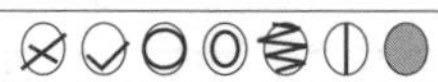

問題1（もんだい）

例（れい）	①	②	●	④
1	①	●	③	④
2	①	②	●	④
3	①	②	●	④
4	①	●	③	④
5	●	②	③	④
6	①	●	③	④

問題2（もんだい）

例（れい）	①	●	③	④
1	①	②	③	●
2	①	②	③	●
3	①	●	③	④
4	①	②	●	④
5	①	②	●	④
6	①	②	③	●
7	①	●	③	④

問題3（もんだい）

例（れい）	①	②	③	●
1	①	●	③	④
2	①	②	●	④
3	①	②	●	④
4	●	②	③	④
5	①	②	③	●
6	①	●	③	④

問題4（もんだい）

例（れい）	●	②	③
1	①	②	●
2	●	②	③
3	①	●	③
4	①	●	③
5	①	●	③
6	●	②	③
7	①	●	③
8	①	②	●
9	●	②	③
10	①	②	●
11	①	●	③
12	①	②	●
13	●	②	③
14	①	②	●

問題5（もんだい）

1	①	②	③	●
2	①	●	③	④
3 (1)	●	②	③	④
3 (2)	①	②	③	●

採点表 评分表

文字・語彙・文法		配点	正答数	点数
	問題1	1点×6問	／6	／6
	問題2	1点×7問	／7	／7
	問題3	1点×6問	／6	／6
	問題4	2点×6問	／6	／12
	問題5	1点×10問	／10	／10
	問題6	1点×5問	／5	／5
	問題7	2点×5問	／5	／10
	合　計	56点		a ／56

按满分60分进行折算（下同）：　a □ 点÷54×60＝ A □ 点

読解		配点	正答数	点数
	問題8	2点×4問	／4	／8
	問題9	2点×9問	／9	／18
	問題10	3点×4問	／4	／12
	問題11	3点×2問	／2	／6
	問題12	3点×4問	／4	／12
	問題13	3点×2問	／2	／6
	合　計	62点		b ／62

b □ 点÷62×60＝ B □ 点

聴解		配点	正答数	点数
	問題1	2点×6問	／6	／12
	問題2	1点×7問	／7	／7
	問題3	2点×6問	／6	／12
	問題4	1点×14問	／14	／14
	問題5	3点×4問	／4	／12
	合　計	57点		c ／57

c □ 点÷57×60＝ C □ 点

如果A B C 任一数字低于48，就要仔细看解析，然后再挑战一次！
（48分是本书的标准）

※本评分表是本书作者根据试题难易程度而制作的。

解説 解析

言語知識（文字・語彙・文法）

問題1

1 **1 うながした**

促　ソク／うなが-す

促す：催促

2 ～に即した：根据……，按照……

3 潰す：弄碎，压坏

4 犯す：违犯　例罪を犯す

侵す：侵犯　例人権を侵す

冒す：侵蚀，冒着

例がんに冒される、危険を冒す

2 **2 はつが**

発　ハツ（ハッ・パツ）・ホツ（ホッ）

芽　ガ／め

発芽：植物の芽が出ること

1 葉っぱ ＝ 葉

3 **2 じゅりつ**

樹　ジュ

立　リツ・リュウ／た-つ・た-てる

樹立する：树立，创立

4 **2 そしょう**

訴　ソ／うった-える

訟　ショウ

訴訟：诉讼

5 **4 ちゅうせん**

抽　チュウ

選　セン／えら-ぶ

抽選：抽选，抽签

6 **1 したって**

慕　ボ／した-う

慕う：敬慕，景仰

2 飾る：装饰

3 謳う：（ほめたたえる／主張する）歌颂，主张

例平和を謳う

4 諮る：协商，咨询　例審議を諮る

問題2

7 **2 推進**

推進する：推进，推动

1 推測する：（根据事物的状态或者性质进行）推测

例原因を推測する

3 推考する：（根据道理或者情形对事物进行）推想

例念入りに推考する

4 推移する：推移，变迁

8 **1 脱退**

脱退する：脱离，退出

2 脱出する：逃脱，逃出

3 撤退する：撤退

4 撤収する：撤回

9 **1 痛む**

胸が痛む：痛心，难过

2 胸を打つ：（感動させる）打动人心

3 耳を傾ける：（熱心に聞く）倾听

4 足を引っ張る：（仲間の成功や勝利の邪魔をする）拖后腿

10　4 見地

科学的な見地：科学观点

1 見積：报价　例見積を取る

2 見識：见识　例見識が深い

3 見当：估计，推测　例見当をつける

11　1 カーブ

カーブ：（道などが曲がっていること）（道路等的）转弯处

2 スペース：空间

3 セーフ：安全

4 スピード：速度

12　3 打ち切り

打ち切りになる：中止，结束

1 打ち消し：打消，消除

4 打ち取り：（野球でピッチャーがバッターをアウトにすること）棒球术语，指投手让击球手出局

13　3 あらかた

あらかた：（だいたい・ほとんどの部分）大致，大体上，几乎全部

1 まったく（～ない）：完全（不）

2 しばしば：屡次，经常

4 たいてい：通常，向来

問題3

14　4 忙しい

せわしない ＝ 忙しい：忙碌

15　1 もとにもどる

復旧する ＝ もとにもどる：恢复原状

16　1 単純な

シンプルな ＝ 単純な：单纯的

17　4 思い上がって

うぬぼれている ＝ 思い上がっている：自满

1 思い悩む：苦恼，忧虑

2 思い余る：想不开，不知如何是好

3 思い込む：深信不疑

18　3 よく

ちょくちょく（～する） ＝ よく（～する）：经常（做）

19　2 平凡な

ありふれた ＝ 平凡な：平凡的，普通的

問題4

20　1 田口さんは普段は無口ですが、サッカーのことになるとよく話します。

無口：沉默寡言

21　3 私の寮では、22時以降の外出は禁止されている。

～以降：…以后

1 …、休日以外は時間が取れそうにありません。

以外：……之外，……以外

4 60点以下は不合格になりますから、…

以下：……以下，以后

22　3 ささやかですが、こちらお祝いの品物です。どうぞ。

ささやか：简朴，微薄

4 …、静かな町で暮らしたい。

静か：安静

23　2 成績が上がってきたとはいえ、試験に合格するまで油断は禁物だ。

油断は禁物：不能疏忽大意

1 …、会場内でのご飲食は禁止されています。

禁止：禁止

24　1 仕事ばかりしていないで、たまには息抜きしましょう。

息抜きする：歇口气

2 …、涼しい風が森の中を吹き抜けていった。

風が吹き抜ける：风吹而过

4 …、気がつくとため息ばかりついている。

ため息をつく：唉声叹气

25　4 さすが、若い人は仕事の飲み込みが早いね。

飲み込みが早い：理解得快

1 そんなにたくさん書類を詰め込むと、…

詰め込む：装入，塞满

2 飛び込みで営業をしても、…

飛び込み営業：上门推销

3 …、毎日研究にのめり込んでいて、…

のめり込む：热衷于，埋头于

問題5

26　3 極まりない

～極まりない＝非常に～だ：非常……

※“～”的部分要用な形容词。经常使用“危険／失礼／残念”等词语。

1 ～に限る：（～が一番いい）……是最好的

2 ～て/でたまらない：（我慢できないほど～だ）……得不得了

4 ～を禁じ得ない：（～という気持ちを抑えられない）无法抑制……（的心情）

※“～”处用“涙/怒り/驚き”等名词。

27　4 あるからには

AからにはB＝Aなのだから当然B：因为A所以当然是B

※B通常用“べきだ／つもりだ／なければならない”等词。

1 AとしてもB：（仮にAという場合でもB）即使A也B

2 AものならB：（もしAできるならB）如果能A就B

※B使用“～する/～たい”等表达方式。

3 AべくB：（AしようとB思ってB）想做A于是B

28　2 組織ぐるみ

～ぐるみ＝～を含めて全部：包括……在内

例 組織ぐるみの犯罪・家族ぐるみの付き合い

組织整体的犯罪／家庭成员的交往

1 ～上：（～の観点から見れば）从……的观点来看

※“～”处用“教育/法律/立場/経験”等名词。

3 ～ずくめ：（すべてにわたって～だ）全都……

※“～”处用“いいこと/うれしいこと/ごちそう/会議/黒”等名词。

4 ～まみれ：（～のような汚いものが全体にくっついている）全部沾着像……一样的污渍

※“～”处用“泥/汗/ほこり/油/血/借金”等名词。

29　3 や否や

Aや否やB＝Aするのと同時にB：做A的同时做B

※A处用动词的辞书形。

1 Aと思いきやB：（Aと思ったが実際はB）认为是A其实是B

2 AもののB：（Aなのは確かだがしかしB）的确是A但B

4 AとあってB：（Aという事情でB）因为A所以B

30　4 信頼するに足りない

～に足りない＝～するための条件を満たしていない・～できない：不满足做……的条件/做不到……

※“～”处用动词的辞书形以及“名詞＋する”。

例 信頼するに足りない・信頼に足りない

不值得信赖

1 ～にかたくない：（簡単に～できる）很容易做……

※“～”处用“想像（する）/理解（する）/推測（する）/察する”等。

2 ～に越したことはない：（～するのが当然いい）做……当然好

3 ～にほかならない：（～以外のものではない）不是……之外的东西

31　2 お待ちしております

“心よりお待ちしております（衷心期待您的光临）”是商业用语。

32　3 してまで

AてまでBようとは思わない＝Aのような無理をしてBするつもりはない：没打算通过做A而去做B

2 AからしてB：（Aがそうだからそれ以外はもちろんB・Aから判断してB）从A判断出B

4 Aする限りB：（Aの状態が続く間はB）在A的状态存续期间做B

33　4 を皮切りに

Aを皮切りにB＝Aを始まりとして次々とB：以A为开始依次B

1 Aを通してB：（Aを媒介・手段としてB）以A为媒介/手段做B

2 AはさておきB：（Aについては今は話題として取り上げないでB）不将A作为现在的话题转而B

3 AはおろかB：（Aは当然としてさらにBも）A理所当然，而且B也……

34　1 をおいて

～をおいて他にいない＝～以外に適当な人はいない・～以外に他に代わるものがない：除了……没有合适的人/没有什么能代替……

2 ～ともあろう：（～という立場にある）处于……立场

4 ～ならでは：（～に特有・～だからできる）……特有/……所以做得到

35　4 をもって

AをもってB＝～という区切りで：以……告一段落

※B 要用“終了する / 解散する”等表示在当时结束的词语。

問題6

36　3

このような思い切った改革は　4彼の　2リーダーシップ　3なくしては　1なし得なかっただろう。

～なくしてはなし得なかっただろう：（～がなかったら実現できなかっただろう）没有……大概无法实现吧

37　1

半年前に　2父が　4なくなって　1からと　3いうもの、母は元気をなくしてしまった。

～てからというもの：（～てからずっと）……之后一直都……

38　3

しばらくお会いしていませんし、お話ししたいこともたくさんありますので、就職の　2ご報告　4かたがた　3ご挨拶に　1伺おう　と思います。

Aかたがたワード：（Aをする機会に一緒にBもする）借着做A的机会把B一起做了
※A使用“お礼/お見舞い/ご報告/ご挨拶”等名词。
～に伺います：（～に行きます）自谦语

39 **4**

年をとってから体力が落ちてきた父は 3若いころの 1ようにとは 4言わないまでも 250メートルぐらいは 泳げるようにしておきたいと、トレーニングに励んでいる。
AのようにとはBわないまでもB：（Aのようなレベルとは言わないが少なくともBくらいは）虽然不一定达到A水平，但至少达到B

40 **4**

これだけの事故が起きてしまったのだから、田村さんは 2リーダー 1としての 4責任を 3追及されるに 違いない。
AとしてのB：（Aの立場でのB）作为A的B
責任を追及される：被追究责任
～に違いない：（きっと～だ・絶対に～だ）一定……/绝对……

問題7

41 **2 なりかねません**

～になりかねない：（～という好ましくない事態になるかもしれない）可能会造成某种不好的结果
你说的不对”或者“互相矛盾”这种发言，听上去像是要和对方吵架，所以要说“関係性を破壊することになるかもしれない（＝なりかねない）（可能会破坏关系）”。

42 **1 次第だ**

～次第だ：（～による）取决于……
日本有着难以表达不同意见的氛围。重要的是措辞，“一切都取决于措辞”。“言い方次第だ＝言い方による”。

43 **3 できるのではないでしょうか**

～のではないでしょうか：（～と思います）不是……吗
稍微变换一下视角，“是不是也可以这样考虑呢”。

44 **1 それが**

一般来说，上司经常会让部下看到自己强势的一面。这既是部长的风格，也是其价值所在。

45 **4 に**

因为否定“部长风格”的人是“大小姐”，所以这里用“被动”的表达方式，“部長のスタイルがお嬢様に否定される（部长的风格被大小姐否定了）”。

読解

問題8

(1) 46 2

20XX年7月吉日

お客様各位

市内温水プールさくら管理会社

花火大会に係る営業時間変更のお知らせ

いつも市内温水プールをご利用いただきまして、誠にありがとうございます。

さて、毎年恒例の夏まつり花火大会が8月10日（土）に予定されており、大会が開催される場合、午後5時以降は温水プールさくらの駐車場が車両進入禁止区域になります。

つきましては、雨天などによる大会順延にも即対応できるよう、開催日及び予備日の二日間の営業時間を午前10時より午後5時までと変更させていただきます。

お客様には大変ご不便をおかけいたしますが、何卒ご理解ご協力をお願い申し上げます。

覚えよう!

- □吉日：吉日
- □各位：各位
- □誠に：诚然
- □恒例：惯例
- □開催する：举行，举办
- □車両進入禁止区域：禁止车辆入内的区域
- □順延：顺延
- □即～：（すぐ～）立即……
- □何卒：（「どうぞ」の丁寧な言い方）请，务必

2 最も伝えたいことなので、「お知らせ」の場合は、まずタイトルに注目する。「二日間の営業時間を変更する」と書いてあるので、2が正解。

题目问的是这则通知最想传达的内容，当文章类型是“通知”时，首先要关注标题。因为通知上写了要“调整两天的营业时间”，所以选项2正确。

1·3·4 花火大会の日、駐車場は午後5時以降、車両進入禁止区域（＝車が入ってはいけない所）になる。駐車場が花火大会の会場とは言っていない。

选项1、3、4：烟花大会当天，停车场在下午5点之后将变成禁止车辆进入的区域（车辆进不去的地方）。通知里没有说停车场是烟花大会的会场。

※「つきましては」は「そこで」「そのため」の丁寧な言い方。何かを依頼したいときなど、ビジネスでよく使われる。

※「つきましては」是比「そこで」「そのため」更为礼貌的说法。在商务往来中拜托别人做某事时经常使用。

(2) 47 4

ものが豊かになった。子どものころをふり返ってみると、4 <u>食事がぜいたくになった</u>ことに驚いてしまう。（中略）

現在はまさに飽食の時代である。世界中の珍味、美味が町中にあふれていると言っていいだろう。「グルメ」志向の人たちが、あちらこちらのレストランをまわって味比べをしている。昔の父親は妻子に「不自由なく食わせてやっている」というだけで威張っていたものだが、今では 4 <u>それだけでは父親の役割を果たしている、とは言えなくなってきた</u>。

4　「それだけで」の「それ」は「妻子に不自由なく食わせてやっている」を指している。昔と違って今は食事がぜいたくになり、量で満足させるだけの時代ではなくなったので、4が正解。

“仅仅做到这些”中的“这些”指的是“能让妻子儿女随意吃喝”。现在与过去不同，饮食变得讲究，仅靠量无法满足妻子儿女，因此选项4正确。

覚えよう!

□飽食の時代：饱食时代
□珍味：珍馐
□美味：美味（的食物）
□グルメ志向：美食家志向
□役割を果たす：尽到职责

(3) 48 3

二宮金次郎の人生観に、「積小為大」という言葉がある。（中略）「自分の歴史観」を形づくるためには、この「積小為大」の考え方が大切だ。つまり歴史観というのは、歴史の中に日常を感じ、同時にそれを自分の血肉とする細片の積み重ねなのだ。そのためには、まず、「歴史を距離を置いて見るのではなく、自分の血肉とする親近感」が必要だ。つまり、3 <u>歴史は“他人事”ではなく、“わが事”なのである</u>。いうなれば、3 <u>歴史の中に自分が同化し、歴史上の人物の苦しみや悲しみを共感し、体感し、それをわが事として「では、どうするか」ということを、歴史上の相手（歴史上の人物）とともに考え抜くという姿勢だ</u>。

2　実際に似たような体験をしようとするとは述べていない。

并没有说实际经历过相似的体验。

3　言い換えや結論を述べる接続詞「つまり」「いうなれば」に続く文に注意しよう！

要注意接在表示转换话题和叙述结论的接续词“也就是说”和“换言之”后面的内容。

「歴史の中に自分が同化し、自分ならどう行動するかを考えること」と言っているので、3が正解。

因为文中说了“就能将自己与历史同化，会去思考如果是自己的话会怎么做”，所以选项3正确。

4　そうは言っていない。

并没有这样说。

覚えよう!

□人生観：人生观
□歴史観：历史观
□形づくる：塑造
□血肉：血与肉

□細片：碎片
□親近感：亲近感
□いうなれば：（言ってみれば・すなわち）换言之
□同化する：同化
□共感する：共鸣，同感

(4) 49 4

先日、或る編集者と御飯を食べながら打ち合わせをしていたときのこと。不意に彼女が言った。

「カレーは温かいのがいいって言う人が多いけど、私は御飯かルウのどっちかが冷たい方が好きなんです」

「おおっ、俺もです！」

興奮のあまり、思わず一人称が「俺」になってしまった。**4** だって、人生の四十五年目にして初めて出会ったのだ。「御飯かルウのどっちかが冷たいカレーが好き」。そう断言するひとに。仲間だ。私は小学校時代の同級生と小田原城の天守閣で偶然再会したとき以来の「まさかこんなところで友に会えるとは感」に襲われた。

3 好みをはっきりと断言したことに興奮したわけではないので、3は間違い。

作者并不是因为对方清楚表达了对咖喱温度的喜好而感到兴奋，所以选项3错误。

4 「45年目にして初めて会った」つまり「これまで会ったことがなかった」ということなので、4が正解。

因为作者“45年以来第一次遇到”，也就是说“之前没有见到过”，所以选项4正确。

覚えよう！

□不意に：忽然，冷不防
□一人称：第一人称
□襲う：侵袭，侵扰

第1回
文字・語彙
文法
読解
聴解

問題9

(1) 50 2　51 2　52 3

四十にして惑わず、という言葉がある。男の厄年は四十二だ。別にこれらに影響されなくても、50 四十という年齢は、男の人生にとって、幸、不幸を決める節目であると思えてならない。

（中略）

51 四十代の男が、もし不幸であるとすれば、それは自分が意図してきたことが、四十代に入っても実現しないからである。世間でいう、成功者不成功者の分類とはちがう。職業や地位がどうあろうと、幸、不幸には関係ない。52 自分がしたいと思ってきたことを、満足いく状態でしつづける立場をもてた男は、世間の評判にかかわりなく幸福であるはずだ。

家庭の中で自分の意志の有無が大きく影響する主婦とちがって、社会的人間である男の場合は、思うことをできる立場につくことは、大変に重要な問題になってくる。これがもてない男は、趣味や副業に熱心になる人が多いが、それでもかまわない。週末だけの幸福も、立派な幸福である。

52 困るのは、好きで選んだ道で、このような立場をもてなかった男である。この種の男の四十代は、それこそ厄代である。知的職業人にこの種の不幸な人が多いのは、彼らに、仕事は自分の意志で選んだという自負があり、これがまた不幸に輪をかけるからである。

50 四十歳がその後の幸不幸を決める時になると言っているので、2が正解。

因为40岁才是决定今后是否幸福的时候，所以选项2正确。

51 この部分から2が正解。

从“如果一个年过40岁的男人是不幸的，那一定是因为他到了40岁都没能实现自己的理想”这句话可知选项2正确。

52 「このような立場をもてなかった」とは「自分がしたいと思ってきたことを、満足いく状態でしつづける立場をもてなかった」ということなので、3が正解。

“没能处在这种状态”是指“没能处在不断满足自己做想做的事的状态”，因此选项3正确。

覚えよう！

□四十にして惑わず：（『論語』の中にある有名な孔子の言葉。「四十歳になれば、道理を知って迷いがなくなる」という意味）四十不惑

□節目：节骨眼

□意図する：意图，打算

□副業：副业

□厄代：（筆者の作った言葉。災いにあいやすい年代という意味）不顺之年

□知的：有知识的，有智慧的

□この種の～：（こういう・こういった）这种……，这一类……

□自負：自负

□輪をかける：（程度をさらに激しくする）更加，更强烈，更胜一筹

(2) 53 3　54 1　55 1

戦後、イギリスから京都大学へすぐれた物理学者がやってきた。招かれたのかもしれない。この人は、**53** 珍しく、日本語が堪能で、日本では、日本人研究者の英語論文の英語を助けることを行っていた。のち、世界的学者になる人である。

この人が、日本物理学会の学会誌に、「訳せない“であろう”」というエッセイを発表し、日本中の学者、研究者をふるえ上がらせた。

日本人の書く論文には、たえず、“であろう”ということばが出てくる。物理学のような学問の論文には不適当である。英語に訳すことはできない、という、いわば告発であった。

おどろいたのは、日本の学者、研究者である。**54** なんということなしに、使ってきた語尾である。“である”としては、いかにも威張っているようで、おもしろくない。**55** ベールをかけて“であろう”とすれば、ずっとおだやかになる。自信がなくて、ボカしているのではなく、やわらかな感じになるのである、などと考えた人もあったであろうが、学界はパニックにおちいり、“であろう”という表現はピタリと止まった。

伝えきいたほかの科学部門の人たちも、“であろう”を封鎖してしまった。科学における“であろう”は消滅した、というわけである。

53 この部分から3が正解。

“稀奇的是，这个人精通日语，为日本研究人员撰写英语论文提供了帮助。日后，这个人成了世界知名学者。”由此可知选项3正确。

54 「なんということなしに」は、「何も考えずに」という意味なので、1が正解。

“未经考虑”指的是“什么都没思考（就用了）”，所以选项1正确。

55 「であろう」を使えば「おだやか」で「やわらかな」感じになると考えていたと言っているので、1が正解。

因为文中说了如果用“であろう”的话，会有种“稳重”“柔和”的感觉，所以选项1正确。

覚えよう！

- □戦後：（ここでは「第二次世界大戦後」の意味）战后，文中指的是第二次世界大战结束后
- □堪能：熟练，擅长
- □エッセイ：随笔，散文
- □ふるえ上がる：颤抖，发抖
- □不適当：不恰当，不合适
- □告発：告发，检举
- □なんということなしに：（深い意味なしに・何も考えずに）未经考虑
- □語尾：词尾
- □ベールをかける：蒙上面纱
- □学界：学术界
- □パニックにおちいる：陷入恐慌
- □封鎖する：封锁
- □消滅する：消灭，消失，消亡

(3) 56 3　57 2　58 2

論理は、いわゆる理系人間の利点、アドバンテージだと言えるのかもしれませんが、新製品の発売を決定する社内会議で、エンジニアが論理的にポイントをおさえた完璧なプレゼンをしたとしても、会議の参加者の心を動かすことができず、製品化のゴーサインが出なかった、などという話がよくあります。

57 人間はもともと恐怖や喜びなどの感情によって生き残りを図ってきた動物なので、感情的にしっくり来ないものを直感的に避けてしまう傾向があるのです。そのため、エンジニアのプレゼンに対して、「話の筋も通っているし、なるほどもっともだ」と頭では理解、納得しても、もう一方に **56**「コレ、なんとなく買う気にならないんだよね」という心の声があると、多くの人は最後にはそちらを優先してしまいます。

しかし、この「なんとなく」こそ、まさに感情と論理の狭間にあるもので、**58** それこそが会議で究明しなくてはならないものであるはずです。

たとえば、「なんとなく」の正体が、「試作品の色が気にくわなかった」だけだと分かれば、代わりの色を探せばよいだけの話で、せっかくの企画を没にしてはもったいないどころではありません。一方で、その製品は子供が乱暴に扱う可能性が高いため、会議の参加者が無意識下で「それにしてはヤワだなあ」ということを感じていたのなら、使用素材や設計をじっくり見直す必要があるはずです。

56「なんとなく買う気にならない」という心の声（＝直感的に否定的な感情）があると、そちらを優先する（＝心の声に従って買わない）ので、3が正解。

如果出现了“我好像不太想买啊”这种心声（发自直觉的带有否定倾向的感情），大多数人会优先遵从这种感受（遵从心声而不买），因此选项 3 正确。

57 人間は「感情的にしっくり来ないものを直感的に避けて」生き残りを図ってきたので、2が正解。

因为人类本来就在感情中谋求生存，“直觉上会回避无法在感情上引起共鸣的东西”，所以选项2正确。

58「それこそ」の「それ」は「なんとなく」を指している。「なんとなく」こそ「会議で究明しなくてはならない（＝追究して明らかにしなくてはならない）」と言っているので、2が正解。

“正因如此”的“如此”指的是“总觉得”。所以“必须在会议上弄清楚”（不得不追究，弄明白），选项 2 正确。

覚えよう!

- □論理：逻辑，条理
- □利点：优点
- □アドバンテージ：优势，相对于他人处于有利地位
- □生き残りを図る：谋求生存
- □しっくり来る：合适，符合
- □直感的に：凭着直觉
- □優先する：优先
- □狭間：夹缝，间隙
- □究明する：研究明白，调查清楚
- □正体：原形，本来面目
- □試作品：试制品
- □気にくわない：（気に入らない）看不顺眼，不称心

□企画を没にする：计划不予采用　　□素材：素材
□無意識下で：无意识中

問題10

59 1　**60** 2　**61** 1　**62** 2

占いは若いころだけではなく、歳をとっても気になるものだ。二十代のころは、占いのページを見ているととても楽しかった。特に恋愛運はむさぼるように読み、

「あなたを密かに想っている男性がそばにいます」

などと書いてあったなら、

「うふふ、誰かしら。あの人かしら、この人かしら。まさか彼では……」

と59憎からず思っている男性の顔を思い浮かべ、けけけと笑っていた。それと同時に嫌いな男性を思い出しては、まさかあいつではあるまいなと、気分がちょっと暗くなったりもした。今から思えば、あまりに間抜けで恥ずかしい。

「アホか、あんたは」

と①過去の自分に対してあきれるばかりだ。

アホな二十代から三十有余年、五十代の半ばを過ぎると、恋愛運などまったく興味がなくなり、健康でいられるかとか、周囲に不幸は起きないかとか、現実的な問題ばかりが気になる。（中略）60占いを見ながら、胸がわくわくする感覚はなくなった。とはいえ、雑誌などで、占いのページを目にすると、やはりどんなことが書いてあるのかと、気になって見てしまうのだ。

先日、手にした雑誌の占いのページには、今年一年のラッキーアイテムが書いてあった。他の生まれ月の欄を見ると、レースのハンカチ、黄色の革財布、文庫本といった、いかにもラッキーアイテムにふさわしいものが挙げられている。それを持っていれば、幸運を呼び込めるというわけだ。

「いったい私は何かしら」

59「左右される」とは「大きく影響を受ける」という意味。同じ段落内で、「占いのページを見ながら笑ったり暗くなったりしていた」と述べているので、1が正解。

所谓“被……左右”是指“（心情）受到了很大的影响”。同一段中指出“一边看占卜的页面一边笑，或者心情变得不好”，所以选项1正确。

60「胸がわくわくする（＝期待に胸を膨らませる）感覚はなくなった」と述べているので、2が正解。

文中指出“情绪高涨（心中有所期待）的感觉已经消失不见”，所以选项2正确。

と久しぶりにわくわくしながら、自分の生まれ月を見てみたら、なんとそこには「太鼓のバチ」と書いてあるではないか。

「えっ、太鼓のバチ？」

雑誌を手にしたまま、②呆然としてしまった。

レースのハンカチ、財布、文庫本ならば、いつもバッグに入れて携帯できるが、だいたい太鼓のバチはバッグに入るのか？ どこで売っているのかも分からないし、万が一、入手してバッグに入れていたとしても、緊急事態で荷物検査をされた際に、バッグからそんなものがでてきたら、いちばんに怪しまれるではないか。

61 友だちと会ったときに、これが私のラッキーアイテムと、バッグから太鼓のバチを出して、笑いをとりたい気もするが、苦笑されるのがオチであろう。その結果、今年の私はラッキーアイテムなしではあるが、**62** そんなものがなくても、無事に暮らしていけるわいと、鼻息を荒くしているのである。

61 「苦笑されるのがオチだろう（＝苦笑されて終わりだ）」と言っているので、1が正解。

文中指出“最后也只会露出苦笑吧（以苦笑结束）”，由此得出选项1正确。

62 「そんなもの」は「ラッキーアイテム」のことなので、2が正解。

“那种东西”指的是“幸运物”，所以选项2正确。

※文末「～わい」は「～わ」と同じ意味で、軽い決意を表す。高齢の男性が使うイメージ。

※文末使用的「～わい」与「～わ」意思相同，表示轻微的决心。一般是年纪大的男性使用。

覚えよう！

- □占い：占卜
- □恋愛運：恋爱运
- □密かに：秘密地，悄悄地
- □あいつ：（「あの人」を親しみを込めたり、軽んじて言うときに使う）那个人
- □間抜け：笨蛋，愚蠢
- □あんた：（「あなた」を親しみを込めたり、軽んじて言うときに使う）你
- □～有余年：（～年以上・～年余り）……年以上
- □ラッキーアイテム：幸运物品
- □呆然とする：发呆，茫然
- □入手する：到手，取得
- □鼻息を荒くする：（激しく意気込む様子）意气风发

問題11

63 3　**64** 4

A

　学校の部活動における体罰は、全面的に禁止すべきだと思います。私は指導者の体罰が普通だった世代ですし、体罰によって忍耐力をつけさせるべきだという主張もわかります。しかし、スポーツをする意義は別のところにあるのではないでしょうか。自分の感情もコントロールできない人に指導する資格はないでしょう。**63** 体罰は、未熟な指導者が一方的に暴力をふるうことです。十分な指導力があれば、言葉のみで解決できるはずです。私は心的外傷を負った子どもを診察した経験がありますが、体罰は、受けた場合はもちろん、目撃しただけでも、多かれ少なかれ精神的なショックになります。**64** 体罰を容認することは、将来、DVのような暴力を容認する態度を持つ成人を作ることにつながりかねません。

B

　体罰は、どんな場面であっても容認されるべきではないと考えます。確かに自分たちが中高生の頃は、体罰は当たり前で、水分補給もさせてもらえませんでした。**63** 間違ったスポーツ医学や精神論がはびこっていたのです。しかし、スポーツにおける考え方は、驚くほど進化しています。実際、体罰を与えていないにもかかわらず、全国大会の常連になっている学校はたくさんあります。指導者たちは、最新の指導の仕方を学ぶべきです。それに、体罰をすると、生徒はどうすれば指導者から暴力を受けなくなるかということばかり考えるようになります。そうなると、**64** 失敗を恐れ、新しいことに挑戦しにくくなり、選手としての成長を阻むことにつながると思います。

63　3が正解。Aは、体罰をする指導者について「感情を抑えられる人」「我慢強い人」とは言っていない。Bは、体罰をする指導者について「全国大会に連れていける人」とは言っていない。

　选项3是正确答案。文章A没有说采取体罚措施的教练“是压抑感情的人”或者“善于忍耐”。文章B没有说采取体罚措施的教练“是可以把运动员带到全国大会的人”。

64　4が正解。Aは、生徒が体罰を受けた場合「DVを起こす大人になる」とは言っていない。Bは、生徒が体罰を受けた場合「心に大きな傷を持つ」とは言っていない。また、DVについては何も述べていない。

　选项4是正确答案。文章A没有说学生如果受到体罚就会“成为做出家暴行为的大人”。文章B没有说学生如果受到体罚就会“心里受到很大的创伤”。另外，文章也没有对家暴作任何描述。

覚えよう!

□体罰：体罚
□全面的に：全面地
□世代：世代，一代
□忍耐力：忍耐力

□資格：资格
□未熟な：不成熟的
□暴力をふるう：施加暴力
□心的外傷を負う：受到精神创伤
□目撃する：目击，目睹
□DV：家庭暴力
□容認する：容忍
□水分補給：补充水分
□はびこる：横行，猖獗
□進化する：进化
□常連：常客，老主顾
□挑戦する：挑战
□阻む：阻碍

問題12

65 4　**66** 3　**67** 1　**68** 3

　テーマ（研究の主題）を決めることは、すべての学問研究の出発点になります。現代史も変わるところはありません。まずテーマを「決める」という研究者自身の①主体的な選択がなによりも大切です。当然のように思われるかもしれませんが、実際には、他律的または受動的に決められることが稀ではないのです。

　現代史研究では、他のすべての学問と同じく、あるいはそれ以上に、**65** 精神の集中と持続とが求められますが、この要求を満たすためには、テーマが熟慮の末に自分自身の責任で（研究が失敗に終わるリスクを覚悟することを含めて）決定されなければなりません。（中略）

　②テーマを決めないで研究に着手することは、行先を決めないで旅にでるのと同じです。あてのないぶらり旅も気分転換になりますから、無意味とはいえません。新しい自己発見の機会となることがありますし、素晴らしい出会いがあるかもしれません。旅行社お手盛りのパック旅行よりも、ひとり旅のほうが充実感を味わえると考えるひとは多いでしょう。テーマを決めないで文献や史料をよみあさることも、あながち無駄とはいえない知的散策です。たまたまよんだ史料が、面白いテーマを発見する機縁となる幸運もありえます。ひとりの史料探検のほうがパック旅行まがいの「共同研究」よりも実りが多い、といえるかもしれません。（中略）

65「自分自身で決定する」とは「主体的に選択する」ということ。そうすると、精神の集中・持続ができると言っているので、4が正解。

所谓“由自己决定”是指“自主选择”。这样一来，注意力就能长期集中了，所以选项4正确。

66 けれども一般的に、歴史研究にとって、テーマの決定は不可欠の前提です。テーマを決めないままの史料探索は、これぞというテーマを発見する過程だからこそ意味があるのです。**67** テーマとは、歴史家がいかなる問題を解くために過去の一定の出来事を研究するか、という研究課題の設定です。(中略)

歴史は暗記物で知的創造とは無縁の、過去の出来事を記憶し整理する作業にすぎないという、歴史と編年史とを同一視する見方からしますと、③この意味でのテーマの選択とか課題の設定とかは、さして重要でない、むしろ仕事の邪魔になるとさえいうことができます。歴史についてのこのような偏見はいまも根強く残っていますので繰り返すのですが、歴史も新たに提起された問題(事実ではなく問題)を一定の方法で解きほぐすことを目指す創造的かつ想像的な営みであることは、他の学問と違うところはありません。**68** テーマの選択とは、いかなる過去の出来事を研究するかではなく、過去の出来事を、なにを目的として、あるいはどんな問題を解明しようとして研究するか、という問題の設定を指示する行為にほかなりません。

66 「けれども」のあとに注目。この部分から3が正解。

要注意“然而”后面的内容。从这部分来看，选项 3 正确。

「ぜひすべきである」とは言っていないので、1は間違い。

文中并没有提到“必须做”，所以选项 1 错误。

67 「この意味」の前にどんなことを述べているのかに注目。「この意味」はこの部分を指しているので、1が正解。

要注意“这种意义”之前说的是什么内容。“这种意义”指的就是这个部分，所以选项 1 正确。

68 「最も言いたいこと」は最後に述べられることが多い。「～にほかなりません」とは「間違いなく～だ」という意味。「テーマの選択とは問題の設定を指示する行為だ」と言っているので、3が正解。

“作者最想表达的”大多放在文章的最后讲述。“只可能是……”的意思是“肯定是……”。文中提到“这是指出设定主题的行为”，所以选项 3 正确。

覚えよう!

- □主題：主题
- □主体的：自主的
- □他律的：受外界支配的
- □受動的：被动的
- □稀：稀少，稀奇
- □持続：持续
- □満たす：满足
- □熟慮：深思熟虑
- □リスク：风险
- □着手する：着手，开始
- □行先：目的地
- □あてのない：没有目的地，没有目标
- □気分転換：转换心情
- □自己発見：自我发现
- □充実感：充实感
- □史料：史料，历史材料
- □よみあさる：博览群书
- □あながち：未必
- □知的散策：畅游知识的海洋
- □機縁となる：成为某种机缘
- □～まがい：近乎……，近似于……
- □実りが多い：收获丰富，硕果累累
- □不可欠：不可或缺
- □前提：前提
- □いかなる：怎样，如何
- □課題：课题

□設定：设立，拟定
□知的創造：知识创造，知识产出
□無縁：无缘
□編年史：编年史
□同一視：一视同仁
□偏見：偏见
□根強く残る：根深蒂固
□提起する：提起，提出
□解きほぐす：梳理、分析并解决
□創造的な営み：创造性行为
□解明する：弄清楚，搞明白
□行為：行为

問題13

69 2　**70** 2

クレジットカードのご案内

	<学生カード> 18～25歳の学生限定！ 留学や旅行もこの一枚！	<デビューカード> 18～25歳 限定！初めてのカードに！いつでもポイント2倍！	<クラシックカード> これを持っていれば安心、スタンダードなカード！	<ゴールドカード> 上質なサービスをあなたに！
お申し込み対象	満18～25歳までの大学生・大学院生の方 ※研究生・聴講生・語学学校生・予備学校生はお申し込みになれません。 ※未成年の方は保護者の同意が必要です。	満18～25歳までの方（高校生は除く） ※未成年の方は保護者の同意が必要です。	満18歳以上の方（高校生は除く） ※未成年の方は保護者の同意が必要です。 ※満18～25歳までの方はいつでもポイントが2倍になるデビューカードがおすすめ	原則として満30歳以上で、ご本人に安定継続収入のある方 ※当社独自の審査基準により判断させていただきます。
年会費	初年度年会費無料 通常1,300円＋税 ※翌年以降も年1回ご利用で無料	初年度年会費無料 通常1,300円＋税 ※翌年以降も年1回ご利用で無料	インターネット入会で初年度年会費無料 通常1,300円＋税	インターネット入会で初年度年会費無料 通常13,000円＋税 年会費割引特典あり（備考欄参照）
利用可能枠	10～30万円	10～70万円	10～100万円	50～400万円
お支払日	月末締め翌月26日払い ※15日締め翌月10日払いへの変更可能	月末締め翌月26日払い ※15日締め翌月10日払いへの変更可能	15日締め翌月10日払い／月末締め翌月26日払い ※選択可	15日締め翌月10日払い／月末締め翌月26日払い ※選択可
備考	満26歳以降になるとランクアップ。 26歳以降、最初のカード更新時に自動的に本カードから「ゴールドカード」に切り替わります。 ※クラシックカードへのお切り替えもできます。	満26歳以降になるとランクアップ。 26歳以降、最初のカード更新時に自動的に本カードから「ゴールドカード」に切り替わります。 ※クラシックカードへのお切り替えもできます。		空港ラウンジサービス利用可 ※年会費割引特典：前年度（前年2月～当年1月）お支払いのお買い物累計金額が50万円以上100万円未満の場合は20％引、100万円以上300万円未満の場合は次回年会費が半額、300万円以上の場合は次回年会費が無料

69「日本語学校に通う」「21歳」「50万以上の買い物はしない」ので、2か3。この部分から2が正解。

从题干部分的"上日语学校""21岁""消费不超过50万日元"这几个要点判断，答案可能是选项2或者选项3。再从这部分推测，可知选项2正确。

70「35歳」「去年一度だけ150万円の大きな買い物をした」ので、「ゴールドカード」を持っていることがわかる。13,000円の半額なので、2が正解。

从"35岁""去年只消费了一次，买了150万日元的东西"这两个条件判断，可知他有"金卡"。年费是13000日元的一半，所以选项2正确。

覚えよう！

- □限定：限定
- □スタンダードな：标准的
- □上質な：优质的
- □聴講生：旁听生
- □予備校生：补习学校的学生
- □未成年：未成年
- □保護者：监护人
- □同意：同意
- □ポイント：积分
- □原則：原则
- □当社：本公司
- □独自：独自
- □審査基準：审核标准
- □初年度：第一年
- □通常：通常
- □翌年：次年，第二年
- □特典：优惠
- □月末締め：月底结算
- □ランクアップ：升级
- □更新：更新
- □切り替わる：改换
- □累計：累计
- □半額：半价

聴解

問題1

例　3

N1_1_03

イベント会場で女のスタッフと男のスタッフが話しています。男のスタッフはこのあと何をしなければなりませんか。

F：桜井さん、開演まであと一日なんだけど、グッズの件はもう解決した？

M：はい。なかなか届かないので、業者さんに電話しようと思っていたら、さっき届きました。一通りチェックをして、内容物も数も注文通りでした。

F：そう、間に合ってよかった。ありがとう。あとは客席の確認だけかな。

M：客席の確認？

F：うん。客席にゴミが落ちていたら、お客さんが嫌な思いをするでしょう。だから開演前にもう一回確認しないと。

M：そうですか。じゃあ、今すぐ確認してきます。

F：それは私がやるから、桜井さんは飲み物とお菓子の用意をしてくれる？

M：控え室に置くやつですね。わかりました。

F：あ、そうだ。ポスターはもう貼った？　いろんなところに貼るから、それを先にやっといてね。

M：ポスターなら、今朝、富岡さんが貼ってくれました。

F：そう、わかった。じゃあ、よろしく。

男のスタッフはこのあと何をしなければなりませんか。

1番　2

🔊 N1_1_04

電話で女の人と男の人が話しています。男の人はこのあとまず何をしますか。

F：こちら、あいうえお銀行、サービスセンターでございます。ご用件をお伺いします。

M：あのー、インターネットバンキングを利用したくて、ログインしようとしたんですけど、できなくて…。それで、何回も失敗したら、ログインの画面じゃなくて「お困りの方へ」っていう画面しか出てこなくなっちゃったんです。

F：さようでございますか。それでは、ただ今ご覧になっている画面を教えていただけますか。

M：はい。画面の一番上にインターネットバンキングと書いてあって、その下に赤い欄があって、「重要。コンピューターウイルスにご注意ください」と書いてあります。で、その下に大きく「お困りの方へ」と書いてあります。

F：はい。それでは、その画面の左に四角く囲ったログインという文字が出ているかと思いますので、そちらをクリックしていただけますか。

M：ああ、ここですね。押してみます。あ、ここにIDとパスワードを入れればいいんですね。あ、そうそう、もともとIDがわからなくて何回も失敗してたんです。

F：そうしますと、一つ画面を戻っていただけますか。

M：はい。

F：四角く囲ったログインという文字の下に、ログインID再発行というのはございますか。

M：ああ、ここで手続きすればいいんですね！ありがとうございました。

男の人はこのあとまず何をしますか。

「あ、そうそう」は何か思い出したように話を切り替えるときによく使われるので、そのあとの会話に注意すること。

“あ、そうそう”是在想起了什么，想要切换话题时使用的口头语，要注意它后面的对话。

「ここ」とは、すぐ前の「ログインID再発行」のことなので、2が正解。

“这里”指的是在它前面的“重新发放ID”，所以正确答案是选项2。

覚えよう!

- □用件：事情
- □ログイン：登录
- □さようでございますか：“そうですか”的礼貌说法
- □ウイルス：病毒
- □囲う：围住
- □クリックする：点击，单击

2番　3

N1_1_05

空港の宅配受付カウンターで女の人と受付の人が話しています。女の人はこのあと何をしますか。

F：これ、お願いします。

M：スーツケースのお受け取りですね。少々お待ちください。

・・・

大変お待たせいたしました。お客様、ちょっと確認させてください。車輪はもとからこのような状態でしたか。

F：え、どうしよう！ 取れてる…。

M：やはりそうですか。大変申し訳ないのですが、こちら、わたくしどものミスで、配達途中で破損が生じてしまったようでして…。

F：え、ちょっと困るんですけど！ 今から2時間後に出発なんですよ。どうしよう。夫に電話しないと。あれ、携帯がない！ とりあえず早く新しいの買わないといけないんですけど、その分のお金って支払っていただけるんでしょうか。

M：大変申し訳ございませんでした。代わりのスーツケースを用意しましたので、あちらからお選びください。渡辺様のご旅行中に修理して、到着後お渡しするという形になりますが、よろしいでしょうか。

F：うーん、まあ、そうしていただけるなら…。でも、夫のなので、連絡取ってみますね。

M：承知いたしました。

女の人はこのあと何をしますか。

「でも」のあとは、相手の提案と違うことを言うので、注意して聞くこと。

女士在“但是”的后面说了和对方提案不同的内容，要注意听。

「夫と連絡を取ってみる」と言っているので、3が正解。

因为女士说“试着联系丈夫”，所以正确答案是选项 3。

覚えよう!

□破損が生じる：出现破损

3番　3

N1_1_06

会社の会議で課長が話しています。社員たちはこのあと何をしますか。

F：今度の新人研修の資料、一通り目を通しましたけど、これじゃあ、ちょっと情報が足りないですね。特に、コンプライアンスの遵守に関する情報、これは最近特に大事なので、必要不可欠です。でも情報を大幅に増やすとなると、スケジュールに余裕がないですよね。二日締め切りを延ばして来週金曜日までにするっていうのもできなくはないですが、そうすると、次の会議の資料の準備に支障が出てしまう可能性がありますよね。こっちを最優先にしてほしいので…。じゃあ、決めました。他のチームに会議のほうを一時的に任せるので、みなさんはこっちに集中して、予定通りにお願いします。

社員たちはこのあと何をしますか。

覚えよう!

□コンプライアンス：合规
□遵守：遵守
□必要不可欠：(絶対に必要) 必需，不可或缺
□大幅に：大幅度地
□支障が出る：妨碍，造成麻烦
□最優先：最优先，第一要务

「～もできなくはないですが」は、相手の意見を尊重しながら否定するときによく使われる。

"～もできなくはないですが" 通常在尊重对方意见的前提下提出否定意见时使用。

「二日締め切りを延ばす」と「来週金曜日」になるので、「予定通り」ということは「来週水曜日」。「他のチームに会議のほうを任せる」ので、3が正解。

将截止日延长 2 天就是下周五了，所以原计划是下周三。女士说"把会议资料的准备工作交给其他小组"，所以正确答案是选项 3。

4番　2

🔊N1_1_07

会社で部長と女の人が話しています。女の人はこのあと何をしますか。

M：高橋さん、今朝お願いした部品の不具合の件は工場の石川課長に連絡してくれたんだよね。

F：はい、すぐにメールを送っておきました。

M：それで返信は？

F：来なかったので工場に直接電話したのですが、あいにく石川課長は中国に出張中だそうで。

M：それで？

F：電話を切りました。

M：ちょっとちょっと、それじゃ困るよ。早急に工場に伝えて生産を止めないと、不良品を大量に製造することになるんだぞ。その損失がいくらになると思ってるんだ。すぐに山田係長に連絡して事情を説明しなさい。

F：はい、わかりました。

M：工場だけじゃない。それが間違って出荷されたら、お客様にご迷惑をおかけすることになるんだぞ。そうなったら頭下げるだけじゃ済まないぞ。直接話して、すぐに中止してもらって。

F：すみませんでした。すぐに連絡します。

女の人はこのあと何をしますか。

「早急に」「すぐに」のあとに注目すること。

要注意"早急に(尽快)"和"すぐに(马上)"后面的内容。

上司の話をよく聞くこと。「早急に（＝すぐに）工場に伝えて生産を止めないと」「係長に連絡して」「直接話して、すぐに中止して」と言っているので、2が正解。

要认真听上司说的话。根据部长说的"如果不尽快告知工厂停止生产""联系股长""直接说，马上中止"，可以得出正确答案是选项2。

覚えよう！

□不具合：故障	□不良品：不良品
□返信：回信，回复	□損失：损失
□早急に：十万火急地	□出荷する：发货，出库，上市

5番　1

N1_1_08

家で男の人と女の人が話しています。女の人はこのあとどの順番で行きますか。

M：何調べてんの？

F：3年前の納税証明書がいるんだけど、ここじゃなくて、前住んでたとこの市役所に頼まないといけないみたいなんだ。

M：そっか。でもわざわざ行かなくても郵送してもらえるでしょ。

F：そうなんだけど、いろいろ必要みたいで。まず申込書をプリントアウトしてから手書きで書き込んで…。

M：え、プリンター使うの？ さっきインク使い切っちゃったから、コンビニでプリントアウトしてくれば？

F：えー。あ、でもどうせコンビニは行こうと思ってたんだ。返信用の封筒と切手買わなきゃいけなくて。ついでに免許証のコピーも取ろうっと。あれ？ 手数料は郵便切手、現金でのお支払いはできませんって書いてある！

M：えっ、じゃあ、どうやって支払うの？

F：郵便為替だって。あーあ、面倒だけど郵便局も行かないと。あ、もうこんな時間。コンビニ寄ってからでも間に合うかなあ。

M：ぎりぎり間に合うんじゃない？ あ、帰りに駅前のケーキ屋でケーキ買ってきて。

F：了解！

M：封筒に住所書いてから行けば？

F：うーん、間に合わなかったら嫌だから、郵便局に行って、郵便為替買ってから、そこで書くよ。

M：うん、気をつけて。

女の人はこのあとどの順番で行きますか。

質問が「どの順番で行きますか」なので、選択肢から行く場所を確認してから聞くこと。

因为问题是“按照什么顺序去”，所以要先看选项，确认去的地点后再听。

「コンビニに寄ってから」「ぎりぎり間に合う」「帰りにケーキ屋で」など、時間や順番を表す表現に注意して聞くこと。

听的时候要注意类似“先去便利店再……”“差一点就赶不上”“回来的路上在蛋糕店……”等体现时间和顺序的语句。

女の人は、コンビニ→郵便局→ケーキ屋の順に行く。

女士要按照便利店→邮局→蛋糕店的路线行进。

★覚えよう！

□納税証明書：纳税证明　□手数料：手续费
□返信用封筒：用于回信的信封　□郵便為替：邮政汇票

6番　2

🔊N1_1_09

女の人と男の人が話しています。女の人はこのあと何をしますか。

F：ゴルフ、全然うまくなんないよ。なんかコツある？

M：もしかして、何百球もひたすら打って練習してない？ ちゃんと一球一球考えながら打たないと上達しないよ。

F：えー、そうなの？ じゃあ、どういうふうに練習すればいいの？

M：まずは打つ前の姿勢だね。ちゃんとした姿勢が取れないと話になんないよ。

F：それはまあ一応できるかな。

M：だったら、次は打つ時の体の軸を作ること。

F：うん。私、軸がぶれてるから、ボールがまっすぐ飛んでいかないんだよね。

M：これが一番大事なんだけど、完璧にできるまで最低でも1年かかるから、ここで挫折しちゃう人多いんだよね。おすすめなのは、動画を撮って体の動きを確認する方法。

F：なるほど。動画があれば、体が左右に動いてるか確認できるね。

M：うん。それと並行して、打つ時のスピードを上げる練習もしたほうがいいよ。この時、右手じゃなくて左手に力を入れるのがポイント。右手に力を入れるとボールが曲がっちゃうからね。

F：左手かあ。私、右利きだから難しいなあ。

M：あとは、打ったあとのポーズも練習したほうがいいね。これ、軽視しがちだけど、意外に大事なんだ。打ち終わったあとに腕を左肩の上まで持ってくることを意識すれば、力いっぱい打ち抜けるから、自然に打つ時のスピードも上がるんだよ。

女の人は男の人から練習方法のアドバイスを受けている。「まずは」「次は」「おすすめなのは」「それと並行して」「あとは」などの言葉に注意して聞くこと。

女士在倾听男士关于练习方法的建议。听的时候要注意“まずは（首先）”“次は（接下来）”“お勧めなのは(我推荐)”“それと並行して（与此同时）”“あとは(之后)”等关键词句。

①打つ前の姿勢→できている

①打之前的姿势→已经做到了

②打つ時の体の軸→ぶれている

②打的时候身体的支点→在摇晃

③打つ時のスピードを上げる→難しい

③打的时候提高速度→困难

④打った後のポーズ→決まったらかっこいい

④打之后的姿势→确定了很帅

F：なるほど。最後のポーズがきちんと決まったらかっこいいな。よしっ、動画に撮って練習したことないから、まずは動画撮ってぶれないように練習してみようっと。ありがとう。

女の人はこのあと何をしますか。

「軸がぶれない練習」とは「軸を作る練習」なので、2が正解。

所谓“支点不摇晃的练习”就是“创造支点的练习”，所以正确答案是选项2。

覚えよう！

□コツ：诀窍，技巧
□ひたすら：一味地
□軸がぶれる：重心不稳
□完璧に：完美地
□挫折する：挫折，受挫
□動画：视频
□ポイント：要点，重点
□右利き：右撇子
□軽視する：轻视
□打ち抜く：打到底（充分挥杆）
□よし：（何かを決意したときに発する言葉）下决心做某事时说的话

問題2

例　2

N1_1_11

女の人と男の人が演劇について話しています。女の人は演劇にとって一番大事なことは何だと言っていますか。

F：ねえ、今話題になっている「六人の物語」っていう演劇、見に行った？

M：行ってないけど、大人気らしいね。

F：私、昨日見に行ったんだけど、想像以上にすばらしかったよ。

M：そうなんだ。原作は確かゲームだったよね。

F：そう。普通、ゲームやアニメが演劇になったとき、道具とかいろいろ使うでしょう、日本刀とか。でも今回は道具がほとんど使われてなかったよ。みんな演技力で勝負してるんだよ。すごいと思わない？　主役の富田さんもめちゃくちゃかっこう良かったし。

M：へー、君は顔さえよければそれでいいんだろう？

F：違うよ。確かに役者の顔も大事だけど、原作の世界観やキャラクターの性格をありのままに再現できないと演劇とは言えないでしょう。

M：うーん、原作の質がもっとも大切だと僕は思うけどね。演劇のシナリオにも影響するから。

F：そうだけど、演じているのは人だから、役者の演技力こそが演劇の命なんじゃない？

女の人は演劇にとって一番大事なことは何だと言っていますか。

1番　4

N1_1_12

旅館で受付の人が男の人と話しています。男の人が「さくらの湯」に入れるのは何時からですか。

F：えー、では、こちらの旅館について簡単にご説明いたします。まず、お部屋は３階305号室でございます。そちらのエレベーターでお上がりください。

M：あ、はい。

F：次に温泉ですが、２階に「かえでの湯」と「さくらの湯」、３階に「あやめの湯」と「ぼたんの湯」がございます。すべて露天風呂付きの大浴場になっております。「かえでの湯」と「あやめの湯」は男湯、「さくらの湯」と「ぼたんの湯」は女湯となっております。男湯と女湯は夜12時に入れ替わります。その前の１時間はご入浴になれませんので、ご注意ください。チェックイン後、ご入浴は４時から可能となっております。また、予約制の家族風呂も5つご用意しております。

M：予約はどちらで？

F：こちらで24時間　承　っております。お電話でもかまいません。

M：あ、はい。

男の人が「さくらの湯」に入れるのは何時からですか。

男の人なので男湯の情報に注意して聞くこと。

因为客人是男士，所以要注意听男浴池的信息。

話の内容

チェックイン後
办理入住后

・入浴は４時から可能
4点之后可以泡澡

・男湯「かえでの湯」「あやめの湯」、女湯「さくらの湯」「ぼたんの湯」
男浴池是“枫浴池”“菖蒲浴池”，女浴室是“樱花浴池”“牡丹浴池”

・男湯と女湯は12時に入れ替わる
男浴池和女浴池在12点后交换

・入れ替わる前の1時間は入浴できない
交换前的1个小时不能入浴

覚えよう！

□露天風呂：露天浴池　　　□大浴場：大浴池

2番　4

🔊N1_1_13

テレビでレポーターが読書通帳の開発者にインタビューしています。開発者は利用者が増えた一番の理由は何だと言っていますか。

F：今話題の読書通帳をご存知でしょうか。読書通帳を導入した図書館では軒並み利用者が増えているということなんです。開発者の方にお話を伺ってみましょう。まず、読書通帳というのはどういったものなんでしょうか。

M：図書館で自分が読んだ本のタイトルや貸出日を銀行の通帳のように記録できるものです。自治体によっては本の定価やページ数を記入しているところもあります。

F：なるほど。これなら自分が読んだ本の情報がすぐにわかって便利ですね。

M：そうですね。例えばお年寄りでシリーズ本のどこまで読んだのか忘れてしまったといった方がよくいらっしゃって、そういった方にご対応しやすくなりました。

F：そうですか。お年寄りにもわかりやすいという点が、利用者が増加した一番の理由でしょうか。

M：それもありますが、一番の理由はやはり子供ですね。子供が友達と読書通帳を見せ合いながら競い合って本を借りるようになったんです。先生や家族も、子供が読んだ本がすぐわかるので、本について話したり、おすすめの本を紹介したりと、新たなコミュニケーションも生まれています。

開発者は利用者が増えた一番の理由は何だと言っていますか。

インタビューの場合は、インタビューする人の質問の内容を注意して聞くこと。

这是有关采访的对话，要注意倾听采访者的提问内容。

この部分から4が正解。

从画线部分得出正确答案是选项4。

覚えよう!

□導入する：导入，引进
□軒並み：到处，全都
□自治体：自治团体
□対応する：应付，应对
□競い合う：互相竞争

3番　2

🔊N1_1_14

カフェで男の人と女の人が話しています。女の人が会社を辞めたい一番の理由は何ですか。

M：相談って何？

F：実は今の会社、辞めようか迷ってて。

M：え、給料いいって言ってなかったっけ？

F：いいことはいいんだけど、企画書何回出しても通らなくて、手ごたえゼロなんだよね。

M：誰だってそんな簡単にうまく行くわけじゃないよ。どこの会社でも同じだと思うけどね。

F：うーん、中小企業のほうが自分の能力生かせるんじゃないかなって気がするんだ。ベンチャー企業とかね。ほら、加藤くんも転職してからやりがいのある仕事ができるようになったって言ってたじゃない？

M：それはそうだけど。不満はそれだけなの？

F：うーん。残業も多いし、職場の雰囲気もいまいちなんだよね。いつもピリピリしてて。

M：雰囲気ってささいなことのようで結構大事だよね。日々のストレスに直結するし。

F：まあ、やりがいのある仕事さえできていれば、そういうのは気にならないんだけどね。

女の人が会社を辞めたい一番の理由は何ですか。

「そういうの」は「職場の雰囲気」を指している。「やりがいのある仕事さえできていれば職場の雰囲気は気にならない」と言っているので、2が正解。

“这种事”指的是“职场氛围”。女士说“如果能做些有意义的事情，就不会在意职场氛围了”，所以正确答案是选项2。

覚えよう!

□企画書：计划书
□手ごたえ：反应
□能力を生かす：发挥实力
□ベンチャー企業：风投企业
□いまいち：还差一点
□ピリピリする：战战兢兢，提心吊胆
□ささいな：细微的，琐碎的
□直結する：直接关系到
□やりがい：值得做，有价值

4番　3

N1_1_15

病院の受付で会計係が退院する男の人と話しています。男の人はいくら払わなければなりませんか。

F：ご退院おめでとうございます。

M：あのう、ここに書いてある料金なんですけど、15,000円の間違いじゃないですか。だって、入院は二泊だったんですよ。

F：えー、少々お待ちください。もう一度計算してみますね。えっと、鈴木様の場合は5,000円の個室Aに一泊、10,000円の個室Bに一泊の二泊三日ですので、25,000円になります。

M：ちょ、ちょっと待ってください。どういうことですか。

F：はじめにお渡ししたパンフレットにも書いてありますとおり、一泊二日の場合は二泊分の料金が発生いたします。鈴木様は全部で二泊三日なので、三泊として計算することになります。

M：え、そんなこと書いてありましたっけ？

F：はい、こちらをご覧ください。あと、料金の異なる病室への移動日は、移動した方の料金をお支払いいただくことになっております。

M：あれ？　一日目は個室Bで、二日目に個室Aに移ったから…。5,000円多くないですか。

F：少々お待ちください。確認します。…大変申し訳ございませんでした。こちらの間違いでした。

男の人はいくら払わなければなりませんか。

「あと」のあとには追加の話が来るので、注意して聞くこと。

"还有"后面有没说完的话，要注意听。

一日目が個室B（10,000円）

第一天住在单人间B（10000日元）

二日目が個室A（5,000円）

第二天住在单人间A（5000日元）

10,000円＋5,000円×2＝20,000円。

10000日元＋5000日元×2=20000日元

「こちらの間違いでした」と会計係が言っているので、3が正解。

因为会计说"是我们弄错了"，所以正确答案是选项3。

5番　3

🔊N1_1_16

授賞式で女の人が話しています。女の人の会社は何を開発しましたか。

F：えー、この度はこのような名誉ある賞をいただき、誠にありがとうございます。当社はベビーカーなど、赤ちゃんとご家族がお出かけするのに便利なグッズを開発・展開しているベビー用品メーカーなのですが、商品だけでなく、ITを活用して外出を支援することもできるのではないかと考えた結果、このようなシステムを開発するに至りました。実際にご利用いただいているママたちから、気楽に出かけられるようになった、駅構内のエレベーターやトイレの位置を事前に調べられるのが本当に便利、とのお声を多数いただきました。これからもより多くの赤ちゃんとご家族のみなさまに、もっともっと役立つサービスを提供していける企業となるよう、励んでまいりたいと思っております。

女の人の会社は何を開発しましたか。

「ITを活用して外出を支援」「システムを開発」「駅構内のエレベーターやトイレの位置を事前に調べられる」と言っているので、3が正解。

根据“利用IT为妈妈们外出提供便利”“开发系统”“能提前查到车站内部的电梯和卫生间位置”这些信息，得知正确答案是选项3。

覚えよう！

□授賞式：颁奖仪式
□名誉：名誉，荣誉
□誠に：诚然
□当社：本公司
□支援する：支援，援助
□構内：区域内
□事前に：事前，事先
□多数：多数，许多
□励む：努力，勤勉

6番　4

N1_1_17

電話で農園の人と購入者の女の人が話しています。女の人はどうして電話をしましたか。

M：もしもし、ふじ農園です。

F：あのー、先日アロエを購入した者なんですが。

M：はい。

F：昨日三つ届いたんですが、どれも傷がついている上に、写真よりも小さかったんです。

M：それは大変失礼いたしました。実は先日の台風の被害を受けておりまして、写真はそれより前のものなんです。

F：それならその旨、正直にサイトに載せるべきなんじゃないですか。それで、返品したいんですが、返品した場合、アロエ本体の分だけじゃなくて、購入時に私のほうで支払った送料の分も返金してもらえるのかどうか知りたくてお電話しました。

M：はい、もちろん全額返金いたします。お手数ですが、銀行口座の情報をホームページに書いてあるEメールアドレスに送っていただけますか。

F：わかりました。では、明日返品します。

M：お詫びといっては何ですが、もっと大きいものがとれた時点で、こちらからお送りしてもよろしいでしょうか。もちろん代金はいただきませんので。

F：あ、それはご親切にどうも。では、お願いします。

女の人はどうして電話をしましたか。

この部分から4が正解。1、2は言っていない。3は農園の人が、もっと大きいアロエがとれたら送ってもいいか聞いているので間違い。

根据画线部分推测正确答案是选项 4。选项 1 和选项 2 都没有提到；这里是农场的人在问，等有了更大的芦荟再寄给女士，所以选项 3 是错误的。

覚えよう!

- □農園：农场
- □購入者：购买者
- □本体：主体
- □お手数ですが：麻烦您了

□銀行口座：银行账户
□～時点：……的时候
□～宛：发给……，寄给……

7番　2

N1_1_18

テレビのインタビュアーが地域の住民に野鳥の大量繁殖の被害についてインタビューしています。地域の住民は何に一番困っていますか。

F：えー、こちら、野鳥が大量繁殖しているという住宅街に来ています。被害に遭われている住民の方にお話を伺ってみましょう。

M：まあ、においですよね、困ってるのは。あと鳴き声。時々ならいいんだけど、24時間ずーっと鳴いてる。

F：確かに今も聞こえていますね。

M：まったく、気味の悪い鳴き声だよね。あ、気をつけないと。こういうふうにフンとか羽が空から落ちてくるんだよ。ほら、地面一面真っ白だろ。体に害を及ぼすんじゃないかって、不安で…。やっぱり衛生問題が一番困るよね。友達なんか魚の養殖してるのに毎日鳥に食べられちゃって。年間被害総額100万円。まったくひどいもんだよ。

F：野鳥保護の法律があることから、住民の皆さんは手を出せずにいます。被害が拡大する中、一刻も早い対応が求められます。現場からは以上です。

地域の住民は何に一番困っていますか。

「やっぱり」は「結局・最終的に」という意味。「体に害を及ぼすこと（＝健康被害）」「衛生問題」が一番問題だと言っているので、2が正解。

“やっぱり”是“结果”“最终”的意思。文章说“对身体有害（健康受损）”“卫生问题”是最大的问题，所以正确答案是选项2。

覚えよう！

□インタビュアー：采访的记者
□野鳥：野鸟
□大量繁殖：大量繁殖
□フン：粪便
□養殖する：养殖
□被害総額：损失总额
□保護：保护
□手を出す：干涉，插手
□一刻も早い対応：刻不容缓的应对

問題3

例　4

N1_1_20

テレビで専門家が話しています。

M：今回の新型肺炎は感染が拡大しつつあり、死亡者も出始めています。世界中の医療機関が特効薬やワクチンの開発に取り組んではいますが、残念ながら、今のところ成功の目処が立っていません。ですので、感染を最大限に予防しないといけないのです。マスクをして頻繁に手を洗うことで、ある程度予防はできますが、人から人への感染が見られるため、他人との接触を避けるのが得策でしょう。かといって、在宅勤務に切り替えている企業はごく一部しかありません。命に関わる一大事なので、ビジネスより人命を優先するべきではないでしょうか。リーダーとしての器は、こういう時にこそ見えてくるものです。

専門家が言いたいことは何ですか。

1　薬やワクチンを開発するべきだ

2　医療機関をもっと増やすべきだ

3　新型肺炎の予防方法を身につけるべきだ

4　ビジネスを優先する考え方を正すべきだ

1番　2

🔊N1_1_21

テレビで野菜ソムリエが話しています。

F：身近な野菜で、栄養満点のトマト。実は毒があるって、皆さんご存知でしたか。ただ、それはトマトが緑の段階の話で、熟して赤くなるとなくなるので問題ありません。では、なぜこのような性質があるのでしょうか。実はトマトの子孫の残し方と関係があるんです。トマトは実の中に種があるので、実を動物に食べてもらい、違う場所でフンをしてもらうことによって、種を拡散して子孫を残してきました。だから種の準備がまだできていない緑の段階で食べられてしまっては困るんです。それで、毒によって実を守っていたんですね。

野菜ソムリエは何について話していますか。

1　トマトが赤い理由

2　トマトに毒がある理由

3　トマトの種の特徴

4　トマトを食べる動物の特徴

何について話しているかは、話の最初に言うことが多い。

一般会在讲话之初提到这段话的主题。

「では、なぜ～のでしょうか」は問題を投げかけるときによく使われる表現。「このような性質」とは、直前にある「実に毒がある」ことを指しているので、2が正解。

“では、なぜ～のでしょうか（那么，为什么……呢）”是抛出问题时经常使用的表达方式。“这种性质”指的是前面紧挨着的“果实有毒”，所以正确答案是选项2。

覚えよう!

□ソムリエ：泛指高级餐厅的料理或酒水总管

□身近な：身边的

□熟す：成熟

□拡散する：扩散，传播

2番　3

N1_1_22

テレビで男の人が話しています。

M：1955年に日本で発売が開始され、今や世界中で愛されている自動炊飯器。主婦の家事労働を大幅に減らし、女性の社会進出にも影響を及ぼしましたが、その開発には苦労がありました。以前からご飯をおいしく炊くためには、沸騰してから強火で20分加熱すればよいことはわかっていました。しかし、外の気温などにより、沸騰するまでの時間は毎回異なるので、単純にタイマーで時間を設定することができません。何年にもわたる実験の末に生まれたのが、「二重釜間接炊き」という方法です。二重になっている鍋の外釜に水を入れて加熱します。その水が蒸発してなくなると急激に内釜の温度が上昇します。ここで温度検出スイッチにより、電源をオフにするようにしたのです。

男の人は何について話していますか。

1　女性の社会進出の要因

2　自動炊飯器の開発者

3　自動炊飯器の誕生の経緯

4　おいしいご飯の炊き方

「その開発」とは「自動炊飯器の開発」のこと。開発にはどんな苦労があったかについて話しているので、３が正解。

“那种开发”指的是“自动电饭锅的开发”。男士在描述开发过程中是多么的困难，所以正确答案是选项3。

覚えよう！

☐自動炊飯器：自动电饭锅
☐大幅に：大幅度地
☐進出：进入，参与
☐開発：开发
☐沸騰する：沸腾
☐タイマー：定时器
☐設定する：设定，设置
☐外釜：外胆
☐内釜：内胆
☐上昇する：上升
☐検出：测出
☐要因：主要原因
☐経緯：经过，原委

3番　3

N1_1_23

大学の講義で先生が話しています。

F：ヨーグルトのふた、最近、全然ヨーグルトがつかないもの、ありますよね。あれ、実はハスの葉を応用して作られているんです。ハスの葉って、水をはじきますよね。他にも、例えば競泳用水着はサメの皮膚を応用して作られています。サメの皮膚は摩擦抵抗を受けにくいので、速く泳げるというわけです。このように、生物が持つ優れた機能を人工的に再現することによって、工学や材料科学、医学などの様々な分野に取り入れていく技術を「生物模倣」といいます。これが、みなさんがこれから学んでいく分野です。生物って、地球の変動に耐えながら長い間進化し続けてきたんですよね。その歴史的産物を模倣して、活用していこうというわけです。

先生は何について話していますか。

1　ヨーグルトとハスの関係

2　サメが速く泳げる理由

3　生物模倣の概要

4　生物の進化の過程

「このように」は、前に述べたことをまとめるときによく使われる表現。この部分から3が正解。

“このように（像这样）”是总结前述内容时经常使用的表达方式。从画线部分得知正确答案是选项3。

覚えよう!

- □ハス：莲，荷
- □水をはじく：不沾水
- □競泳：游泳比赛
- □再現する：复现
- □工学：工科，工程学
- □模倣：模仿
- □変動：变动，变化
- □進化する：进化
- □歴史的産物：历史产物
- □概要：概要
- □過程：过程

4番　1

N1_1_24

テレビで男の人が話しています。

M：（♪ドレミファソラシド）このドレミファソラシドの7つの音階は、実は明治以降に海外から入ってきたものです。じゃあ次に、こちらを聞いてください。（♪ドレミソラ）こちらはファとシが抜けた、ドレミソラという5つの音階なのですが、なんとなく懐かしい、日本の古きよき風景が浮かんでくる気がしませんか。実はこれ、「ヨナ抜き音階」という日本固有の音階なんです。昔から日本には5つぐらいの音階しかなかったので、ドレミファソラシドの7つの音の流れは日本人には難しいだろうということで、政府がヨナ抜き音階を奨励したんだそうです。それで、この音階は明治以降、数々の童謡に使われるようになり、今でも、演歌やJポップの様々な歌に使われています。

男の人は何について話していますか。

1　昔から日本にある音階

2　日本の歌の特徴

3　日本人の好きな音

4　明治以降の音階

「じゃあ次に」以降は、「日本固有の（＝日本に昔からある）音階」について話しているので、1が正解。

“じゃあ次に（那么接下来）”后面讲的是“日本固有的音阶”，所以正确答案是选项1。

覚えよう!

□音階：音阶

□明治：（明治時代）明治时代（1868－1912年）

□固有：固有

□奨励する：奖励，鼓励

□数々の：很多，多种多样

□童謡：童谣

□演歌：演歌（日本特有的一种歌曲），（日本民歌曲调的）流行歌曲

5番　4

N1_1_25

講演会で司会者が話しています。

F：訪れたすべての人が笑顔で幸せな気分になる、夢の遊園地、さくらランド。その裏側には、スタッフのすさまじい努力と究極のサービス精神があった…。

5回目を迎える今回の講演会では、さくらランドで人材育成のリーダーを務める木村氏をお迎えしました。木村氏には、顧客の心をつかむためのコミュニケーションのコツや、スタッフのモチベーション維持の秘訣など、実体験のエピソードを交えてお話しいただきます。

少子高齢化による人材不足が叫ばれる現代において、人材の確保及び育成は企業の最重要課題となっています。この講演会が、経営者の皆様に何らかのインスピレーションをもたらすことができれば幸いです。

講演者はこれから何について話しますか。

1　さくらランドの経営方法

2　苦労したエピソード

3　企業が抱える問題点

4　人材育成のやり方

これらの部分から4が正解。

从画线部分可知正确答案是选项4。

実体験のエピソードは「交えて（＝含めて）話す」と言っているので、話の中心ではない。

文章提到木村会“穿插着说”实际体验的小插曲，所以这不是话题的重点。

覚えよう！

- □すさまじい：（气势、程度）惊人，猛烈
- □究極：究极
- □人材：人才
- □育成：培养，培育
- □顧客：顾客
- □コツ：诀窍，技巧
- □モチベーション：积极性，动力
- □秘訣：秘诀
- □実体験：实际体验
- □エピソードを交える：穿插小故事
- □少子高齢化：少子老龄化
- □確保：确保
- □及び：以及
- □課題：课题
- □インスピレーションをもたらす：带来灵感

6番　2

🔊N1_1_26

セミナーで男の人が話しています。

M：私が昔、取引先の方によく言われたのはこんな言葉です。「お前じゃ話にならない。上司を出せ」。こんなふうに言われたらどうするのか、私の体験談をお話しします。まず、謝ります。そしてすぐに取引先の方に「個人的にお食事をご一緒させてほしい」とお願いするんです。もちろん「そんな暇はない」と怒られます。そのあとです。「15分でもいいからお時間をください」とは言うんです。15分という具体的な時間を出すからいいんです。こう言うと、大概、「お前の熱心さには負けた」と言って、お時間をくださいます。お食事を共にして、若い時の苦労話や仕事の哲学などを話していただく。そうすると、相手の方も失敗していた新人時代を思い出して、結局は許してくださるんです。こうやって関係を深めるのが、成功の秘訣です。

男の人は何について話していますか。

1　若い時に最もつらかった話

2　仕事で失敗した時の切り抜け方

3　取引先の相手の秘密を聞き出す方法

4　有効な時間の使い方

「お前じゃ話にならない（＝話し合いにならない）。上司を出せ」と言われたらどうするのかが述べられている。

当对方说“我跟你谈不下去（无法交流），让你领导来”的时候该怎样应对？男士在讲述这个问题。

これまで述べてきたようなことをすると、「結局は許してくれる」「こうやって関係を深めるのが成功の秘訣（＝成功するためのうまい方法）」と言っているので、2が正解。

男士说如果按上述来做，“对方最后会原谅自己”“成功的秘诀（能成功的好方法）就在于像这样增进感情”，所以正确答案是选项2。

覚えよう！

□話にならない：（話し合いにならない）谈不拢，无法交谈

□体験談：经验之谈

□大概：（たいてい）大都，差不多

□秘訣：秘诀

□切り抜ける：克服，脱离

□有効な：有效的

問題4

例　1

🔊 N1_1_28

M：先月出した企画だけど、通ったかどうか結局わからずじまいだよ。

F：1　結果くらいは教えてほしいものだね。

　　2　企画を出すべきだったよね。

　　3　結局通らなかったんだよね。

1番　3

🔊 N1_1_29

F：あれ？ 鈴木さん、もしかしてもう帰っちゃったなんてことないよね。

M：1　え、そんなに大したことないはずだよ。

　　2　え、大丈夫なわけないよ。

　　3　え、もう帰っちゃったんじゃない？

针对铃木不在的情况，女士在确认“他不会已经回去了吧（他是不是还在）”，因此正确答案是选项 3。

1 大したことない：没什么大不了的

2番　1

🔊 N1_1_30

M：資料はお読みになり次第、こちらへお戻しください。

F：1　あ、ここに置けばいいんですね。

　　2　あ、こちらに戻るんですね。

　　3　あ、お読みになりますか。

男士说“读完后请把它放回这里（一读完就放回这里）”，所以正确答案是选项 1。

3番　2

🔊 N1_1_31

M：これ、3時までに30部コピーお願いできる？

F：1　ええ、できるくらいならやってます。

　　2　ええ、できないことはないですが。

　　3　ええ、30部でお願いします。

“できないことはないですが”意为“努力做的话也许能做到，但很困难”，是婉拒别人时经常用到的表达方式。选项 1 的“要是能做我就做”，语气有点像吵架，不适合在商务场合使用。

4番　2

🔊 N1_1_32

F：あの人、今月いっぱいで退職するんじゃなかった？

M：1　そのつもりでしたが、やめました。

　　2　お辞めになるのは来月のようですよ。

　　3　いいえ、先月就職しましたよ。

“あの人（那个人）”指的是第三个人。女士问的是“是不是辞职了（我以为辞职了，但会不会弄错了？）”，所以正确答案是选项 2。

5番　2

N1_1_33

> M：こんなにミスばっかりじゃシャレになんないよ。
>
> F：1　申し訳ありません。確認するには当たりません。
>
> 2　申し訳ありません。ちゃんと確認すべきでした。
>
> 3　申し訳ありません。確認するつもりはなかったんですが。

女士被男士提醒，“老是这样犯错，不能轻易糊弄过去了（错误太多了）”，选项 2 “本应该确认的（明明有必要确认，却没有做）”是表示反省的说辞，所以是正确选项。“本来不打算确认的”表示已经确认了，所以选项 3 不正确。

覚えよう!

□シャレにならない：（冗談として受け取れない）不是闹着玩的

6番　1

N1_1_34

> F：恐れ入りますが、折り返しお電話くださいとお伝えいただけますか。
>
> M：1　はい、橋本が承りました。
>
> 2　はい、恐縮です。
>
> 3　はい、ちょうだいします。

“承りました”是“聞く（听）”和“受ける（接受）”的谦让语，经常用在接听商务来电的场合，向对方表示自己会转达给他人。

覚えよう!

□恐れ入りますが：（申し訳ありませんが）实在不好意思

□折り返し：折回

□恐縮：惶恐，过意不去

7番　2

N3_1_35

> M：警察官ともあろう人が、なんてことを。
>
> F：1　本当なもんですか。困りましたね。
>
> 2　本当ですね。信じがたいですね。
>
> 3　警察官と一緒だったんですか。

“～ともあろう人”是指“站在……的立场上的人”，是在责怪那个人做出不良行为时使用的表达方式。女士要表达“难以置信”，所以正确答案是选项 2。

1 ～なもんですか：（～であるはずがない）表示强烈的否定

8番　3

N1_1_36

> F：贈り物はしないまでも、お礼の手紙ぐらい送っといたほうがいいんじゃない？
>
> M：1　昨日、かろうじて届いたよ。
>
> 2　おちおちしてらんないね。
>
> 3　送ったところで読まないと思うよ。

对于女士提出的“最好还是寄送一封道谢的信件”，男士回复：“即使寄了，对方也不会看的。”

覚えよう!

□かろうじて：（やっと・ようやく）好不容易才…
□おちおちしてらんない：（安心していられない）安不下心来

9番　1　N1_1_37

F：そちらにこのかばん置かせていただけますか。
M：1　ちょっとそれはご遠慮いただいています。
　　2　ええ、どうぞご覧になってください。
　　3　ちょっとそちらにはおかけにならないほうがよろしいかと。

因为女士问的是可不可以放包，所以“ご覧になってください（请看）”和“おかけにならないほうが（最好不要坐）”是错误的。

10番　3　N1_1_38

M：この服、袖についてるの、模様だと思いきや、シミだったよ。
F：1　え、いつ切れちゃったのかな。
　　2　え、ちょっと地味すぎるかな。
　　3　え、クリーニングに出さないと。

因为男士说的是“污垢”，所以正确答案是选项 3。

覚えよう!

□シミ：污垢

11番　2　N1_1_39

F：カップラーメン食べたそばからおにぎり食べるなんて、そりゃ太るわよ。
M：1　とりあえず、おにぎり食べる？
　　2　そんなに太ったかなあ。
　　3　じゃあ、そばはやめとこうかな。

“～たそばから”意为“～たあとすぐに”（……之后马上）。因为女士说“会长胖的”，所以男士反问“会胖吗”。

12番　3　N1_1_40

M：ビジネスでは、一度信頼を失えば、もうそれまでだよ。
F：1　そうだよね。それまでいいよね。
　　2　そうだよね。信頼されるといいね。
　　3　そうだよね。気をつけるよ。

因为女士接受了“只要失去一次信任，就到此为止了（到这里就结束了）”的建议，所以正确答案是选项 3。

13番　1　N1_1_41

F：まったくこの会社ときたら。社員あっての会社でしょう。
M：1　ほんと、もっと社員に優しくすべきだよね。
　　2　そうそう、社員もっと増やすべきだよね。
　　3　その通り！待遇よすぎだよね。

“まったく～ときたら”用来表达不满。“A あっての B” 意为 “因为有 A 才有了 B”。“有职员才有这个公司” 是说 “没有职员就没有这个公司”，因此正确答案是选项 1。

覚えよう！

□待遇（たいぐう）：待遇

14番　3

N1_1_42

M：2丁目（ちょうめ）にできた新（あたら）しいパン屋（や）、気（き）になるなあ。

F：1　そうそう、目（め）に余（あま）るよね。

2　できっこないよ！

3　散歩（さんぽ）がてら見（み）てくれば？

“A がてら B” 是指 “做 A 顺便做 B”。

覚えよう！

□目（め）に余（あま）る：看不下去

2 ～っこない：（～はずがない）不可能……

問題5

1番　4

N1_1_44

会議で男の人と課長が話しています。

M：課長、こちらが最終候補に残った四つです。

F：なるほど。どれもさすが最終候補に残っただけあるね。うーん、駅を行きかう人たちに見てもらうために一番必要なのはインパクトだから、それにしてはAはちょっと背景が暗すぎるかなあ。

M：僕もそう思います。この海の色がもっと明るければパッとするんでしょうけど。Bはどうでしょう。手書きは最近珍しいですし、このカエルのキャラクターもかわいいですが。

F：手書きねえ。確かに目にはつくけど、学園祭のポスターじゃないんだし、一企業として、素朴さよりも洗練された感じを出したいかな。そういう点でいうとCがいいかなあ。

M：Cは確かにプロが作った感じが出てますけど、注意喚起のポスターというよりは何かの商品の広告のように見えなくもないかなと思います。

F：それもそうだね。Dはどうかな。この熊だか犬だかわからないキャラクターは何なの？

M：あ、これはハリネズミだそうです。

F：ああ、ハリネズミ！ なんでハリネズミなのかなあ。

M：こちらは文字が全部立て看板の中に書かれていますし、「再利用しよう！」という文字も大きくてはっきりしているので、リサイクルのポスターとしてはわかりやすいと思います。

F：あ、ほんとだ。他のは全部英語かカタカナでリサイクルしようって書いてあるだけだから、再利用しようっていう文句は確かにいいね。でもハリネズミ、なんかひっかかるなあ。

M：Aで背景の色だけ変えるっていうのは可能なんでしょうか。

課長の意見が重要。

科长的意见很重要。

Aは背景が暗すぎる。

A的背景太暗了。

Bは素朴。

B太朴素。

Cはプロが作った感じ。

C有专业制作的感觉。

Dはキャラクターがわからない。

D看不懂角色是什么。

これらの部分からDが正解。

从画线部分得知D正确。

F：いやいや、やっぱりそのままのを選ばないと。うーん、わかんないからこそ目を引くっていうのもあるから、やっぱりこれにしよう。

課長はどのポスターを選びましたか。

1　Aのポスター

2　Bのポスター

3　Cのポスター

4　Dのポスター

これらの部分からDが正解。

从画线部分得知D正确。

覚えよう!

- □インパクト：冲击力
- □背景：背景
- □パッとする：眼前一亮
- □学園祭：学校活动，校庆
- □素朴さ：朴素
- □洗練：讲究，精炼
- □注意喚起：引起注意
- □ハリネズミ：刺猬

2番　2

N1_1_45

家で母、娘、父の三人が話しています。

F1：ハンバーグ、どこに食べに行こっか。いつも「キッチンたぬき」ばっかりだから、たまには違うお店で食べてみたいな。

F2：そう思って、昨日の夜インターネットで調べといたよ。この辺だと「さくらカフェ」が一番人気みたい。普通のハンバーグなんだけど、サイズが普通のお店より大きいんだって。ライスも大盛り。肉汁があふれて玉ねぎの旨味も広がるって書いてある。

M：肉汁があふれるって、いいなあ。俺のよだれもあふれてくる。

F1：ちょっと、お父さん、汚いなあ。で、他のお店は？

F2：「ふじ食堂」は、大根おろしの和風ソースが有名だって。あ、でも狭いからちょっと待つかも。「レストランまつ」はデミグラスとトマトの２種類のソースがあって、サラダバーもついてるって。チーズ入りハンバーグがおいしいらしいよ。私はここがいいな。

話の内容

・「キッチンたぬき」はいつも行っている。たまには違うところがいい。

经常去"狸厨房"。偶尔也想去其他店。

・「さくらカフェ」は一番人気。

"樱花咖啡馆"最有人气。

・「ふじ食堂」は和風ソースが有名。狭いからちょっと待つ。

"富士食堂"的和风酱汁很有名。店面小需要等位。

・「レストランまつ」は娘がいいと言っている。

女儿说"松西餐厅"不错。

F1：サラダバーがついてるっていいわねえ。野菜はいっぱいとらないと。でも、大根おろしでさっぱりっていうのも捨てがたいわねえ。

M：俺は普通のが一番だ。ん？ 待てよ？ さっき言ってた一番人気の「さくらカフェ」って、もしかしてあのデパート行く途中の右側にあるやつか。

F2：そう、あれ。

M：あんまりお客さん入ってるようには見えないぞ。インターネットの評判なんて当てにならん。お店の人が自分で書いてるかもしれないじゃないか。

F2：インターネットの評判って、300も400も書いてあるんだよ。お店の人もそんなに暇じゃないよ。

M：なんだかんだ言って、行きつけのところが一番信用できるんじゃないか？ まあ俺は何でもいいよ。どうせ何か言ったって二人の意見が通るんだろうし。

F1：あら、よくわかってるじゃない。じゃあ、ゆきちゃんがせっかく調べてくれたんだから、ゆきちゃんが行きたいところにしましょう。

F2：ありがとう、ママ！

三人はどこに行きますか。

1　ふじ食堂

2　レストランまつ

3　キッチンたぬき

4　さくらカフェ

父は「二人の意見が通るんだから何でもいい」と言っていて、母は「ゆきちゃん（＝娘）が行きたいところにしよう」と言っているので、2が正解。

因为父亲说“你们两个意见总归一致，所以怎么都行”，母亲说“去小雪（女儿）想去的地方”，所以正确答案是选项2。

覚えよう！

☐大盛り：大份
☐肉汁：肉汁
☐旨味：美味
☐俺：（わたし）我（男性对同事或者比自己年纪小的人说话时使用的第一人称）

□大根おろし：萝卜泥　　□なんだかんだ言う：（あれこれ言う）说这个说那个，说来说去

□サラダバー：自助沙拉

□当てにならない：靠不住　　□行きつけ：经常去的

3番　質問1　1　質問2　4　　N1_1_47

博物館で係員がアナウンスをしています。

F1：（ピンポンパンポーン）本日はご来場いただき、誠にありがとうございます。本日の催し物を4点お知らせいたします。まず、午前11時半より、園内のきのこ案内がございます。中央広場にご集合いただいた後、係員が園内のきのこをご案内いたします。日本各地のきのこを実際に触ったり、においをかいだりすることにより、きのこの魅力を体感していただけます。次に、ギャラリートークですが、同じく午前11時半より、講師の先生による、きのこアート作品の解説がございます。きのこをモチーフにした水彩画、木版画、切り絵などの作品についての解説です。会場は展示館の3階となっております。午後2時からは、2階のホールにて「日本人ときのこ」と題する講演がございます。日本と欧米で好まれるきのこを比較した上で、日本人に好まれているきのこの特徴についてお話しいただきます。最後に、体験コーナーでは、きのこの写真立てをお作りいただけます。午後1時からで、先着60名となっております。

F2：わー、催し物いっぱいあるんだね。展示の作品見ただけじゃよくわからなかったから、説明聞きに行きたいな。あと、午後からの日本と他の国のきのこの好みの違いも気になる。

M：うん、それ、僕も興味ある。講演開始は2時みたいだから、早めに行って席取っとかないとね。それまでは別行動でいいかな。僕、山にきのこ狩りに行く時の参考になるように、実物に触れときたいんだ。

F2：うん、わかった。じゃあ、終わったら連絡してね。

質問1：女の人はまず何に参加しますか。

質問2：男の人はまず何に参加しますか。

催し物4点

4个活动

午前11時半より

从中午 11 点半开始

・きのこ案内：実際に触ったりにおいをかいだりできる

蘑菇介绍：可以触摸蘑菇、闻蘑菇

・ギャラリートーク：きのこアート作品の解説

艺术品漫谈：解说蘑菇题材的艺术作品

午後1時から

从下午 1 点开始

・体験コーナー：きのこの写真立てを作る

体验角：可以制作蘑菇相框

午後2時から

从下午 2 点开始

・講演：「日本人ときのこ」

演讲：《日本人与蘑菇》

「まず何をしますか」なので、午前中のイベントに注目。

因为题目问的是“首先做什么”，所以要关注上午的活动。

覚えよう!

□来場：（会場に来ること）来场，到场
□誠に："本当に" 的礼貌说法
□催し物：文娱活动
□きのこ：蘑菇
□体感する：体感
□ギャラリートーク：艺术品漫谈
□モチーフ：艺术作品的主题

□水彩画：水彩画
□木版画：木版画，木刻
□切り絵：剪贴画
□展示館：展览馆
□題する：命题，以……为题
□先着：先到
□きのこ狩り：采蘑菇

女の人は「展示の作品見ただけじゃよくわからなかった」「説明聞きに行きたい」と言っているので、1「ギャラリートーク」が正解。

女士提到"只是看展览的作品也不太懂""想要听讲解"，所以正确答案是选项1"艺术品漫谈"。

男の人は「実物に触れときたい」と言っているので、4「きのこ案内」が正解。

男士说他想触摸实物，所以正确答案是选项4"蘑菇介绍"。

いずれも午後は講演を聞きに行く。それまでは別行動と言っている。

他们都是下午去听演讲，在那之前是各自行动的。

第2回　解答・解説

第2套模拟试题答案及解析

合格模試　解答用紙

N1 言語知識（文字・語彙・文法）・読解

正答　答案

受験番号 Examinee Registration Number		名前 Name	

〈ちゅうい　Notes〉

1. くろいえんぴつ（HB、No.2）でかいてください。
   Use a black medium soft (HB or No.2) pencil.
   （ペンやボールペンではかかないでください。）
   (Do not use any kind of pen.)
2. かきなおすときは、けしゴムできれいにけしてください。
   Erase any unintended marks completely.
3. きたなくしたり、おったりしないでください。
   Do not soil or bend this sheet.
4. マークれい Marking Examples

よいれい Correct Example	わるいれい Incorrect Examples
●	⊗ ✓ ○ ◎ ⊜ ⦶ ●

問題1

1	①	②	●	④
2	①	●	③	④
3	●	②	③	④
4	①	②	③	●
5	①	②	●	④
6	①	②	③	●

問題2

7	●	②	③	④
8	①	②	③	●
9	●	②	③	④
10	①	②	●	④
11	①	●	③	④
12	①	②	●	④
13	●	②	③	④

問題3

14	①	●	③	④
15	①	②	③	●
16	①	②	●	④
17	①	②	③	●
18	①	②	●	④
19	①	②	●	④

問題4

20	①	②	●	④
21	①	②	③	●
22	①	②	③	●
23	①	②	③	●
24	①	●	③	④
25	●	②	③	④

問題5

26	①	②	③	●
27	●	②	③	④
28	①	②	③	●
29	①	●	③	④
30	①	②	③	●
31	●	②	③	④
32	①	②	③	●
33	①	●	③	④
34	①	②	●	④
35	●	②	③	④

問題6

36	●	②	③	④
37	①	●	③	④
38	①	②	③	●
39	●	②	③	④
40	①	②	●	④

問題7

41	●	②	③	④
42	①	②	③	●
43	①	②	③	●
44	●	②	③	④
45	①	②	③	●

問題8

46	①	②	③	●
47	①	●	③	④
48	①	②	③	●
49	①	②	●	④

問題9

50	①	●	③	④
51	①	②	③	●
52	①	②	●	④
53	①	●	③	④
54	①	●	③	④
55	●	②	③	④
56	●	②	③	④
57	①	●	③	④
58	①	②	③	●

問題10

59	①	②	③	●
60	●	②	③	④
61	①	②	●	④
62	①	②	●	④

問題11

63	①	②	③	●
64	①	②	●	④

問題12

65	①	②	●	④
66	①	●	③	④
67	●	②	③	④
68	①	②	③	●

問題13

69	①	②	●	④
70	①	②	③	●

合格模試　解答用紙

N1　聴解

正答　答案

受験番号 Examinee Registration Number		名前 Name	

〈ちゅうい　Notes〉

1. くろいえんぴつ（HB、No.2）でかいてください。
   Use a black medium soft (HB or No.2) pencil.
   （ペンやボールペンではかかないでください。）
   (Do not use any kind of pen.)
2. かきなおすときは、けしゴムできれいにけしてください。
   Erase any unintended marks completely.
3. きたなくしたり、おったりしないでください。
   Do not soil or bend this sheet.
4. マークれい Marking Examples

よいれい Correct Example	わるいれい Incorrect Examples
●	⊗ ✓ ○ ◎ ⊜ ⦶ ●

問題1

例	①	②	●	④
1	①	●	③	④
2	●	②	③	④
3	①	②	●	④
4	①	②	●	④
5	●	②	③	④
6	①	②	③	●

問題2

例	①	●	③	④
1	①	②	●	④
2	①	②	●	④
3	①	②	③	●
4	●	②	③	④
5	①	●	③	④
6	①	②	③	●
7	①	②	●	④

問題3

例	①	②	③	●
1	①	②	③	●
2	①	●	③	④
3	●	②	③	④
4	①	②	③	●
5	①	②	●	④
6	①	②	●	④

問題4

例	●	②	③
1	①	②	●
2	①	②	●
3	●	②	③
4	①	●	③
5	①	●	③
6	①	②	●
7	①	●	③
8	①	②	●
9	①	②	●
10	●	②	③
11	①	●	③
12	①	②	●
13	●	②	③
14	●	②	③

問題5

1	①	②	●	④
2	①	●	③	④
3 (1)	①	②	③	●
3 (2)	●	②	③	④

採点表 评分表

文字・語彙・文法		配点	正答数	点数
	問題1	1点×6問	／ 6	／ 6
	問題2	1点×7問	／ 7	／ 7
	問題3	1点×6問	／ 6	／ 6
	問題4	2点×6問	／ 6	／12
	問題5	1点×10問	／10	／10
	問題6	1点×5問	／ 5	／ 5
	問題7	2点×5問	／ 5	／10
	合　計	56点		a ／56

按满分60分进行折算（下同）：　a ☐ 点÷54×60＝ A ☐ 点

読解		配点	正答数	点数
	問題8	2点×4問	／ 4	／ 8
	問題9	2点×9問	／ 9	／18
	問題10	3点×4問	／ 4	／12
	問題11	3点×2問	／ 2	／ 6
	問題12	3点×4問	／ 4	／12
	問題13	3点×2問	／ 2	／ 6
	合　計	62点		b ／62

b ☐ 点÷62×60＝ B ☐ 点

聴解		配点	正答数	点数
	問題1	2点×6問	／ 6	／12
	問題2	1点×7問	／ 7	／ 7
	問題3	2点×6問	／ 6	／12
	問題4	1点×14問	／14	／14
	問題5	3点×4問	／ 4	／12
	合　計	57点		c ／57

c ☐ 点÷57×60＝ C ☐ 点

如果A B C任一数字低于48，就要仔细看解析，然后再挑战一次！
（48分是本书的标准）

※本评分表是本书作者根据试题难易程度而制作的。

解説　解析

言語知識（文字・語彙・文法）

問題1

1　3 ただよって

漂　ヒョウ／ただよ-う

漂う：充满，漂浮

1 潤う：润，湿润

2 みなぎる：涨满，充满

4 とどまる：逗留，停止

2　2 なごやかな

和　ワ／やわら-げる・やわら-ぐ・なご-む・なご-やか

和やかな：和睦的，舒心的

1 穏やかな：温和的，平静的

3 にぎやかな：热闹的

4 緩やかな：缓慢的，宽松的

3　1 こわいろ

声　セイ・ショウ／こえ・こわ

色　ショク・シキ／いろ

声色：语调

4　4 げんせん

厳　ゲン・ゴン／きび-しい・おごそ-か

選　セン／えら-ぶ

厳選する：严格挑选

5　3 にょじつ

如　ジョ・ニョ／ごと-し

実　ジツ／み・みの-る

如実に：如实

6　4 くろうと

玄　ゲン　※玄人

玄人：行家，专家⇔素人：外行，门外汉

問題2

7　1 不備

不備がある：有所欠缺

2 不当：不正当，不合理

3 不意：突然，冷不防

4 不順：不顺，异常

8　4 気が乗らない

気が乗らない：不感兴趣

1 気が立つ：兴奋，激动

2 気が抜けない：不能掉以轻心

3 気がおけない：（仲がいい）关系好

9　1 きっぱり

きっぱり断る：断然拒绝

2 じっくり：慢慢而仔细地

例じっくり話す

3 てっきり：肯定是

例てっきり晴れると思った

4 うっかり：糊涂，马虎

例うっかり忘れた

10　3 復職

復職する：复职

1 副業する：副业

2 回復する：恢复

4 複写する：誊写，复印

11 **2 値する**

尊敬に値する：值得尊敬

1 即する：切合，依照

3 有する：有

4 要する：需要

12 **3 成果**

努力の成果が出る：努力有了成果

1 成功：成功

2 評価：评价

4 効果：效果

13 **1 デビュー**

華々しいデビューを飾る：华丽出道

2 エリート：精英

3 インテリ：知识分子

4 エンド：结局，尾声

問題3

14 **2 はっきりと**

顕著に ＝ はっきりと：明显地，清楚地

15 **4 全部**

一律 ＝ 全部：全部

16 **3 ひどく疲れて**

くたびれる ＝ ひどく疲れる：非常疲惫

17 **4 関係する**

まつわる ＝ 関係する：相关

18 **3 みじめな**

情けない ＝ みじめな：悲惨的

19 **3 現実的に**

シビアに ＝ 現実的に：现实的

1 楽観的に：乐观的

2 悲観的に：悲观的

4 多角的に：多方面的

問題4

20 **3 そろそろこの仕事に着手しないと、締め切りに間に合わないよ。**

仕事に着手する：开始工作

1 好きな俳優に握手してもらっただけでなく、…

不仅仅是和喜欢的演员握手……

2 この飛行機は空港に着陸する準備を始めますので、…

由于本架飞机即将在机场做着陆准备……

21 **4 地球上には、まだ数多くの未知の生物が存在する。**

未知の生物：未知生物

1 …、自分はなんて無知なのかと…

……，自己是多么的无知……

無知：无知

22 **4 このゴルフ教室は、初心者でも気兼ねなく練習できる。**

気兼ねなく：无须顾虑

23 **4 彼は貧しい子供たちの生活を支える活動をするために、この団体を発足した。**

団体を発足する：成立某团体

24 **2 これまでの実績と君の実力を見込んで、ぜひお願いしたい仕事がある。**

実力を見込んで：看中某人的实力

1 高いところから下をのぞき込んで、…

从高处向下方窥视……

3 …、まだ小さい子どもだったので見逃してあげた。

……，因为他还是小孩子，所以饶了他。

25　1 松田さんはチームをまとめるのが上手で、リーダーとしての素質がある。

リーダーとしての素質がある：有当领导人的资质

2 小林さんは素朴な性格で、…

因为小林先生性格很质朴……

素朴な：朴实的

4 …、数多くの素材を集めるのが大変だった。

……收集那么多素材很费力。

素材：素材

問題5

26　4 すら

～ですら ＝ ～でさえ：甚至

※表示“……已经这样了，其他的就更加……”。“～”处用名词。

2 Aはおろか B：（Aはもちろん Bも）A当然如此，B也……

27　1 ところで

Aたところで B＝いくらAても B（～ない・無駄だ）：不管怎么A也B（不……/没用）

4 Aたところ B：（Aた結果B・Aた感じでは B）做了A结果是B/觉得是A结果是B

28　4 と相まって

～と相まって＝～と結びついて・～と一緒になって：与……联结/与……在一起

1 ～に反して：（～とは反対に）与……相反

※“～”处用“予想/期待”等名词。

2 ～を伴って：（～を一緒に連れて）带着……一起

3 ～とかかわって：（～とつながりを持って）与……有关联

29　2 たりとも

～たりとも（～ない）＝～であっても（～できない・～わけにはいかない）：即使……（做不到……/不可能……）

※“～”处用“1日/1分/1円”等表示微小数量的词，意为“即使如此也不能轻视”。

3 ～たらず：（～には足りない・～程度で十分ではない）不足以……/……不充分

※“～”处用表示日期或者数量的词。

例 入社して1週間足らずだ。/来公司还不到一周。

4 ～限り：（～だけ）只是～

※“～”处用表示日期或者数量的词。

例 お一人様1点限り。/每人限1个。

30　4 着き次第

A次第B＝Aたらすぐ B：A之后立刻B

※B处使用请求、希望等表示意志的词句。

1 Aや否や B：（Aと同時に B）A的同时B

※A、B是现实中同时发生的事。

2 Aたとたん B：（Aたらその瞬間 B）A之后马上B

※A、B是现实中同时发生的事。

3 Aが早いか B：（Aと同時に B）A的同时B

※A、B是现实中同时发生的事。

31　1 にも増して

以前にも増して：比以前更…

32　4 吸わずにはいられない

～ずにはいられない：（无法抑制情感）不管怎么都……

1 ～ずにはおかない：（必ず～てみせる・～ないのは許せない）一定要……给他们看/不允许没有……

2 ～ないではおかない：（必ず～てみせる・～ないのは許せない）一定要……给他们看/不允许没有……

3 ～てはいられない：（～ている場合ではない・～ている状態でいるのは難しい）不是做……的时候/难以保持正在……的状态

33　2 必要とされている

“～とされている” 是 “～としている” 的被动态

34　3 そばから

AそばからB＝AしてもすぐB：即使做了A也立刻B

1 A上にB：（Aに加えてさらにB）在A的基础上再加上B

2 AにつれてB：（AするとだんだんB）做了A的话渐渐B

4 AとともにB：（Aと一緒にB）和A一起B

35　1 辞退させていただきます

“辞退させていただく”是“辞退させてもらう”的谦让语

2 “ご辞退になります” 是 “辞退する” 的尊敬语

3 “辞退していらっしゃいます” 是 “辞退している” 的尊敬语

4 “辞退しておられます” 是 “辞退している” 的尊敬语

問題6

36　1

彼女と結婚したいという気持ちは　4誰が　3何と　1言おうと　2決して　変わりません。

誰が何と言おうと：不管别人说什么

決して～ない：决不……

37　2

竹内さんは、部下の満足度や他部署の予定よりも　3自分の都合ばかりを　4優先する　2きらいがあるので　1部下の信頼を　得ることができない。

～するきらいがある：（～というよくない性質・傾向がある）有……不好的性质/倾向

信頼を得る：取得信任

38　4

ゆうべ、友人からのメールで　3大学時代の指導教官であり　1私が尊敬して　4やまない　2平野先生が　昨日お亡くなりになったと知り、なかなか眠りにつくことができなかった。

～てやまない：（すごく～ている）处在非常……的状态中

39　1

社内の不祥事が明るみに　4出るに　2至って　1ようやく　3経営陣は社内での　調査を始めた。

明るみに出る：（被）公开，水落石出

40　3

学校の成績が　4優秀で　2あれば　3あるに　1越したことはない　のですが、それだけを見ることはしません。特に弊社のようなベンチャー企業では新しい発想が求められます。

～であればあるに越したことはない：如果……，就再好不过了

問題7

41　1 に即して

Aに即してB：（Aを基準・根拠にしてB）以A为基准或根据进行B

2 ～にとって：（～の立場・視点から言うと）从……的立场/观点来说

3 ～に先立って：（～する前に）在做……之前

4 ～に限って：（～の場合に特別に）在……的情况下特别……

42　4 呼ばれるものだ

AがBと呼ばれるものだ：A被叫作B

1 AをBと名付ける：给A起名叫B

3 ～と言ったところだ：（だいたい～という程度・状況だ）大概是……的程度/状况

43　4 ちなみに

ちなみに：顺便，顺带

2 いわゆる：所谓的，通常说的

44　1 使っているわけだ

ふむふむ～わけだ：（なるほど～なら当然だ）……是理所当然的

“ふむふむ”意为“なるほど”，书面语。

3 使うまでもない：（わざわざ使う必要はない）（そこまでしなくても大丈夫だ）没必要特意使用（即使不做到那个份上也没关系）

45　4 言えるかもしれない

“一目瞭然”意为“一目見てはっきりわかる”（一目了然）。

1 言わずにはおかない：（必ず言う）一定说

2 言えるものではない：（一般的には言えない）一般情况不说

3 言うわけにはいかない：（理由があって言えない）因为某些原因不能说

読解

問題8

(1) 46 4

【担当者変更のお知らせ】

株式会社ABC

佐藤様

いつもお世話になっております。

株式会社さくらの鈴木です。

この度、弊社の人事異動に伴い、4月1日より営業部小林が貴社を担当させていただくことになりました。在任中、佐藤様には大変お世話になり、感謝しております。

小林は入社10年のベテラン社員で、長らく営業業務に携わってまいりました。

今後も変わらぬご指導のほど、何卒よろしくお願い申し上げます。

後日改めまして、小林と共にご挨拶に伺う所存ではございますが、取り急ぎメールにてご連絡申し上げます。

上記につきまして、どうぞよろしくお願いいたします。

4「最も伝えたいことは何か」はよく出る質問。「お知らせ」の場合は、まずタイトルに注目する。タイトルが「担当者変更のお知らせ」であることと、今後もよろしくと書いてあるので、4が正解。

“最想传达什么”是常见的提问。当文章主题是“通知”时，首先要注意标题。标题为“负责人变更的通知”，之后又写了“今后也请多指教”，所以答案是选项4。

覚えよう!

□弊社：（自分の会社）本公司
□人事異動：人事调动
□貴社：（相手の会社）贵公司
□在任中：在职
□長らく：（長い間）长期，长时间
□携わる：从事
□所存：想法，打算

(2) 47 2

私はパソコンもスマートフォンも持っていないが、2 ネット上には、作家やその作品に対する全否定、罵倒が溢れているらしい。プリントアウトしたものを私も見せてもらったことがある。やはり編集者が気を遣ってかなりましな感想を選んでくれたのだろうが、それでも 2 そうとうなもので、最後まで読む勇気が自分にあったのは驚きだった。

「ネット上の罵倒（＝非難）がそうとうなものだった」とある。あまりにもひどくて、最後まで読む勇気が自分にあったのは驚きだったと言っているので、2が正解。

文中认为“网上的谴责相当厉害”，因为谴责之声太过分，自己竟然有勇气看到最后，很吃惊，所以答案是选项2。

覚えよう!

□全否定：（完全な否定）完全否定

□溢れる：充满，溢出

□ましな：胜过，强于

(3) 48 4

私は一見社交的に見えるようだが、初対面の人と話すのは苦手だ。（中略）という話を、先頃、あるサラリーマンにした。

彼は小さな広告代理店の営業担当役員である。1 新しい人と知り合うのが仕事のような職種だ。

彼曰く、4 話題につまった時は、ゴルフか病気の話をすれば何とかなるそうだ。3・4 四十も過ぎれば、体の不調は誰でも抱えている。自分自身は元気でも、親はある程度の年齢だから、病気に関わる心配事を抱えていない大人はいない。なるほどである。

あるサラリーマンが話したことの中で、「なるほど」と筆者が納得したところを探す。

要从某个工薪族说的话中寻找笔者认同的部分。

1　サラリーマンが話したことではない。

这不是工薪族说的话。

2　そうは言っていない。

没有这么说。

3　サラリーマンが話した内容だが、そこで納得したわけではない。

虽然工薪族这么说了，但笔者并不认同这部分内容。

4　四十歳を過ぎると、自分や自分の親が病気である可能性が高いから、話題につまったときには病気の話をすればいいと言っているので、4が正解。

年过四十后，自己或父母生病的可能性变大了，当话题没有进展时，可以聊些有关生病的话题，所以答案是选项4。

覚えよう!

□一見：乍一看

□社交的：善于社交的

□初対面：初次见面

□先頃：（この間）前些天

□広告代理店：广告代理商

□職種：职业种类，工种

□曰く：所言，所说

(4) 49 3

2 強いとか弱いとかいうのとはちょっと別に、3 その選手に異様な熱を感じる時期というのがあって、世界戦やタイトルマッチじゃなくても、その熱は会場中に伝播する。その熱の渦中にいると「ボクシングってこんなにすごいのか！」と素直に納得する。たったひとりの人間が発する熱が源なのだから。それはもしかしたら、その選手の旬というものなのかもしれない。年齢とは関係ない。また、4 旬の長さも一定ではないし、一度きりということでもないのだろう。だけれど、永遠ではない。

1 そうは言っていない。

文中没有提到。

2 強さとは関係ない。

与实力强弱无关。

3 この部分から3が正解。

从这部分内容可以得知，选项 3 是正确答案。

4 「一度きりということでもない」は「一度だけではない」という意味。

「一度きりということでもない」意为“不仅只有一次”。

覚えよう！

□異様な：奇怪的
□タイトルマッチ：锦标赛
□伝播する：（次々に伝わって広まる）传播
□渦中：旋涡之中
□発する：发出，散发
□源：源泉
□旬：旺季，黄金时期

問題9

(1) 50 2　51 4　52 3

落語の世界では、マクラというものがあり、長い噺を本格的に語る前にちょっとした小咄とか、最近あった自分の身の回りの面白い話などをする。（中略）

落語家はマクラを振ることによって何をしているかといえば、観客の気持ちをほぐすだけではなくて、今日の客はどういうレベルなのか、どういうことが好きなのか、というのを感じとるといっている。

たとえば、50 これぐらいのクスグリ（面白い話）で受けないとしたら、「今日の客は粋じゃない」とか「団体客かな」などと、いろいろ見抜く。そして客のタイプに合わせた噺にもっていく。これはプロの熟達した技だ。

50 長い噺をする前にクスグリをしてみて、どんな客かを探り、それに合わせた噺をすると言っているので、2が正解。

文中提到单口相声演员在开始讲述长故事之前先试探一下，确认客人的定位，再讲适合客人的故事，所以答案是选项 2。

それと似たようなことが授業にもある。先生の立場からすると、自分の話がわかったときや知っているときは、生徒にうなずいたりして反応してほしいものだ。そのうなずく仕草によって、先生は安心して次の言葉を話すことができる。**51** 反応によっては発問を変えたり予定を変更したりすることが必要だ。

逆の場合についても、そのことはいえる。たとえば子どもが教壇に一人で立って、プレゼンテーションをやったとする。そのときも教師の励ましが必要なのだ。アイコンタクトをし、うなずきで励ますということだ。**52** 先生と生徒が反応し合うことで、密度は高まり、場の空気は生き生きしてくる。

51 先生も生徒のうなずく仕草などの反応を見て、「発問を変えたり予定を変更したりすることが必要だ」とあるので、4が正解。

老师也要观察学生的点头等反应，“有必要改变提问或原定计划”，所以答案是选项 4。

52 先生だけ、生徒だけではなく、「先生と生徒が反応し合うこと」とあるので、3が正解。

不能仅依靠老师或是学生，而是“需要老师和学生互动”，所以答案是选项 3。

覚えよう!

□落語：落语（日本的单口相声）
□本格的に：正式地
□身の回り：身边
□気持ちをほぐす：放松心情
□受ける：（ここでは、面白がられること）文中是“觉得有趣”的意思
□粋：风流潇洒，有时也指穿梭于花街柳巷的人
□見抜く：看透，看穿
□熟達する：娴熟，精通
□仕草：（あることをするときの態度や表情）举止，态度，表情
□発問：（質問すること）发问，提问
□教壇：讲坛，讲台
□密度：文中指“发表内容的充实程度”

(2) 53 2　54 2　55 1

ペットショップで目が合って何か運命的なものを感じてしまい、家へ連れて帰ってきたシマリスのシマ君が、今朝、突然、攻撃的になってしまった。

53 これまで、手のひらに入れてぐるぐるお団子にしたり、指を口の前に差し出しても一度も咬んだり人を攻撃したことがないのに、いきなり咬みつかれた。かごの中の餌からゴミを取ろうとしてふと指を入れたら、がぶっとやられたのである。

53 手のひらで丸められたのを喜んでいたとは書いていないので、1は間違い。「一度も咬んだり人を攻撃したことがない」とあるので、2が正解。

文中并没有提到花栗鼠喜欢被放在手心里团成一团，所以选项 1 不正确。花栗鼠“从来没有咬过人或者攻击过人”，所以答案是选项 2。

（中略）

「①タイガー化する」といって、冬眠に入る秋冬になるとものすごく攻撃的になるという。そんなことは知らなかった。あんなにひとなつこくて誰にでも甘えてくるリスが、目を三角にしてゲージにバンバン体当たりしてくる。同じ動物とは思えない。怖い。

獣医師によると、冬眠する前に体内にある物質が分泌されるらしい、という説や、冬眠前になるべく餌をたくさん食べて体脂肪を蓄えるためになわばり意識が強まる、という二つの説があるそうだが、54 医学的にはっきり解明されていない。

その上、何と 55「春になると元のひとなつこい状態に戻る子もいるし、そのままの凶暴状態が続く子もいます」というのである。

もう戻らないかもしれないなんて、②本当に悲しい。あんなに可愛かったうちのシマ君が、突然、野獣に変ってしまった。

54「解明されていない（＝解き明かされていない）」ので、2が正解。

文中提到“医学上没有弄清楚”，所以答案是选项 2。

55「本当に悲しい」の前の部分を見ると、「春になっても元のひとなつこい状態に戻らないかもしれない」ことが悲しいと書いてあるので、1が正解。

这里要看“真的很难过”前面的部分，作者认为花栗鼠“即使到了春天可能也不会回到原本与人亲近的状态了”，由此感到很难过，所以答案是选项 1。

覚えよう！

- □運命的な：命中注定的
- □シマリス：花栗鼠
- □ぐるぐる：（ここでは、丸めること）弄成一团
- □お団子：团子
- □差し出す：伸出
- □咬みつく：咬，咬住
- □がぶっと：一股猛劲
- □タイガー：老虎
- □ひとなつこい：与人亲近
- □甘える：撒娇
- □バンバン体当たりする：用身体猛烈冲撞
- □獣医師：兽医
- □冬眠する：冬眠
- □分泌する：分泌
- □体脂肪：体脂
- □蓄える：储存，储备
- □なわばり意識：领地意识
- □解明する：弄清
- □凶暴：凶暴，狂暴
- □野獣：野兽

(3) 56 1　57 2　58 4

かつての教員養成はきわめてすぐれていた。ことに小学校教員を育てた師範学校は、いまでは夢のような、ていねいな教育をしたものである。

（中略）

その師範学校の教員養成で、ひとつ大きな忘れものがあった。56 外国の教員養成に見倣ったものだから、罪はそちらのほうにあるといってよい。

何かというと、声を出すことを忘れていたのである。読み、書き中心はいいが、声を出すことをバカにしたわけではないが、声の出し方を知らない教師ばかりになった。

（中略）

新卒の先生が赴任する。58 小学校は全科担任制だが、朝から午後までしゃべりづめである。声の出し方の訓練を受けたことのない人が、そんな乱暴なことをすれば、タダではすまない。

早い人は秋口に、体調を崩す。戦前の国民病、結核にやられる。57 運がわるいと年明けとともに發病、さらに不幸な人は春を待たずに亡くなる、という例がけっして少なくなかった。

もちろん、みんなが首をかしげた。大した重労働でもない先生たちが肺病で亡くなるなんて信じがたい。日本中でそう思った。

知恵（？）のある人が解説した。先生たちは白墨で板書をする。その粉が病気を起こすというのである。この珍説、またたくまに、ひろがり、日本中で信じるようになった。神経質な先生は、ハンカチで口をおおい、粉を吸わないようにした。それでも先生たちの発病はすこしもへらなかった。

58 大声を出したのが過労であったということは、とうとうわからずじまいだったらしい。

56 「外国（＝海外）の教員養成に見倣った（＝参考にした）」とあるので、1が正解。

文中提到那家师范学校以前“参考了外国的教师培养模式”，所以答案是选项1。

57 「年明け（＝お正月）とともに発病（＝病気になること）」とあるので、2が正解。「春を待たずに亡くなる、という例がけっして少なくなかった（＝多かった）」とあるので、3は間違い。

文中提到新教师当中不幸的人“正月里会发病”，所以答案是选项2。“没能等到春天人就已经去世的例子并不少”，所以选项3不正确。

58 白墨の粉を吸うことが病気を起こすというのは、「この珍説、またたくまに、ひろがり、日本中で信じるようになった」とあるので、2、3は間違い。「朝から午後までしゃべりづめである。声の出し方の訓練を受けたことのない人が、そんな乱暴なことをすれば、タダではすまない」とある。「タダではすまない」つまり「過労を起こす」と言っているので、4が正解。

有人认为“吸入粉尘会发病”，“这一说法瞬间就传播开来，全日本都相信了这种说法”，所以选项2和3不正确。“老师们从早上到下午一直在说话，没有接受过发声训练的人这样做不是闹着玩的”。“不是闹着玩的”意为“引发过劳”，所以答案是选项4。

覚えよう!

□かつて：（以前）从前，以前
□養成：培养，培训
□きわめて：（非常に）极其，非常
□ことに：（特に）特别，尤其
□新卒：应届毕业生
□赴任する：赴任，上任
□全科：（全ての科目）所有科目
□担任：担任
□しゃべりづめ：（ずっとしゃべり続けていること）说个不停
□タダではすまない：不是闹着玩的
□秋口：（秋の初め）初秋
□戦前：（戦争の起こる前）战前
□年明け：（新年になった初めのころ）年初
□発病：发病
□首をかしげる：（疑問に思う）歪着头，意为“疑惑不解”
□重労働：重体力劳动
□肺病：肺病
□板書：（黒板に字を書くこと）在黑板上写字
□珍説：（珍しい話・ばかばかしい話）奇谈怪论
□またたくまに：眨眼间，瞬间
□神経質な：神经质的
□過労：（働きすぎて疲れること）过劳
□わからずじまい：（知りたかったことがわからないままになること）结果还是没能弄明白

問題10

59 4　**60** 1　**61** 3　**62** 3

「住まいの中の君の居場所はどこか?」と問われて「自分の部屋」と、自覚的に答えられるのは、五、六歳になってからでしょうか。

しかしその時期をすぎても、実際には自室をもっている子でさえ、宿題はダイニングテーブルやリビングでやるという場合が、とても多いとききます。**59** 玩具やゲーム機で遊ぶのもリビングで、けっきょく自室に入るのは眠るときだけ。こんな子が少なくありません。

その理由の一つは子供も親も、家にいる時間がどんどんへっていることにあります。今、**60** 共働きの世帯は専業主婦世帯のほぼ二倍にあたる約1100万世帯で、これからも増加するとみられています。しかも労働時間はいっこうにへらず長いまま。親が家にいない時間が長くなるにつれて、子供もやはり家にいない時間が増えていきました。**60** 起きている時間のうちの大半を、自宅ではなく保育園などで過ごす子も多い。こんな状況ですから、**60** 親子のふれあう時間そのものが少ないのです。

59「自室（＝自分の部屋）は眠るときだけ。こんな子が少なくありません（＝多い）」とあるので、2は間違い。「遊ぶのもリビング」とあるので、4が正解。

文中提到“自己的房间只用来睡觉。这种孩子也不少见”，所以选项2不正确。根据“玩耍也在起居室”，可以得出答案是选项4。

60 指示語の内容は、直前の文に書かれていることが多い。「親子のふれあう時間そのものが少ない」とあり、その理由が「共働きが増加」し、「保育園で過ごす子も多い」とあるので、1が正解。

指示词的内容经常出现在前面的位置。“亲子接触的时间少”，其原因是“双职工家庭增加”，“很多孩子都上托儿所”，所以答案是选项1。

「子供が寝る時間が増えた」とは言っていないので、2は間違い。

文章并没有说“孩子的睡觉时间增加了”，所以选项2错误。

①こうしたなかで、親子のコミュニケーション、ふれあいの機会を空間的にどうにか捻出しようという働きかけが、ハウスメーカーから出ています。

たとえば三井ホームは「学寝分離」、ミサワホームは「寝学分離」をテーマにした住まいを広めようとしています。

「寝」というのは睡眠の場所、「学」というのは遊びを含む学びの場所のことです。これを分離するというのはどういうことでしょうか。

「**61** 家族のコミュニケーションを高めるために、子供室はあくまで“寝る部屋”と位置づけ、“学ぶ部屋”“くつろげる場所”を共有空間などの別の場所に設けるという考え方」（三井ホーム・シュシュ）

62 これまでの子供部屋はしっかり集中して勉強ができる空間、ゆっくりと安眠できる空間、また読書や音楽鑑賞といった個人の趣味や息抜きをする空間として考えられていました。いわばそこは子供にとってのオールマイティな場所でした。

しかし、それでは親と子供がふれあう時間がなくなる。そこで、②子供部屋がほんらい発揮すべき役割を、家の中の他の場所にもつくって、そこをコミュニケーションの場としても活用しようというわけです。

61 「子供部屋は寝る部屋」で、「家族のコミュニケーションを高めるために、“学ぶ部屋”“くつろげる場所”を共有空間などの別の場所に設ける」とあるので、3が正解。

文中提到，“儿童房是睡觉的房间”，“为了增加家人间的沟通，可以在其他地方设置‘学习房’‘休息区’等家人共用的空间”，所以答案是选项 3。

62 「いわば」は前の内容をわかりやすくまとめて言うときに使う。「子供にとってのオールマイティな（＝何でもできる）場所」と言っているので、3が正解。

“いわば（也就是说）”一般用来简单易懂地总结前文内容。文章提到“对孩子来说的全能(＝可以做任何事）空间”，所以答案是选项 3。

覚えよう!

- □居場所：居所，归宿
- □自覚的に：自觉地
- □自室：（自分の部屋）自己的房间
- □ダイニングテーブル：（食卓）饭桌
- □リビング：（居間）客厅，起居室
- □玩具：（おもちゃ）玩具
- □共働き：夫妇双方都工作
- □世帯：家庭
- □専業主婦：专职主妇
- □いっこうに：（まったく）完全
- □ふれあう：互动，互相接触
- □捻出する：挤出
- □働きかけ：推动，影响
- □分離する：分离
- □共有空間：共享空间
- □～に設ける：设置在……
- □安眠する：安眠
- □息抜き：小憩
- □いわば：（言ってみれば）可以说
- □オールマイティ：全能，万能
- □発揮する：发挥

問題11

63 4　**64** 3

A

私は幼稚園での運動会の写真撮影禁止に賛成です。写真には、子供も先生も他の親たちもみんな写ってしまうのです。それが嫌な人もいるわけですよ。それに、写真に残さないといけないという脅迫観念の中で生きている人が多いのですが、**63** 撮って満足しているだけじゃないんですか。撮影のための場所取りに必死になって、他の人の邪魔になったり、運動会を見に来ているのか撮影だけに来ているのか、わからなくなったりしている人が多いです。**64** 幼稚園側も、肉眼でしっかり子供を見て、成長を目に焼き付けてもらいたいんじゃないでしょうか。私は写真撮影しても、後日見返したことがないです。実際の目で見た方が、終わってからの満足感を得られると思います。

B

運動会の写真撮影を禁止する幼稚園があるそうですが、それは仕方のないことだと思います。最近はモラルのない保護者が多いので、撮影の場所取りなどで保護者同士のトラブルになったら、幼稚園にクレームが殺到しますよね。**64** 幼稚園側からすれば、そのようなクレームに対応できないというのが本音でしょう。また、保護者の方たちは、撮影していると自分の子供ばかりに目が行きがちですが、**64** 幼稚園側としては、先生方の声かけや他の子供たちとのかかわり方などにも目を向けてもらいたいのではないでしょうか。それと、**63** 親が撮影に熱心になりすぎて、拍手や声援がまばらになるので、子供たちのやる気にも影響してしまうのではないかと思います。子供と目を合わせて、見てるよ、応援してるよ、とアイコンタクトする。そういった温かいやり取りが忘れられているように思います。

63　Aは「撮って満足しているだけじゃないか」と言っており、Bは「子供たちのやる気にも影響してしまうのではないか」と言っているので、4が正解。

A说很多父母"只是满足于拍照片"，B说"这会影响孩子们的干劲"，所以答案是选项4。

64　質問が「幼稚園側の意見について、AとBはどのように推測しているか」なので、「幼稚園側も～てもらいたいんじゃないでしょうか」「幼稚園側からすれば～というのが本音（＝本当の気持ち）でしょう」「幼稚園側としては～てもらいたいのではないでしょうか」の部分に注目する。これらの部分から3が正解。

因为问题是"关于幼儿园的意见，A文章和B文章是如何推测的"，所以要注意"幼儿园不也是想要……""如果从幼儿园的角度出发，……才是真心话吧""幼儿园一方不也是想……"的部分。由此推测，答案是选项3。

覚えよう！

□脅迫観念：强迫观念
□肉眼：肉眼
□目に焼き付ける：留下深刻印象
□後日：日后
□見返す：重看，回顾
□保護者：监护人
□トラブル：纠纷
□クレーム：投诉
□殺到する：蜂拥而至
□対応する：应对，应付
□本音：真心话
□かかわり方：互动方式
□目を向ける：注目，关心
□声援：声援
□まばら：稀疏，零散
□やる気：干劲
□アイコンタクトする：眼神交流

問題12

65 3　**66** 2　**67** 1　**68** 4

少子化と、超高齢化で、将来的に労働力が不足し、生産力が激減するということで、移民の受け入れと並んで、高齢者の雇用延長、再雇用が奨励されるようになった。定年も1970年代には55歳だったものが、その後60歳、さらに、改正高年齢者雇用安定法により、65歳までの雇用確保が定着しつつある。

（中略）

アメリカのように定年制がない国もあるが、日本の定年がどうやって決められているのか、わたしにはよくわからない。おそらく平均寿命から算出されているのかも知れない。長く続いた「55歳定年制」だが、日本人の平均寿命が40歳代前半だった二十世紀初頭に、日本郵船が設けた社員休職規則が起源という説が有力だ。**65** 今や、平均寿命は80歳を超えているわけだから、65歳まではもちろん、ひょっとしたら70歳、いや75歳までは働けるのではないか、といったムードがあるように思う。そしてメディアは、「いくつになっても働きたい、現役でいたい」という人々を好んで取り上げる。**65** 働いてこそ幸福、という世論が醸成されつつある感じもする。

65「働いてこそ幸福」つまり働くことは幸せなことで、「75歳まで働けるかもしれない」と書いてあるので、3が正解。

因为文章提到“只有工作才幸福”“也许要工作到75岁”，所以答案是选项3。

だが、果たして、①歳を取っても働くべきという考え方は正しいのだろうか。「村上さんは会社勤めじゃないから定年なんかなくていいですね」と言われることがあり、「まあ、そうですけどね」とか曖昧に対応するが、内心「ほっといてくれ」と思う。

パワーが落ちてきたのを実感し、「もう働きたくない」という人だって大勢いるに違いない。「ゆっくり、のんびりしたい」と思っていて、**66** 経済的余裕があれば、無理して働く必要はないと個人的にはそう思う。さらに②不可解なのは、**67** 冒険的な行為に挑む年寄りを称賛する傾向だ。歳を取ったら無理をしてはいけないという常識は間違っていない。冒険なんかされると、元気づけられるどころか、あの人に比べると自分はダメなのではないかと、気分が沈む。勘違いしないで欲しいが、年寄りは冒険をするなと言っているわけではない。冒険するのも、自重するのも、個人の自由であって、一方を賛美すべきではないということだ。

わたしは、60歳を過ぎた今でも小説を書いていることに対し、別に何とも思わない。伝えたいことがあり、物語を構成していく知力がとりあえずまだ残っていて、かつ経済面でも効率的なので、書いているだけで、幸福だとか、恵まれているとか、まったく思ったことはない。**68**「避ける」「逃げる」「休む」「サボる」そういった行為が全否定されているような社会は、息苦しい。

66「だが、果たして(＝本当に)～だろうか」は疑問を投げかける言い方。この部分から2が正解。

"だが、果たして～だろうか（然而，真的是……吗）"是提出疑问的表达方式，从这部分可知答案是选项2。

67「不可解なのは」と言っているので、その後ろに答えがある。「称賛する(＝ほめる)」とあるので、1が正解。

从"难以理解的是"这句话可以看出后面就是答案。"称賛"即为"ほめる"，所以答案是选项1。

68 筆者の主張は、最後の段落に書かれていることが多い。「避ける」「逃げる」「休む」「サボる」そういった行為、つまり頑張らないことが全否定される社会は苦しいと言っているので、4が正解。

作者的看法经常出现在最后一段。作者认为全盘否定"避免""逃避""休息""偷懒"这些不努力的行为，会令人感到痛苦，所以答案是选项4。

覚えよう!

- □少子化：少子化
- □超高齢化：超老龄化
- □激減する：锐减
- □雇用：雇用
- □奨励する：奖励
- □定着する：固定，落实
- □定年：退休年龄
- □算出する：计算出
- □初頭：初期
- □設ける：设立，制订
- □起源：起源
- □有力：有力，权威
- □ひょっとしたら：(もしかしたら) 或许
- □ムード：情绪，氛围
- □メディア：媒体
- □現役：现役，在职
- □世論：舆论

□内心：内心
□不可解な：无法理解的
□挑む：挑战
□称賛する：称赞
□自重する：自重，自爱
□賛美する：赞美
□知力：智力
□効率的：有效率的
□サボる：偷懒
□恵まれる：幸福，幸运
□息苦しい：压抑，令人窒息

問題13

69 3　**70** 4

♨ 7/30～8/31　夏の宿泊キャンペーン！

ホテルABC鬼怒川

鬼怒川温泉駅から徒歩6分。四季折々に姿を変える山々に囲まれ、露天風呂からは鬼怒川を一望できる、伝統ある温泉宿です。源泉100%の天然温泉で、効果を肌で実感できます。お食事は郷土料理を含む和洋中の朝食及び夕食をご堪能いただけます。お客様を心からおもてなしいたします。

【客室】 月の館　バス・トイレ付和室（2～6名）　　光の館　バス・トイレ付和室（2～5名）

【基本代金（お一人様／単位：円）】

［宿泊プランA］　1泊夕食・朝食付（夕食は90分飲み放題付き）

区分（1室利用人員）	宿泊プランA
おとな（中学生以上）	10,000
こども（小学生）	7,000
こども（4歳以上の未就学児）	5,000

※0～3歳児のお子様は代金不要でご利用いただけます。
1室利用人員には含めません。

※光の館はリニューアル一周年となりました。光の館にご宿泊の場合、上記基本代金に各1名様につき、おとな（中学生以上）2,000円、こども（小学生）1,500円、こども（4歳以上の未就学児）1,000円が加算されます。

キャンペーン特典

①お一人様一杯の**ウェルカムドリンク**付き！
②ご夫婦どちらかが50歳以上の場合、**光の館5000円引き宿泊券**（次回宿泊時から利用可）をプレゼント！
③お得な**往復特急券付きプランB**をご用意！
宿泊プランAに特急きぬ号往復券（普通車指定一般席／東武浅草⇔鬼怒川温泉）付き。上記基本代金に各1名様につき、おとな5,000円、こども（小学生）3,000円が加算されます。

【設備】 温泉大浴場、貸切風呂、室内温泉プール（期間限定）、アロマセラピー、リフレクソロジー、卓球、カラオケ、宴会場、会議室

69　特急列車の通常の値段は一人片道3,000円なので、往復で6,000円かかる。お得な往復特急券付きプランBだと、プランAに一人5,000円加算（＝追加で足すこと）すればいい。「光の館5,000円引き宿泊券」は次回宿泊時からしか使えないので、一番安いプランは「月の館」に宿泊で往復特急券付きのプランB。

特快列车的普通价格是每人单程3000日元，所以往返价是6000日元。如果选择优惠的附特快往返车票的B方案，每个人只需要在A方案的价位上加上5000日元。因为“光之馆5000日元住宿减免券”下次住宿时才能使用，所以最便宜的方案是“月之馆”住宿附特快往返车票的B方案。

70　光の館に大人二人、中学生一人、小学生一人が一泊する。中学生は大人の料金なので、12,000円×3人＋8,500円＝44,500円となる。

光之馆可以容纳2名成人、1名中学生、1名小学生住宿。因为中学生和成人的价格相同，所以：12000×3＋8500＝44500日元。

覚えよう!

□キャンペーン：宣传活动
□徒歩（とほ）：徒步
□四季折々（しきおりおり）：四季应时
□露天風呂（ろてんぶろ）：露天浴池
□一望（いちぼう）する：一览无遗，尽收眼底
□温泉宿（おんせんやど）：温泉旅馆
□源泉（げんせん）：源泉
□天然（てんねん）：天然
□実感（じっかん）する：实际感受
□郷土料理（きょうどりょうり）：地方菜
□和洋中（わようちゅう）：日式、西式、中式

□及（およ）び：和，以及
□堪能（たんのう）する：心满意足
□おもてなしする：招待，款待
□リニューアル：翻新，整修一新
□一周年（いっしゅうねん）：一周年
□加算（かさん）する：加算
□特典（とくてん）：优惠
□ウェルカムドリンク：迎宾饮料
□設備（せつび）：设备
□大浴場（だいよくじょう）：大浴池
□宴会場（えんかいじょう）：宴会厅

聴解

問題1

例　3

N1_2_03

イベント会場で女のスタッフと男のスタッフが話しています。男のスタッフはこのあと何をしなければなりませんか。

F：桜井さん、開演まであと一日なんだけど、グッズの件はもう解決した？

M：はい。なかなか届かないので、業者さんに電話しようと思っていたら、さっき届きました。一通りチェックをして、内容物も数も注文通りでした。

F：そう、間に合ってよかった。ありがとう。あとは客席の確認だけかな。

M：客席の確認？

F：うん。客席にゴミが落ちていたら、お客さんが嫌な思いをするでしょう。だから開演前にもう一回確認しないと。

M：そうですか。じゃあ、今すぐ確認してきます。

F：それは私がやるから、桜井さんは飲み物とお菓子の用意をしてくれる？

M：控え室に置くやつですね。わかりました。

F：あ、そうだ。ポスターはもう貼った？ いろんなところに貼るから、それを先にやっといてね。

M：ポスターなら、今朝、富岡さんが貼ってくれました。

F：そう、わかった。じゃあ、よろしく。

男のスタッフはこのあと何をしなければなりませんか。

1番　2

N1_2_04

会社の会議で課長が話しています。社員たちはメールが届いたらまず何をしますか。

F：みなさんに毎日利用していただいているタイムカードですけれども、来月から廃止することになりました。代わりにオンライン上でやっていただくことになります。今月中に手続きを済ませておかないと、来月から出社と退社の時刻が記録されなくなってしまいますので、必ず手続きを済ませておいてください。手続きの仕方は後ほどメールでお送りします。メールに仮パスワードが書いてありますので、まずその仮パスワードで出勤管理システムにログインしてから、新しいパスワードを設定してください。そして、新しいパスワードで必ず一度テストを行ってください。新しいパスワードでログインしてから退出ボタンをクリックして、退出時刻が出てくれば、手続き完了となります。

社員たちはメールが届いたらまず何をしますか。

「まず」「～てから」「そして」などの順番を表す言葉を聞き逃さないこと。

注意不要漏听了“まず（首先）”“～てから（……之后）”“そして（然后）”等表示顺序的词语。

質問が「メールが届いたらまず何をしますか」なので、「まず」のあとに述べている2「出勤管理システムにログインする」が正解。

因为问题是“收到邮件之后首先做什么”，所以“まず”后面出现的“登录考勤管理系统”（选项2）是正确答案。

覚えよう！

□タイムカード：考勤卡，打卡表
□廃止する：废止，废除
□オンライン：联网，在线
□仮パスワード：初始密码，临时密码
□ログインする：登录
□設定する：设置，设定
□退出ボタン：退出按钮
□クリックする：点击，单击
□退出時刻：退出时间

2番　1

🔊 N1_2_05

電話でチケット販売サイトの人と女の人が話しています。女の人はこのあとどんなメールを待ちますか。

M：はい。こちら、格安航空券販売サイト、ABCチケットでございます。ご用件をお伺いします。

F：あのー、三日前にネットでチケットを購入したんですけど、航空券が送られてこないんです。本当に買えているのか心配で。

M：さようですか。確認いたしますので、6桁の予約管理番号を教えていただけますか。

F：928457です。

M：はい、少々お待ちください。（カタカタカタ）お待たせいたしました。小林花子さまでいらっしゃいますね。

F：はい、そうです。

M：予約と決済は完了しておりまして、ただ今発券処理をしているところでございます。決済完了のメールが届いているかと思いますが、そちらはご覧になりましたか。

F：あ、はい。見ました。

M：航空券は空港で受け取っていただくことになります。最終のご案内というメールを購入日から三日以降、つまり本日以降、出発の一週間前までにお送りしますので、そちらに記載されております航空券引換番号をフライト当日に空港のカウンターでお伝えいただいて、航空券をお受け取りいただくという形になります。

F：あ、そうですか。そのメールを印刷して見せればいいんでしょうか。

M：印刷していただかなくても、番号を控えていただきまして、その番号をお見せいただくだけでかまいません。

F：あ、はい。わかりました。

女の人はこのあとどんなメールを待ちますか。

メールは2種類送られてくる。

发来两种邮件。

「決済完了のメール」はもう届いている。

“完成付款的邮件”已经收到了。

「最終のご案内というメール」は「本日以降、出発の一週間前までにお送りします」と言っているので、1が正解。

因为男士说“最终的说明邮件”会在“今天之后到出发前一周这段时间内发送”，所以答案是选项1。

覚えよう!

□格安航空券：廉价机票
□ご用件：要事
□購入する：购入，购买
□さようですか：“そうですか”的礼貌说法
□当社：(自分の会社) 本公司
□誠に：诚然
□決済：结账，支付
□発券：出票
□記載する：记载
□引換番号：兑换号码
□フライト：飞行
□カウンター：柜台
□番号を控える：记下号码

3番　3　N1_2_06

電話で保険会社の人と女の人が話しています。女の人はこのあと何をしますか。

M：はい、こちら、さくら自動車保険です。

F：あのー、駐車場で車の左前が木にぶつかっちゃって、バンパーがへこんでしまったんですけど…。

M：さようですか。そうしましたら、まずご本人様確認のため、お名前と生年月日を教えていただけますか。

F：はい。鈴木みちこ、1985年6月20日です。

M：はい、確認が取れました。では、お車のナンバーと保険の契約番号を教えていただけますか。

F：あ、すみません。契約番号が書いてあるファイル、車の中に置いてきちゃいました。

M：それでは、後ほどお知らせください。今回のような場合、修理代は全額保険で賄うことができます。

F：あ、そうですか。よかった。

M：鈴木様のほうで修理工場を選んでいただき、そちらの会社名と電話番号を教えていただければ、こちらからお支払いいたします。

F：はい。

M：ただ、保険で修理代を補償される場合は、今後５年間の保険料が一年に２万円ずつプラスされます。

F：そうすると、修理代が安い場合は自分で払ったほうが結果的にいいかもしれないってことですね。

M：そうですね。修理代のお見積もり次第で、保険で補償されるかどうかはご契約者様ご本人で決めていただければと思います。

F：そうですか。じゃあ、ちょっと調べてみます。

女の人はこのあと何をしますか。

これらの部分から、まず見積もりを取って、保険を使うかどうか決めることがわかる。

从这部分可以得知，女士首先要估算修理费用，然后再决定是否使用保险。

覚えよう!

□保険：保险
□バンパー：保险杠
□さようですか：“そうですか”的礼貌说法
□ファイル：文件夹，档案袋
□発生する：发生
□賄う：筹措
□補償する：补偿，赔偿
□見積もる：估算

4番　3

N1_2_07

電話で施設の人と男の人が話しています。男の人はこのあと何をしますか。

F：はい、さくらプラザでございます。

M：あの一、施設の予約をしようと思って、ホームページを見たんですが、よくわからないんです。

F：そうですか。ご予約ですと、ホームページの予約システムのほうから予約申し込みをしていただくことになります。

M：はい、見てます。

F：予約システムというところをクリックしていただくと、施設一覧という青い字が出てきますので、そちらをクリックして、お部屋を選択していただくか、もしくは、空き状況を見るというところから空いているお部屋を選択していただくことになります。

M：はい、そこまではわかったんです。で、三日分までは予約できたんですけど、四日目の分だけなぜか選択できなくなったんです。

F：さようですか。実はこちらの施設は連続してご使用いただける日が三日間までと決まっておりまして。

M：そうなんですか。なら一日分はキャンセルして、別の日に予約したいんですが。

F：それでは、まず会員登録をしていただき、マイページから予約をし直していただくことになります。会員登録はお済みですか。

M：はい、してあります。わかりました。ありがとうございました。

男の人はこのあと何をしますか。

男の人は「一日分キャンセルして、別の日の予約したい」。それをするためには、①会員登録、②マイページから予約し直す。①はもうしてあるので、3が正解。

男士想“取消一天，再预约其他日期”。为此，他应该①登录，②从“我的页面”修改预约。因为①已经完成了，所以答案是选项 3。

覚えよう！

□施設：设施
□システム：系统
□クリックする：点击，单击
□一覧：一览
□もしくは：或者
□さようですか：“そうですか”的礼貌说法
□キャンセルする：取消
□会員登録：注册会员

5番　1

N1_2_08

大学で先生と女の学生が話しています。女の学生はこのあとまず何をしますか。

M：発表の練習、よかったですけど、先行研究の部分がちょっと弱いので、本番の前にもうちょっと文献を増やしたほうがいいと思いますね。

F：はい。このあと図書館に行って調べてみます。

M：それから、方法のところですけど、調査方法は書いてあるけど分析方法は書いてないですよね。そういうところ、しっかり書いてください。

F：はい。最初は書いていたんですけど、ちょっと字数がオーバーしてしまって、削除したんです。

M：そうですか。レジュメって枚数制限はありますけど、フォーマットは自由なので、そういうときは余白を削ればいいんですよ。

F：なるほど、わかりました。すぐ直します。

M：それから、出典が五十音順になってないですね。ほら、佐々木が高橋よりもあとになってる。

F：はい。

M：こういう細かいところを一つひとつきちんと整えることは研究をする上で非常に大事なことなんです。

F：はい、わかりました。

M：じゃあ、すぐ直せることは後回しにしていいから、先行研究の部分をまずがんばってください。

女の学生はこのあとまず何をしますか。

先生からのアドバイス

老师的建议

①先行研究の部分が弱いので、文献を増やしたほうがいい → 図書館に行って調べる

①文献综述部分还不够充分，最好增加一些参考文献→去图书馆查找

②分析方法をしっかり書く → すぐに直す

②补充分析方法→马上改

③出典が50音順になっていない → すぐに直す

③出处没有按照五十音图的顺序写→马上改

④字数調整のため、フォーマットを修正 → すぐに直す

④为了调整字数，需要修改构成形式→马上改

この部分から、②③④のすぐに直せることはあとでするため、1「図書館に行く」が正解。

从这一部分可知，②③④"马上改"的内容需可以回头再做，所以选项1"去图书馆"是正确答案。

覚えよう！

□先行研究：先行研究，文献　　□フォーマット：书写格式
□本番：正式（发表）　　□出典：出典，文献出处
□レジュメ：提纲，摘要

6番　4

N1_2_09

家で男の人と女の人が話しています。男の人はこのあと何をしますか。

M：あー、今年も大そうじの季節が来たか。

F：一年経つのって本当に早いね。ちゃんと大そうじのコツ、ネットで調べといたよ。

M：お、ありがとう。なになに？ 持ち物の整理、不用品の処分、そうじ場所のリスト作り、そうじ道具をそろえる、の順番にやるといいのか。

F：そう。まずはいらないものといるものに分けるところからね。

M：それが意外に難しいんだよね。いらないと思って捨てたら、あとで必要になっちゃったり。そう考えると、何も捨てらんないよ。

F：時間かかりそうだから、とりあえず必要なさそうなのは全部段ボールに入れちゃって。あとからゆっくり整理して。

M：はいはい。それで、そうじ場所のリストは作ったの？

F：まだだけど、いつも通りでいいかな。

M：うん。じゃあ、リストはいいよ。あとは、そうじ道具か。足りないものある？

F：あ、ゴム手袋切らしてるんだった。ちょっと買ってきて。

M：うん。でも、そうじ始めたら足りないものもっと出てきそうだから、ちょっと始めてからにしたほうがいいんじゃない？

F：そうね。じゃあ、とりあえず始めよう。

男の人はこのあと何をしますか。

「とりあえず」は「やることはたくさんあるけど、それらを後回しにしてまず第一に」という意味。「とりあえず」のあとは注意して聞くこと。

“とりあえず”的意思是“虽然有很多要做的事，但先得把其他的事情推迟，先做这件事”。注意听“とりあえず”后面的内容。

大そうじの準備・すること

大扫除的准备和相关事项

・大そうじのコツ → もう調べておいた

大扫除的诀窍→已经知道了

・いらないものといるものに分ける → 必要なさそうなのは全部段ボールに入れる

区分不需要和需要的东西→看起来不需要的全都放到纸箱中

・そうじ場所のリストを作る → いつも通りだから作らない

制作清扫地点清单→因为做的和平时一样，所以不用制作

・ゴム手袋などを買ってくる → そうじを始めてから買いに行く

买橡胶手套→等清扫开始后再去买

以上のことから4が正解。

由此得知，答案是选项4。

覚えよう！

□コツ：诀窍，技巧　　□処分：处理
□不用品：废品，不用的物品　　□切らす：用完

問題2

例　2

N1_2_11

女の人と男の人が演劇について話しています。女の人は演劇にとって一番大事なことは何だと言っていますか。

F：ねえ、今話題になっている「六人の物語」っていう演劇、見に行った？

M：行ってないけど、大人気らしいね。

F：私、昨日見に行ったんだけど、想像以上にすばらしかったよ。

M：そうなんだ。原作は確かゲームだったよね。

F：そう。普通、ゲームやアニメが演劇になったとき、道具とかいろいろ使うでしょう、日本刀とか。でも今回は道具がほとんど使われてなかったよ。みんな演技力で勝負してるんだよ。すごいと思わない？主役の富田さんもめちゃくちゃかっこう良かったし。

M：へー、君は顔さえよければそれでいいんだろう？

F：違うよ。確かに役者の顔も大事だけど、原作の世界観やキャラクターの性格をありのままに再現できないと演劇とは言えないでしょう。

M：うーん、原作の質がもっとも大切だと僕は思うけどね。演劇のシナリオにも影響するから。

F：そうだけど、演じているのは人だから、役者の演技力こそが演劇の命なんじゃない？

女の人は演劇にとって一番大事なことは何だと言っていますか。

1番　3

N1_2_12

病院で窓口の人と女の人が話しています。面会者が必ずしなければならないことは何ですか。

M：それでは、こちらの入院のしおりについて、ご説明します。まず、用意していただくものですが、パジャマや下着などの着替えは夏で汗をかくこともあるので多めにお願いします。

F：パジャマ2着しか持っていないんですけど、買い足したほうがいいんでしょうか。

M：そうですね。入院が長引くかどうかにもよりますが、様子を見て、洗濯が間に合わなそうなら買い足してはどうでしょうか。

F：はい、わかりました。

M：続きまして、病棟の出入りについてですが、面会時間は、月曜から金曜の午後3時から午後7時までと、土日祝日の午後1時から午後7時までとなっております。それ以外の時間帯に病棟にお入りになる際は、自動ドア右側にあるインターホンを押してください。面会される際は、入口の自動ドア前で面会申込書に必要事項をご記入の上、受付の人に渡してください。面会者用カードが渡されますので、そちらを首から下げて、中に入ってください。

面会者が必ずしなければならないことは何ですか。

病院の人（男の人）の説明をよく聞くこと。

要仔细倾听医院工作人员（男士）的说明。

質問は「面会者がしなければならないこと」なので、この部分から3が正解。

问题是“来探望的人必须做什么”，从这个部分可知答案是选项3。

インターホンを押すのは面会時間外の時だけ。

在探望时间外，才可以按内线电话。

面会者用カードを渡すのは病院の受付の人。

探望人使用的卡片需要交给医院的接待人员。

覚えよう！

- □面会：会面，见面
- □しおり：指南；书签
- □パジャマ：睡衣
- □多めに：多一些
- □病棟：住院大楼
- □必要事項：必要事项

2番　3

N1_2_13

温泉旅館で旅館の人が宿泊客に説明しています。宿泊客がしなければならないことは何ですか。

F：お部屋は14階の34号室でございます。ご夕食は地下一階のバイキング会場をご利用ください。A会場、B会場、C会場の3か所ご利用になれますが、本日は混雑が予想されるため、一番広いC会場がよろしいかと思います。ご夕食会場は6時半から9時までご利用可能です。こちらの券をお持ちください。なお、お食事会場では浴衣の着用をご遠慮いただいておりますので、お気をつけください。スリッパは飲食施設を含む全館でご利用になれます。大浴場をご利用の際は、タオルをお部屋からお持ちください。防犯上、夜9時以降は正面玄関の自動扉を閉めておりますので、ルームキーをかざしてお開けください。質問はございますか。

宿泊客がしなければならないことは何ですか。

覚えよう!

- □予想する：预想，预测
- □着用：穿（衣服）
- □飲食施設：饮食设施
- □全館：全馆
- □大浴場：大浴池
- □自動扉：自动门
- □ルームキー：房门卡，房间钥匙
- □かざす：罩上，蒙上

質問は「宿泊客がしなければならないこと」なので、「ご利用ください」「お持ちください」「お開けください」など、旅館からの要望を聞き逃さないこと。

因为问题是“住宿客人必须做什么”，所以要注意听“ご利用ください（请使用）”“お持ちください（请携带）”“お開けください（请打开）”等旅馆的要求。

「よろしいかと思います」とすすめているだけなので、1は間違い。

这里只是建议，所以选项1不正确。

この部分から3が正解。

从这部分可知答案是选项3。

3番　4

🔊N1_2_14

家で女の人と男の人が話しています。田中さんはどうして夫に怒っていますか。

F：ねえ、聞いて。田中さんの旦那さん、特殊詐欺に引っかかったんだって。

M：え、うそだろう。本当に引っかかる人いるんだ。

F：それがね、誰でも引っかかっちゃうだろうってぐらい巧妙な手口なの。

M：ほう。

F：医療費の還付金が5万円もらえるって言って、口座情報を教えたんだけど、5万円もらえないどころか口座に入ってた200万円全部引き落とされちゃったんだって。

M：そりゃひどいな。

F：わざと田中さんが留守の時間狙ったみたいなの。旦那さん一人のほうがだましやすいと思ったのかな。

M：俺も一人じゃ危ないな。

F：それでね、田中さん、ものすごく怒っちゃって。その口座、旦那さんが田中さんに内緒で持ってた口座なの。

M：ほう、隠し財産ってやつか。

F：そんなお金あるなら、孫にでもあげたかったって、田中さん言ってたよ。

田中さんはどうして夫に怒っていますか。

この部分から、田中さんが夫に怒っている理由は4「秘密の口座を持っていたから」だとわかる。

从这部分可知，田中对丈夫生气的原因是选项4“丈夫私底下有小金库”。

覚えよう！

□旦那さん：（他人の夫を呼ぶときに使われる）称呼别人的丈夫

□詐欺に引っかかる：上当受骗

□巧妙な：巧妙的

□手口：（违法犯罪的）方法，手段

□還付金：返还金
□口座：账户
□引き落とす：取款
□そりゃ：“それは”较随意的说法
□わざと：故意
□内緒で：私底下
□隠し財産：私房钱

4番　1

🔊N1_2_15

電話で女の人と男の人が話しています。男の人が一番知りたかったことは何ですか。

F：こちら、ABC事務所です。ご用件をどうぞ。

M：もしもし。ふじ事務所の佐藤と申しますが、山本さんをお願いできますか。

F：ふじ事務所の佐藤様でいらっしゃいますね。山本はただ今会議中で席を外しておりまして、伝言を預かっております。佐藤様が必要だとおっしゃっていた書類は、今朝そちらの事務所宛てに郵送したので、今日か明日には届くはずだということです。木曜日までに届かなければお電話くださいとのことです。

M：今日か明日ですか。迅速にご対応くださり、ありがとうございましたとお伝えください。まさにその件でお電話したんです。では、お待ちしております。失礼いたします。

男の人が一番知りたかったことは何ですか。

男の人は「まさにその件でお電話した」と言っている。「その件」とは伝言の部分なので、1が正解。

男士说“就是为了那件事才打的电话”。“那件事”是转述的内容，所以答案是选项1。

覚えよう!

□ご用件：要事
□席を外す：离席，不在座位上
□伝言を預かる：为某人捎口信
□～宛て：寄给……
□迅速に：迅速地
□対応する：应对，应付

5番　2

N1_2_16

不動産屋で社員が女の人と話しています。女の人がこの街について一番気に入った点は何ですか。

M：私はこの街、本当におすすめです。まず、3路線が通っている。これは便利ですよね。さらに、そのうちの一つは始発駅ですから、朝の混雑時にも座って通勤できる。これ、お勤めの方はうれしいですよね。それから、将来お子さんができたとしても、この街、待機児童が5年連続でいないんです。つまり、保育園がいっぱいで子供を入園させられないなんてことがない。なので、安心して出産後お仕事に復帰できますよ。あと、将来お子さんが大きくなったら、夜一人で歩かせるの、心配ですよね。この街は駅前に居酒屋が全然ない、珍しい街なんです。なので、夜も安心です。始発駅なのに夜酔っ払いが歩いていない駅なんて他にないですよ。

F：わー、本当にいい街ですね。毎朝座って行けるなんて。私、毎朝電車の中で長時間立ちっぱなしで、それが一番嫌だったんですよ。もう、この街に決めます。

女の人がこの街について一番気に入った点は何ですか。

質問は「女の人がこの街について一番気に入った点」なので、女の人の話をよく聞くこと。

问题是“女士最喜欢这条街道的哪一点”，所以要注意听女士说的话。

不動産屋がこの街をすすめる理由

不动产商推荐这条街道的理由

・3路線が通っている

有 3 条铁路线

・始発駅だから座って通勤できる

因为是电车始发站，上班时可以坐到座位

・待機児童がいない

孩子都可以上托儿所

・居酒屋が全然ない

没有居酒屋

この部分から、毎朝座って行ける「始発駅であること」が一番気に入った点だとわかる。

从这部分可知，女士最喜欢的是这里是电车始发站，可以坐到座位。

覚えよう！

- □路線：交通线
- □始発駅：始发站
- □お勤め：工作
- □待機児童：（由于托儿所数量少或人手不足等客观原因）无法进入托儿所的婴幼儿
- □入園する：进托儿所
- □出産する：生育
- □復帰する：复职，重回岗位
- □立ちっぱなし：一直站着

6番　4

N1_2_17

会社で男の人がみんなの前で話しています。男の人はどうしてみんなの前で話していますか。

M：本日は、私のためにこのような会を開いてくださいまして、本当にありがとうございます。11月13日付で大阪支社へ異動になりました。本田部長をはじめ、皆様には大変お世話になりました。5年間こちらで仕事を続けてこられたのは、皆様のサポートがあったからこそです。特に企画営業部の皆様と大きなプロジェクトを進められたことは、私の最大の誇りです。時には励まし合い、切磋琢磨しながら仕事を成功させたことは、新天地においても強みになるでしょう。皆様、これからも健康に留意して、良い仕事をしてください。今後の皆様のご健闘をお祈り申し上げます。

男の人はどうしてみんなの前で話していますか。

この部分から、大阪支社へ異動になったために壮行会のようなものを開いてもらっていることがわかる。

从这部分可知，由于男士被调到大阪分公司，所以大家在为他开送别会。

覚えよう！

- □～付：（接在年月日后）日期
- □異動：调动
- □サポート：支援，支持
- □プロジェクト：计划，项目
- □励まし合う：相互鼓励
- □切磋琢磨する：切磋琢磨
- □新天地：新天地
- □健康に留意する：注意（身体）健康
- □健闘を祈る：愿（大家）努力奋斗

7番　3

N1_2_18

テレビショッピングで女の人が話しています。今回改良された点は何ですか。

F：今回ご紹介するのは、便利な「ツイン羽毛ぶとん」。それぞれ単独で使えるふとん２枚を、ホックで留めることで、なんとボリュームのあるふとんに早変わりさせることができるんです。寒い冬には２枚重ねて、その他のシーズンは１枚で、一年を通して快適にお使いいただけます。春や秋の、暑くも寒くもない季節に、どんな寝具を使えば良いかお悩みのあなた。こちらのふとんでしたら、日々の気温変化が大きい時でも使い分けできますので、日によってご自身で最適な環境を調節できます。羽毛は「天然のエアコン」と呼ばれているのをご存知ですか。羽毛は気温が高くなると羽が閉じるんです。それで通気性が良くなるので、夏の寝具としてもおすすめなんです。来客用としてお使いいただいても便利な一品ですね。２枚合わせてお使いいただくからこそ、生地の軽量化にはこだわりました。また、ふとんは洗濯機でお手入れできるので、大変便利です。以前はホックが4か所で、ずり落ちることがあるという声もありましたが、今回６か所にして、ずれにくくしました。ホックはふとんの周囲に付いているので、取り付けと取り外しも簡単です。

今回改良された点は何ですか。

「今回改良された点は何か」と言っているので、この部分から３が正解。

问题是“这次改良了什么”，从这部分可知答案是选项 3。

覚えよう！

- □改良する：改良
- □単独：单独
- □ホック：（衣服的）搭扣
- □ボリュームがある：有分量
- □早変わりする：摇身一变
- □ツイン：一双，一对
- □羽毛：羽毛
- □寝具：寝具，床上用品
- □使い分け：分开使用
- □通気性が良い：透气性良好
- □一品：一件物品
- □軽量化：轻量化
- □こだわる：讲究，精心制作
- □ずり落ちる：脱落，滑落
- □配置する：配置，安置
- □取り付け：安装，装上
- □取り外し：拆卸，卸下

問題3

例　4　　　　N1_2_20

テレビで専門家が話しています。

M：今回の新型肺炎は感染が拡大しつつあり、死亡者も出始めています。世界中の医療機関が特効薬やワクチンの開発に取り組んではいますが、残念ながら、今のところ成功の目処が立っていません。ですので、感染を最大限に予防しないといけないのです。マスクをして頻繁に手を洗うことで、ある程度予防はできますが、人から人への感染が見られるため、他人との接触を避けるのが得策でしょう。かといって、在宅勤務に切り替えている企業はごく一部しかありません。命に関わる一大事なので、ビジネスより人命を優先するべきではないでしょうか。リーダーとしての器は、こういう時にこそ見えてくるものです。

専門家が言いたいことは何ですか。

1　薬やワクチンを開発するべきだ

2　医療機関をもっと増やすべきだ

3　新型肺炎の予防方法を身につけるべきだ

4　ビジネスを優先する考え方を正すべきだ

1番　4

N1_2_21

セミナーで女の人が話しています。

F：日本では年間600万トン以上の食品ロスが発生していると言われています。食品ロスとは、まだ食べられる食品が捨てられることです。その食品ロスの削減方法として最近話題になっているのが、フードドライブという活動です。ご家庭に眠っている食品の中で、賞味期限が1か月以上ある食品、いくつかあるんじゃないでしょうか。そのような余っている食品を職場などに持ち寄って、まとめて地域の福祉団体や施設に寄贈しようというものです。対象となる食品は、常温保存が可能な未開封のもので、お米や乾麺、缶詰、レトルト食品などを寄贈される方が多いです。生鮮食品やお酒類はご遠慮いただいていますので、ご注意ください。この街では、毎月第三土曜日に中央公園で開催されていますので、ぜひお立ち寄りください。

女の人は何について話していますか。

1　福祉団体の活動

2　生鮮食品の保存方法

3　食品の賞味期限

4　食品ロスを減らす活動

「何について話しているか」は最初に話されることが多い。

关于"在谈论什么话题啊？"，一般出现在话题的开头部分。

ここでは食品ロスの削減方法として「フードドライブ」という活動を紹介しているので、4が正解。

这里介绍了一种名为"食物兜风"的活动，其目的是为了减少食物浪费，所以答案是选项4。

覚えよう！

□削減：削减
□賞味期限：保质期
□持ち寄る：带来
□福祉団体：福利团体
□施設：设施
□寄贈する：捐赠，赠送
□常温保存：常温保存
□未開封：未开封
□乾麺：干面，挂面
□レトルト食品：可以连同包装袋一起加热的食品
□生鮮食品：生鲜食品
□開催する：举办，举行
□立ち寄る：顺路去

2番　2

🔊N1_2_22

セミナーで男の人が話しています

M：仕事上のトラブルで案外多いのが、細かい連絡ミスです。例えば、上司から「これ、だれだれさんに明日までに送っておいてね」と言われたとします。てっきりメールだと思ってメールで送ってしまったら、実は郵送だったなんてこと、ありますよね。あなたならこのミスを上司にどう報告しますか。私はこういう場合、必ず事実と解釈を分けて上司に伝えるようにしています。つまり、これまでのやり取り、という事実を伝えた上で、メールで送るものだと思った、という解釈を伝えるのです。大切なのは、事実が何なのかということです。まず事実ベースで話を振り返って、そこからどういう解釈があったためにミスやトラブルが生じたのか。そういう視点で話を進めると、冷静に事を運ぶことができます。

男の人は何について話していますか。

1　連絡ミスの回避方法

2　トラブル後の報告の仕方

3　事実と解釈の違い

4　コミュニケーションの難しさ

「ミスを上司にどう報告するか」と投げかけ、自分の報告の仕方を話しているので、2が正解。

男士先抛出问题"如何向上司汇报失误"，之后说出了自己报告的方法，所以答案是选项2。

覚えよう！

□トラブル：纠纷，麻烦

□だれだれさん：（特定の名前を言わない時に使う）某某人

□てっきり：肯定，必然

□やり取り：交谈，一问一答

□事実ベース：事实基础

□視点：观点

□事を運ぶ：（按计划）办事

□回避：回避

3番　1

🔊 N1_2_23

ラジオで女の人が話しています。

F：子供が自由に走り回れるリビング、バーベキューができる人工芝の屋上、料理も洗濯もスムーズにできる間取り、たっぷりな収納など、理想を確実に実現できるのが、自分たちで建てる一戸建て。まずはご自身の予算でどのような家が建てられるのか、知りたくはありませんか。お金や段取り、土地探しに関して丁寧に教えてくれる「はじめての注文住宅講座」、1,000万円台でどんな家が建つのか教えてくれる「注文住宅価格まるわかり講座」、ほかに、「ハウスメーカー・工務店選び方講座」や、要望をもとに建築会社を絞り込む「個別相談会」など、当住宅センターでは、家づくりに関するさまざまな悩みを無料でサポートしております。当日参加も可能ですが、電話でご予約いただいたほうがスムーズです。また、通話料無料の電話相談サービスもぜひご利用ください。

女の人は何について話していますか。

1　家を建てたい人のための無料サービス

2　家を売りたい人のための無料講座

3　住宅センターのしくみ

4　通話料無料の悩み相談サービス

話の内容

「家づくりに関するさまざまな悩みを無料でサポート」

免费帮助解决建造住宅的各种烦恼

・はじめての注文住宅講座

首个住宅定制讲座

・注文住宅価格まるわかり講座

可全方位了解定制住宅价格的讲座

・ハウスメーカー・工務店選び方講座

如何选择开发商和施工方的讲座

・個別相談会

个别咨询会

以上のことから1が正解。

从上述内容可知正确答案是选项 1。

覚えよう!

□走り回る：跑来跑去

□リビング：客厅，起居室

□人工芝：人工草坪

□スムーズに：顺利地

□間取り：房间布局

□収納：收纳

□一戸建て：私人住宅，独幢楼房

□段取り：步骤，方法

□講座：讲座

□まるわかり：完全明白，一清二楚

□工務店：建筑公司

□要望：希望，要求

□絞り込む：缩小范围精确查找

□個別：个别

□通話：通话

□しくみ：结构，构成

4番　4

N1_2_24

セミナーで男の人が話しています。

M：大雨や台風の度に、道路の脇の溝に落ちてしまった人のニュース、耳にしますよね。どうしてそんなところに落ちるんだろうって思っていませんか。実は私、同じような体験をしたことがあるんです。５年前、台風の中、家に帰る途中のことでした。道は50センチぐらい水に浸かっていたと思います。泥水なので、下のほうはまるっきり見えないんですよ。ここらへんが道だったかなという感じで歩いていたのですが、急に首の辺りまで水に浸かってしまったんです。あの時は本当に、死ぬかと思いました。下がよく見えなかったので、溝だと気づかなかったんです。普段、道路の凹凸って全然意識しませんよね。記憶がちょっと違っただけで、それが命取りになるんだなっていうのを実感しました。

男の人は何について話していますか。

1　車道を歩く危険性

2　道路を注意深く見て歩く重要性

3　台風の時に川に落ちた経験

4　災害時に道路の脇の溝に落ちる理由

「どうしてそんなところ（＝道路の脇の溝）に落ちるんだろうと思っていないか」と問いかけ、同じような体験（＝大雨や台風などで道路の脇の溝に落ちた体験）やその理由について話している。

男士首先提问：“难道大家不会想为什么会掉到那种地方（路边的水沟）吗？”之后，他谈论了自己同样的体验（因为大雨和台风天气而掉到路边水沟里）以及缘由。

覚えよう！

□耳にする：听到，耳闻

□溝：沟，水沟

□浸かる：浸，泡

□泥水：泥水

□まるっきり：完全，根本

□凹凸：（でこぼこ）凹凸

□命取りになる：致命，造成生命危险

5番　3

N1_2_25

テレビでレポーターが話しています。

F：最近よく聞く「魔法びん住宅」って何でしょうか。中に温かい飲み物を入れて保温しておく魔法びんは、皆さんご存知ですよね。あれはなぜ熱が逃げにくいのかというと、二重構造になっていて、内側と外側の間の空間が真空状態になっているからなんです。この性質を利用した家が魔法びん住宅と呼ばれるものです。冷暖房で快適な温度になった空気を外に逃がさず、外からも空気が入ってこないので、快適な温度をキープできます。ですから、冷暖房の電気代を大幅に減らせます。それから、家全体が一定の温度に保てるので、お風呂場だけが寒いといったことが起きません。さらに、空気だけでなく音も遮断するので、家の中は極めて静かです。

レポーターは何について話していますか。

1　魔法びんが人気がある理由

2　電気代を節約する方法

3　魔法びん住宅のしくみと利点

4　魔法びんと魔法びん住宅の違い

覚えよう！

- □魔法びん：保温瓶，热水瓶
- □保温する：保温
- □二重構造：双重构造
- □空間：空间
- □真空状態：真空状态
- □キープする：维持，保持
- □大幅に：大幅度地
- □一定の温度に保つ：保持恒温
- □遮断する：遮断，隔断
- □極めて：非常，极其
- □しくみ：结构，构造
- □利点：优点，长处

最初に「～って何でしょうか」と問いかけて、その説明をしている。

女士先是问了"……是什么呢"，之后就进行了说明。

魔法びん住宅は、魔法びんと同じで、二重構造になっていて、内側と外側の間の空間が真空状態になっている。そのため、

保温瓶住宅与保温瓶一样具有双层构造，内侧和外侧之间形成了真空状态。因此：

・快適な温度をキープできる

可以保持舒适的温度

・冷暖房の電気代を大幅に減らせる

能大幅减少使用空调和暖气的电费

・家全体が一定の温度に保てる

能让整个房子保持一定的温度

・家の中は極めて静か

家中非常安静

以上のように、しくみと利点を述べているので、3が正解。

以上说的是住宅的构造和优点，所以答案是选项3。

6番　3

N1_2_26

イベントで博物館の人が話しています。

M：ヤモリとイモリはよく似ていますが、大きな違いとしては、肢の形状の違いが挙げられます。ヤモリとイモリとでは、前肢の指の本数が異なります。ヤモリは5本指なのに対して、イモリは4本指であることが特徴です。またヤモリだけにある大きな特徴として、ヤモリは壁を自由にはって回ることが可能です。他に、大きな違いとして挙げられるのは、生物学的な種類です。ヤモリがトカゲなどと同じ爬虫類に属している一方で、イモリは、カエルなどと同じ両生類に属しています。爬虫類は皮膚に鱗があり、両生類は皮膚が鱗で覆われてはいないので、ヤモリはイモリよりも乾燥に強いという特徴があります。また、両生類であるイモリの大きな特徴としては、幼いころに水中で生活し、エラを使って呼吸するという点が挙げられます。

男の人は何について話していますか。

1　ヤモリとイモリがエラ呼吸する理由

2　ヤモリよりイモリが乾燥に強い理由

3　ヤモリとイモリの性質の違い

4　ヤモリとイモリの性格の違い

覚えよう!

□ヤモリ：壁虎

□イモリ：蝾螈

□形状：形状

□トカゲ：蜥蜴

□爬虫類：爬虫类

□～に属する：属于……

□両生類：两栖类

□鱗：鳞

□エラ：鳃

□位置づけ：定位

ヤモリとイモリの性質違いについて下記のように話している。

壁虎和蝾螈的性质差异如下。

話の内容

＜ヤモリ＞

＜壁虎＞

・前肢の指の本数5本

前肢有5根趾

・壁を自由にはって回れる

可以在墙壁上自由爬动

・爬虫類

属于爬虫类

・皮膚に鱗がある

皮肤上有鳞片

＜イモリ＞

＜蝾螈＞

・前肢の指の本数4本

前肢有4根趾

・両生類

属于两栖类

・幼いころに水中で生活し、エラを使って呼吸する

幼时生活在水里，用鳃呼吸

問題4

例　1
🔊N1_2_28

M：先月出した企画だけど、通ったかどうか結局わからずじまいだよ。

F：1　結果くらいは教えてほしいものだね。

2　企画を出すべきだったよね。

3　結局通らなかったんだよね。

1番　3
🔊N1_2_29

F：もう、ポロポロこぼして。汚いったらありゃしない。

M：1　このぐらいでいいかな？

2　もう汚さないでね。

3　そんなにガミガミ言わないで。

“～ったらありゃしない（别提多……）”是“ものすごく～だ（非常……）”的意思。女士在这里强烈批评了食物到处都是，“非常脏”，所以答案是选项 3。

覚えよう!

□ポロポロこぼす：散落一地
□ガミガミ言う：唠唠叨叨，发牢骚

2番　3
🔊N1_2_30

M：高木さん、たかが叱られたぐらいであんなに落ち込むなんて。

F：1　そうそう、あれはしょうがないよね。

2　タカも大変だよね。

3　本当、打たれ弱いよね。

“たかが～くらいで”意为“不过……程度”。女士对“你只不过是被训斥了一顿就萎靡不振，很丢人”这一看法表示认同，“我经不起打击，好脆弱啊”。

覚えよう!

□たかが：充其量，顶多
□打たれ弱い：经不起打击，内心脆弱

3番　1
🔊N1_2_31

F：あの人、見かけによらず大食いなんだって。

M：1　えー、全然そうは見えないな。

2　うちには寄らないと思うよ。

3　あははは、食べちゃったんだ。

针对女士说的“没看出来他是个大胃王（与外表看上去不同，是个非常能吃的人）”，男士给出了“完全看不出来”的回应。

覚えよう!

□見かけによらず：人不可貌相
□大食い：（たくさん食べること・人）食量大，大胃王

4番　2　N1_2_32

F：あの方、知ってる？

M：1　ご存知ないよ。

　　2　知ってるも何も、うちの社長だよ。

　　3　知ってるに違いないよ。

“知ってるも何も”意为“当然知道，没必要问”。

1 ご存知ない：“知らない”的尊敬语。
2 ～に違いない：きっと～だ・～はずだ。一定……

5番　2　N1_2_33

F：そちらの資料、ちょっと読ませていただきたいのですが。

M：1　はい、じゃあ読み上げますね。

　　2　あ、今使ってるので、あとでお渡ししますね。

　　3　あとで読むので、そこに置いといてください。

女士说的“読ませていただきたい”意为“想读”，所以答案是选项 2。

覚えよう!

□読み上げる：朗读，宣读

6番　3　N1_2_34

F：あのお店、一年でつぶれちゃうとはね。

M：1　本当、景気がよくなってきたよね。

　　2　何が落ちてきたんだろう。

　　3　最近、閉店する店多いよね。

“～とは”表达吃惊的心情。
女士发表意见说“没想到才一年就关店了”，男士回应：“最近很多店都关了。”

覚えよう!

□つぶれる：（ここでは「閉店する」という意味）关店
□景気がいい：生意好

7番　2　N1_2_35

M：転職したい気はなくもないかな。

F：1　私も全然ない。

　　2　私は100%あるよ。

　　3　私もない気がする。

“なくもない”意为“也不是没有”“有一点”。针对男士“也不是没有想跳槽的想法”，女士回答“我很想跳槽”。

覚えよう!

□気：（気持ち）意愿，心情

8番　3

🔊N1_2_36

M：山田くん、また交渉しくじったんだって。

F：1　それは食べたくないなあ。

　　2　そんなつもりはないよ。

　　3　彼は彼なりにがんばったはずだよ。

男士说“山田又谈判失败了”，女士回答：“他已经尽力了。”
“つもり（打算）”表示说话人的意志，所以选项 2 不正确。

覚えよう！

□交渉：交涉
□しくじる：失败，搞砸

9番　3

🔊N1_2_37

F：部長、帰れって言わんばかりの顔だったよね。

M：1　うん、すごくうれしそうだったよね。

　　2　うん、あんなに怒鳴ったの、久しぶりだよね。

　　3　うん、あそこまで嫌な顔しなくてもいいのにね。

“言わんばかり”意为“好像马上就要说了”。因为女士没把“滚回去”说出声，所以答案是选项 3。

10番　1

🔊N1_2_38

M：あの人にお金貸したら最後だよ。

F：1　うん、絶対貸さないよ。

　　2　うん、もう借りないよ。

　　3　うん、早く返すよ。

因为男士给出了“借钱给他的话就收不回来了”的忠告，所以答案是选项 1。

11番　2

🔊N1_2_39

F：お時間のあるときでかまいませんので、目を通していただけませんか。

M：1　え、さっき通りましたよ。

　　2　あ、資料出来上がったんですね。

　　3　え、もらってもいいんですか。

“目を通す”意为“大致看一眼”，所以答案是选项 2。

覚えよう！

□目を通す：浏览，过目
□出来上がる：（完成する）完成

12番　3

🔊N1_2_40

M：そんなこと、課長に確かめるまでもないよ。

F：1　じゃあ、そんなに大事なことなんですね。

　　2　じゃあ、部長に確かめたほうがよさそうですね。

　　3　じゃあ、今回は伺わなくてもいいですね。

男士说“不让科长确认也没关系”，所以选项3“不用去问了”是正确答案。

13番　1　　N1_2_41

F：あの人、1円たりとも出さない気だよ。

M：1　ケチな人だね。

　　2　1円じゃ何も買えないよ。

　　3　ごちそうしてくれるんだ。

因为女士说那个人“连一毛钱也不会出”，所以选项1“小气鬼”是正确答案。

覚えよう!

□ケチな：小气的，吝啬的

14番　1　　N1_2_42

F：泊まりならまだしも、日帰りで片道3時間はきつくない?

M：1　うん、泊まりにしたほうがいいね。

　　2　うん、日帰りはきつくないね。

　　3　そうかな、きついと思うよ。

“～ならまだしも”意为“……的话还能接受”。“一天往返的话单程就要花3小时，不难受吗？”女士认为这样“难受”，希望对方也能这样理解，所以答案是选项1。

問題5

1番　3

🔊N1_2_44

家で妻と夫が話しています。

F：明日の動物園、どこから見ようか。

M：前回は広すぎて見切れなかったからね。今回はちゃんと計画立てて行こう。

F：ゆかちゃん、トラ見たいって言ってたから、トラ見るの忘れないようにしないとね。えっとー、まずはキッズ向けのイベントの時間チェックしないと。馬に乗れるのが12時と3時。乗馬体験希望の方は入園してすぐにふれあい広場に行って予約をしましょうって。あ、あとラクダにも乗れるんだ。ラクダはえっとー、あ、一番遠いAゾーンだ。12時半と3時だって。

M：ゆかちゃんは馬よりラクダだろうね。

F：そうだよね。ちょっと遠いけど乗りに行こう。あとは、サルのエサやりが11時、キリンのエサやりが2時だって。

M：お、サルのエサやり、見たいなあ。

F：じゃあ、それも見に行こう。サルはCゾーンだから入口から近いね。キリンはトラと同じBゾーンか。トラ見てついでにキリンのエサやりも見ようか。あ、ふれあい広場で小動物のふれあい体験もできるって。10時、12時、4時か。

M：ふれあうのは最後でいいんじゃない?

F：うん、そうだね。そうしよう。

二人はまずどこに行きますか。

1　Aゾーン

2　Bゾーン

3　Cゾーン

4　ふれあい広場

質問は「二人はまずどこへ行くか」なので、イベントの時間やどの動物がどのゾーンにいるのか注意して聞くこと。

问题是“两人首先去哪里”，要注意听清活动的时间和动物所在的区域。

Aゾーン：ラクダ

A 区域：骆驼

ラクダに乗る（12時半、3時）

骑骆驼（12 点半、15 点）

Bゾーン：キリン、トラ

B 区域：长颈鹿、老虎

キリンのえさやり（2時）

喂长颈鹿（14 点）

Cゾーン：サル

C 区域：猴子

サルのエサやり（11時）

喂猴子（11 点）

ふれあい広場

亲密接触广场

小動物のふれあい体験（10時、12時、4時）→最後でいい

体验抚摸小动物（10 点、12 点、16 点）→可以放在最后去

乗馬以外のすべてのイベントに参加することにしたので、まず行くのは11時にサルのエサやりがあるCゾーン。

这一家人决定参加骑马之外的所有活动，所以要先在 11 点去 C 区域喂猴子。

覚えよう!

□見切る:(全部見る) 全部看完
□乗馬:(馬に乗ること) 骑马
□入園する:入园
□エサやり:喂食
□ゾーン:区域，地带
□小動物:小动物
□ふれあう:相互接触

C → A → B → ふれあい広場の順に回る。

C → A → B → 亲密接触广场，他们按此顺序游览。

2番　2

🔊N1_2_45

会社で同じ部署の三人が子供向けの冬のイベントについて話しています。

F1：さて、子供向けの冬のイベント、今年は何にしましょうか。

F2：去年はお弁当袋に絵を描いたんですよね。好評だったみたいなので、今年も同じでいいんじゃないでしょうか。

M ：うーん、こちらとしては楽だけど、去年いらした方にとってはあんまり魅力的じゃないかもしれないですね。

F1：去年はちょっと小さめだったので、例えば今年はもうちょっと大きく、トートバッグにするというのはいかがでしょうか。

F2：うーん、大きくするとちょっと予算がかさみますね。去年は予算ぎりぎりだったので、なるべく去年と同じに抑えたいですけど。

F1：うーん、他に何かいい案ないでしょうか。

M ：あ、カレンダーに絵を描くっていうのはどうでしょうか。これだったら、毎年同じことできますし。

F2：あ、それ、いいですね。大きい紙の下半分に12か月分の暦を貼っておいて、上半分に絵を描いてもらう、と。

F1：でもそうすると、暦の部分を貼る手間が必要になってきますね…。あ！お正月なので、だるまの絵付けなんてどうでしょう。

F2：だるまですか！いいですね。

M ：それ、5年ぐらい前にやってましたけど、だるまって小さいお子さんにとっては小さすぎるので、結構難しかったみたいですよ。

質問は「冬のイベントで何をするか」なので、どんな内容が話題に上がっているのか注意して聞くこと。

问题是“冬日活动要做什么”，要注意听清楚话题里出现了什么内容。

・お弁当袋に絵を描く → 去年と同じだと魅力的じゃない

在便当袋子上画画→如果和去年一样，不会吸引人

・トートバッグに絵を描く → 大きいと予算がかさむ

在帆布包上画画→包太大的话就要增加预算

・カレンダーに絵を描く → 毎年同じことができる、暦を貼るのが手間

在日历上画画→每年都可以做，贴日历很费功夫

・だるまの絵付け → 小さい子にとっては小さすぎる

画不倒翁彩画→对孩子来说太小了

F2：うーん。あ、今思いついたんですけど、暦を各自で貼ってもらえば、そんなに手間はかからないんじゃないでしょうか。

F1：なるほど！予算もあんまりかからなそうですし、一番いいかもしれませんね。

冬のイベントで何をしますか。

1　お弁当袋に絵を描く

2　カレンダーに絵を描く

3　だるまの絵付けをする

4　トートバッグに絵を描く

これらの部分から2が正解。

由这一部分得知，答案是选项 2。

覚えよう！

□部署：部门
□好評：好评
□トートバッグ：帆布包
□予算がかさむ：预算增加
□ぎりぎり：最大限度，极限
□予算を抑える：控制预算
□暦：日历
□だるま：不倒翁
□絵付け：画彩画，DIY 彩画

3番　質問1　4　質問2　1

N1_2_47

博物館の館内放送で係員が話しています。

F1：（ピンポンパンポーン）本日は、当博物館へおいでくださいまして、誠にありがとうございます。展示物のご案内をいたします。本館２階では、特別展として、世界各地の様々なミイラを展示しております。ミイラの文化的な背景や多様な死生観を知ることによって、人類への理解を深めてはいかがでしょうか。続きまして、常設展のご案内です。本館３階では、日本人にとって最も身近なアメリカといえるハワイに移り住んだ日系人たちの歴史をたどる展示をしております。太平洋戦争の影響を強く受けたハワイの社会において、様々なルーツを持った人々がそれぞれの立場から、いかに戦争に立ち向かったのか。写真や資料などにより、当時の様子を知ることができます。A館では、日本の代表的なイメージの一つであるサムライの展示を行っています。実物の資料を通じて、江戸に暮らしたサムライの実像に迫ります。B館では、怪談・妖怪コレクションと題して、江戸時代に書かれた妖怪や幽霊に関する200点以上の資料を紹介しております。

M：どこから見ようか。

F2：私、お化けは怖いからパス。

M：江戸時代のなら怖くないと思うけどなあ。ま、とりあえず込みそうな特別展から見ようか。

F2：ちょっと待って。私、次のレポートで移民について書こうと思ってるから、そっち優先したいんだけど。

M：うん、わかった。俺は江戸時代の暮らしに興味あるから、そっち行ってくる。そのあと一緒に特別展行こう。で、時間があればお化けも見よう。

F2：怖いのはいいって、もう。

質問1：女の人はまずどこに行きますか。

質問2：男の人はまずどこに行きますか。

特別展

特展

・本館２階：ミイラ展

本馆２层：木乃伊展

常設展

常设展览

・本館３階：ハワイに移り住んだ日系人たちの歴史をたどる展示

本馆３层：日本侨民移居夏威夷的历史回溯展

・A館：サムライの展示

A馆：武士展

・B館：怪談・妖怪コレクション

B馆：鬼怪故事和妖怪收藏

女の人は「レポートで移民について書こうと思ってるから、そっち優先したい」と言っており、「ハワイに移り住んだ日系人たちの歴史をたどる展示」に行くことがわかるので、4「本館３階」が正解。

女士说“想在报告里描述关于移民的事，所以想先去那边”，由此可知她要去“日本侨民移居夏威夷的历史回顾展”，所以选项4“本馆３层”是正确答案。

覚えよう!

□館内放送：馆内广播
□誠に：“本当に”的礼貌说法
□本館：主楼
□ミイラ：木乃伊
□展示する：展示，展出
□多様な：多种多样的，各式各样的
□死生観：生死观
□理解を深める：加深理解
□常設展：常规展
□移り住む：移居
□歴史をたどる：追溯历史
□ルーツ：起源
□立ち向かう：对抗
□実像：真实样貌
□怪談：怪谈，鬼故事
□妖怪：妖怪
□～と題する：以……为题
□幽霊：幽灵
□お化け：鬼怪
□パス：跳过，放弃
□移民：移民
□優先する：优先

男の人は「江戸時代の暮らしに興味あるから、そっち行ってくる」と言っており、「サムライの展示」に行くことがわかるので、1「A館」が正解。

男士说“对江户时代的生活很感兴趣，所以要去那边”，由此可知他要去“武士展”，所以选项1“A馆”是正确答案。

第3回　解答・解説

第3套模拟试题答案及解析

合格模試　解答用紙

N1 言語知識（文字・語彙・文法）・読解

正答　答案

受験番号 Examinee Registration Number		名前 Name	

〈ちゅうい　Notes〉

1. くろいえんぴつ（HB、No.2）でかいてください。
   Use a black medium soft (HB or No.2) pencil.
   （ペンやボールペンではかかないでください。）
   (Do not use any kind of pen.)
2. かきなおすときは、けしゴムできれいにけしてください。
   Erase any unintended marks completely.
3. きたなくしたり、おったりしないでください。
   Do not soil or bend this sheet.
4. マークれい Marking Examples

よいれい Correct Example	わるいれい Incorrect Examples
●	⊗ ✓ ○ ◎ ⊜ ◐ ●

問題1				
1	①	●	③	④
2	①	②	③	●
3	①	②	●	④
4	①	●	③	④
5	①	②	●	④
6	●	②	③	④
問題2				
7	①	②	●	④
8	①	②	●	④
9	●	②	③	④
10	①	●	③	④
11	①	●	③	④
12	①	②	③	●
13	●	②	③	④
問題3				
14	①	②	③	●
15	●	②	③	④
16	①	●	③	④
17	①	②	③	●
18	①	②	③	●
19	●	②	③	④
問題4				
20	●	②	③	④
21	①	②	③	●
22	①	②	●	④
23	①	②	③	●
24	①	②	●	④
25	①	②	③	●

問題5				
26	①	②	●	④
27	●	②	③	④
28	①	●	③	④
29	①	②	●	④
30	①	●	③	④
31	①	②	●	④
32	①	●	③	④
33	●	②	③	④
34	①	●	③	④
35	●	②	③	④
問題6				
36	①	②	●	④
37	①	●	③	④
38	●	②	③	④
39	①	●	③	④
40	①	②	③	●
問題7				
41	①	②	③	●
42	①	●	③	④
43	●	②	③	④
44	①	②	●	④
45	①	●	③	④
問題8				
46	①	②	●	④
47	●	②	③	④
48	①	●	③	④
49	①	②	③	●

問題9				
50	●	②	③	④
51	①	②	●	④
52	①	②	●	④
53	①	②	③	●
54	①	●	③	④
55	●	②	③	④
56	①	②	③	●
57	①	②	●	④
58	●	②	③	④
問題10				
59	①	●	③	④
60	①	②	③	●
61	●	②	③	④
62	①	●	③	④
問題11				
63	①	②	●	④
64	①	②	③	●
問題12				
65	①	②	③	●
66	①	②	③	●
67	①	●	③	④
68	●	②	③	④
問題13				
69	①	●	③	④
70	①	②	●	④

合格模試　解答用紙

N1　聴解

正答　答案

受験番号 Examinee Registration Number		名前 Name	

〈ちゅうい　Notes〉

1. くろいえんぴつ（HB、No.2）でかいてください。
   Use a black medium soft (HB or No.2) pencil.
   （ペンやボールペンではかかないでください。）
   (Do not use any kind of pen.)
2. かきなおすときは、けしゴムできれいにけしてください。
   Erase any unintended marks completely.
3. きたなくしたり、おったりしないでください。
   Do not soil or bend this sheet.
4. マークれい Marking Examples

よいれい Correct Example	わるいれい Incorrect Examples
●	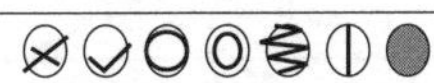

問題1（もんだい）

例（れい）	①	②	●	④
1	①	●	③	④
2	①	●	③	④
3	①	②	③	●
4	①	●	③	④
5	①	②	●	④
6	●	②	③	④

問題2（もんだい）

例（れい）	①	●	③	④
1	①	②	●	④
2	①	●	③	④
3	●	②	③	④
4	①	②	●	④
5	①	●	③	④
6	①	②	●	④
7	①	②	③	●

問題3（もんだい）

例（れい）	①	②	③	●
1	●	②	③	④
2	①	●	③	④
3	①	②	③	●
4	●	②	③	④
5	①	②	③	●
6	①	●	③	④

問題4（もんだい）

例（れい）	●	②	③
1	●	②	③
2	①	②	●
3	①	●	③
4	●	②	③
5	①	●	③
6	●	②	③
7	●	②	③
8	①	●	③
9	①	●	③
10	●	②	③
11	①	●	③
12	●	②	③
13	●	②	③
14	①	②	●

問題5（もんだい）

1		●	②	③	④
2		①	②	●	④
3	(1)	①	②	●	④
3	(2)	●	②	③	④

第3回　採点表 评分表

		配点	正答数	点数
文字・語彙・文法	問題1	1点×6問	／6	／6
	問題2	1点×7問	／7	／7
	問題3	1点×6問	／6	／6
	問題4	2点×6問	／6	／12
	問題5	1点×10問	／10	／10
	問題6	1点×5問	／5	／5
	問題7	2点×5問	／5	／10
	合　計	56点		a　／56

按满分60分进行折算（下同）：　a ☐ 点÷56×60＝ A ☐ 点

		配点	正答数	点数
読解	問題8	2点×4問	／4	／8
	問題9	2点×9問	／9	／18
	問題10	3点×4問	／4	／12
	問題11	3点×2問	／2	／6
	問題12	3点×4問	／4	／12
	問題13	3点×2問	／2	／6
	合　計	62点		b　／62

b ☐ 点÷62×60＝ B ☐ 点

		配点	正答数	点数
聴解	問題1	2点×6問	／6	／12
	問題2	1点×7問	／7	／7
	問題3	2点×6問	／6	／12
	問題4	1点×14問	／14	／14
	問題5	3点×4問	／4	／12
	合　計	57点		c　／57

c ☐ 点÷57×60＝ C ☐ 点

如果A B C 任一数字低于48，就要仔细看解析，然后再挑战一次！
（48分是本书的标准）

※本评分表是本书作者根据试题难易程度而制作的。

解説 解析

言語知識（文字・語彙・文法）

問題1

1　2 こばみ

拒　キョ／こば-む

拒み続ける：不断拒绝

1 頼む：委托，请求

3 絡む：缠住，扯上关系

4 せがむ：央求

2　4 けつじょ

欠　ケツ／か-ける・か-く・か-かす

如　ジョ・ニョ／ごと-し

欠如する：缺乏，不足

3　3 いっけん

一　イチ・イツ（イッ）／ひと

見　ケン／み-る・み-える・み-せる

一見：乍一看

4　2 たくみ

巧　コウ／たく-み

巧みな：灵巧，精湛

1 うまみ：美味

4 しくみ：结构，构造

5　3 さむけ

寒　カン／さむ-い

気　キ・ケ

寒気がする：身上发冷

2 寒気：寒气，寒冷

6　1 ふぜい

風　フウ・フ／かぜ・かざ

情　ジョウ・ゼイ／なさ-け

風情：风趣，情趣

問題2

7　3 エコ

エコ ＝ エコロジー：环保

エコカー：环保车

1 コネ：关系，门路

2 ラフ：粗略，粗糙

4 オフ：关闭

8　3 うなずいて

うなずく：点头，颔首

1 うつむく：低头，俯首

2 よそ見する：东张西望

4 さぼる：偷懒

9　1 いちいち

いちいち：全部，逐一

2 さめざめ：潸然泪下

3 やすやす（と）＝簡単に：简略地

4 もぐもぐ：咕哝，闭着嘴咀嚼

10　2 差し替えて

差し替える：更换，调换

1 立て替える：垫付

3 立て直す：修复，重建

11　2 採用

採用する：录用

1 再開する：再开，重开

3 起用する：起用

4 就職する：就业

12　4 後悔

後悔する：后悔

1 未遂になる：未遂

2 失敗する：失败

3 未練がある：留恋

13　1 差別

差別化をはかる：谋求差异化

2 隔離：隔离

3 相違：差异

4 誤差：误差

問題3

14　4 軽率な

軽はずみな ＝ 軽率な：轻率的

1 軽快な：轻快，心情舒畅

15　1 実現する

かなえる ＝ 実現する：实现

2 獲得する：获得

16　2 何度も

再三 ＝ 何度も：多次

17　4 心配だ

懸念される ＝ 心配だ：担心

18　4 賢い

頭が切れる ＝ 賢い：聪明的

19　1 まったく

一切～ない ＝ まったく～ない：完全不……

4 あらかじめ：事先，预先

問題4

20　1 今回のプロジェクトは、私が一人で手掛けた初めての仕事だった。

这个项目是我首次独自完成的项目。

プロジェクトを手掛ける：亲自参与某项目

21　4 せっかくケーキを焼いたのに、うっかり落としてしまい、台無しになった。

台無しになる：功亏一篑，告吹

1 一人暮らしを始めてから無理をしていたので、…

从独居开始就在勉强自己，所以……

3 …、ついつい無駄づかいしてしまう。

……，最终还是浪费了。

22　3 日本において、少子化はますます切実な問題になっている。

切実な問題：切身的问题

1 そんなに必死に運動しないで、…

不要那么拼命运动……

2 彼が必死に勉強している姿を見ると、…

（我）看到他拼命努力的样子……

23　4 気まずい雰囲気の中、沈黙を破ったのは彼の提案だった。

沈黙を破る：打破沉默

1 彼は普段は寡黙だが、…

虽然他平时沉默寡言……

寡黙：沉默寡言

2 …、誰が来ても無視してくださいね。

……不管谁来了，都别管他。

3 このことは絶対に秘密にしておいて…

这件事绝对要保密……

24　3 気持ちはわかりますが、そんなに興奮しないで、冷静になって話してください。

冷静になる：冷静下来

1 …、冷凍して保存してください。

……，请冷冻保存。

2 …、店内は適度に冷房がきいていて過ごしやすい。

……，店内冷气温度合适，让人感觉很舒服。

4 社長の冷徹な仕事の進め方のために、…

因为社长推进工作的方法冷静而透彻……

冷徹な：冷静而透彻

25　4 見事な逆転勝利の末、念願の初優勝を果たした。

念願：心愿，夙愿

1 …、いつも念頭において行動する。

……一直都很用心地做事。

念頭におく：放在心上，常记于心

3 …、経済の先行きを懸念している。

……，担忧未来的经济形势。

懸念する：担忧，惦念

問題5

26　3 よそに

AをよそにB＝Aとは関係なくB：与A没关系而是B

※A 处用“心配 / 不安 / 反対 / 期待”等词语。

2 AはおろかB：（AはもちろんBも）自然是A当然B也

4 AなくしてB：（AがなかったらB）如果没有A的话就B

27　1 にして

～にして（ようやく・やっと）＝～で（ようやく・やっと）：……接续（终于）

2 ～にしても：（仮に～としても）假设……的话也……

3 ～にしては：（～から予想・期待されることと違って）因为……所以与预期不符

4 ～にしたって ＝ ～にしても：即使……

※常用的表达

28　2 にひきかえ

AにひきかえB＝Aと比べてB：与A相比B

1 AはもとよりB（も）：（AはもちろんB（も））自然是A当然B（也）

3 AとあってB：（AなのでB）因为A所以B

4 AといえどもB：（たとえAでもB）即使A也B

29　3 を余儀なくされた

～を余儀なくされる＝～するしかない・仕方なく～する：只有做……/没办法所以做……

1 ～を前提とした：（～を条件とした）以……为条件

2 ～を禁じ得ない：（～（という気持ち）を抑えられない）难以抑制（……的心情）

4 ～をものともしない：（～を少しも気にしない）一点也不在意

30　2 ことだし

～ことだし ＝ ～による：因为……

1 ～ことには：（～による）据……说

3 ～ことなく：（～しないで）不要做……

4 ～ことか：（とても～した・とても～と感じる）非常……/感觉非常……

31　3 かたわら

AかたわらB＝Aする一方でB：做A，另外一方面做B

※当A是名词的时候，则变成“Aのかたわら”。

1 AかたがたB：（AをかねてB）A顺便B
※A处用“お礼/お舞い/ご挨/ご告”等词语，用于写信或正式的对话中。

2 Aかと思うとB：（Aたら、次の瞬間B）如果A，下一个瞬间B

4 AがてらB：（AをかねてB・AのついでにB）A兼B/A顺便B

32 **2 お過ごしください**

“お過ごしください”是“過ごしてください”的敬语表达。“どうかお体に気をつけてお過ごしください（请注意身体）”体现了对对方身体的关心，经常在邮件、信件的最后使用。

33 **1 使ってこそ**

～てこそ＝まさに～て：正是……

※表示强调

2 ～ともなく：（特に～ということではなく）并不是……

3 ～てまで：（～てもかまわないと思うほど）即使……也没关系

4 ～ことなしに：（～しないで・そのまま～）不……/就那样……

34 **2 たる**

～たるゆえんだ＝～である理由だ：是……原因

35 **1 あふれんばかり**

あふれんばかり：几乎挤满（人）

2 ～たまま：（～の状態がずっと続いている）一直持续……的状态

3 ～っぱなし：（～のままにして放っておく）保持……不管它

問題6

36 3

吉野さんは 2天才とは 4言えない 3までも 1世界的に有名な 科学者になるでしょう。

AとはいえないまでもB：（Aというレベルとは言えないがBくらいは）即使算不上A级别的，至少也是B级的

37 2

非情にも 1まもなく 3収穫できる 2と喜んでいた 4矢先に、台風でりんごが全滅してしまった。

～た矢先に：正当……之时，正要……的时候

38 1

大型バスが山道を走行中にスリップし、あやうく 4大事故に 3なりかねない 1ところだったが 2奇跡的に 全員無事だった。

～になりかねないところだった：（もう少しで）～という好ましくない事態になるところだった（実際はならなかった）（还差一点）就要变成……的糟糕事态了（但实际上没有变成那样）

39 2

火災の消火や救急によって 4人々の命を守る消防士は 1子どもたちにとって 2あこがれの職業だが 3実は常に危険と 背中合わせの職業だ。

Aと背中合わせのB：B伴随着A

40 4

今回の新商品の開発にあたり、3御社が特に力を入れられた点と 1他社の商品との違いに関して 4差し支えない範囲で 2かまいません ので、教えていただけますか。

AとBとの違いに関して：（AとBの違いについて）关于A和B的不同

差し支えない範囲でかまわない：在您方便（透露）的范围内即可

問題7

41　4 をきっかけに

～をきっかけに：（～を転換点として）以……为契机，以……为转折点

“心を寄せる”就是“興味を示す”（感兴趣）的意思。因为霍金关心的不是“存在什么”，而是“发生了什么”，所以“由于霍金的登场，（宇宙论）从物的研究转向了事的研究”。

1 ～をはじめ：（～を代表としてその他も）以……为代表

2 ～に先立って：（～する前に）做……之前

3 ～に基づいて：（～を基礎・根拠に）以……为基础，以……为依据

42　2　やがて

やがて：不久

1 例えば：例如

3 なぜなら：因为

4 あるいは：或者

43　1 試みようものなら

もしも～ようものなら：（もし～のようなことをしたら）如果做了像……的事

44　3 しまいそうです

もしも～ようものなら、それこそ～てしまいそうだ”意为“如果做了像……的事，肯定会变成……”。

45　2 ようになった

このように～ようになった状態を～と呼んでいる：我们把“像这样成为……的状态”称为……

1 ～ことにした：（～ことに決めた）决定做……

3 ～までもない：（わざわざ～する必要はない）没必要……

読解

問題8

(1) 46 3

男の腕時計はだいたい大きい。というより 2 女の腕時計が極端に小さい。最近のはそうでもないが、戦前戦後のすべてが機械式だった時代には、婦人用時計というと極端に小さかった。もともと女性は男性より体が小さいものだが、その体積比を超えてなおぐっと小さかった。そんなに小さくしなくても、と思うほどで、指輪仕立てにした時計もあった。

あの時代は機械は大きくなるもの、という常識が強かったから、4 小さな時計はそれだけで高級というイメージがあった。3 女性の時計は機能というより宝飾アクセサリーの面が強いから、よけいにそうなったのだろう。

2 「少し小さい」ではなく「極端に小さい」と書いてあるので、間違い。

文章写的不是“稍微小一点儿”,而是“非常小”，所以选项 2 不正确。

4 小さな時計＝高級

选项 4，小的腕表有高级感。

3 女性の腕時計が小さい理由として、「機能というより宝飾アクセサリーの面が強い」とあるので、3が正解。

女性的腕表较小的原因是“比起功能，更看重装饰要求”，所以答案是选项 3。

覚えよう!

□極端に：极端地
□戦前戦後：战前战后
□体積比：体积比
□ぐっと：更加
□～仕立て：制作
□宝飾：金银首饰

(2) 47 1

3 美食の楽しみで、一番必要なものは、実はお金ではなく、これがおいしい、と思える「舌」である。これは金だけで買えるものではない。1 自分が歩んできた人生によって培われるもので、お金ももちろんそれなりにかかっているかもしれないが、億万長者である必要もない。この 4「舌」つまり味覚は、万人に共通する基準もなく、絶対的なものでもない。

3 最も必要なものはお金ではなく、舌。

选项 3，最需要的不是钱，而是舌头。

1 この部分から1が正解。

从这部分可知答案是选项 1。

2 文章に書かれていない。

选项 2，文章中没有提到。

4 味覚は人によって違う。

选项 4，味觉是因人而异的。

覚えよう!

□美食：美食
□歩む：行走，经历

□培う：培养，培育　　□万人：（すべての人）所有人
□味覚：味觉

(3) 48 2

1 イタリアは、日本と同じ火山国ですから温泉はいっぱいあるけれど、その素晴らしい大浴場へは、全員が水着で入らなくてはなりません。（中略）だから彼らが日本に来ても、人前で裸になるくらいなら温泉などあきらめてしまいかねないのです。その彼らに日本の素晴らしい温泉、大浴場、山間の岩場の温泉を楽しんでもらうために、私はこうしたらどうかと思うんですね。

つまり、2 三十分予約制にするのです。4 彼らは日本のように男女別にしても、他の人たちがいると落ち着かない。だから三十分だけは彼らだけの専用とする。家族や恋人に対してならば、裸でも抵抗感がなくなるから。

1　イタリアでは水着を着なければいけないが、日本でもそうすればいいとは言っていない。

选项 1，虽然文章提到在意大利（泡温泉）必须穿泳衣，但没有说在日本也要穿泳衣。

2　この部分から2が正解。

从这部分可知选项 2 是正确答案。

3　文章に書かれていない。

选项 3，文章中没有提到。

4　男女別にしても他の人たちがいると落ち着かない。

选项 4，即使男女分开，如果旁边有人也很难放松。

覚えよう!

□大浴場：大浴场　　□岩場：岩石堆
□人前：人前　　□専用：专用
□山間：（山の中）山间

(4) 49 4

知識を増やすことが、若い時には敵わないんだとすれば、4 歳を取ってからやるべきは、人が言った事や書いた事じゃなくて、自分の頭で考えた事をまとめることで何かを産み出すこと。いわば創造的な知識です。自分で考えを作るんです。

知識を得るのに忙しい若い人は考える時間もあまりないし、経験も乏しい。3 歳を取ると、大きいエネルギーはないですが、経験や経済的な力で遠くまで行けるはずです。だからクリエイティブな仕事というのは、案外中年以降、出来るんじゃないかと思いますね。

4　「何かを産み出す＝新しい何かを創ること」なので、4が正解。

“创造些什么”意味着“创造一些新的东西”，所以答案是选项 4。

3　「歳を取ると遠くまで行けるはずだ」と書いてあるが、やるべきことではないので、間違い。

虽然文章提到“人上了年纪之后（凭经验和经济能力）可以走得更远”，但这并不是他们必须做的事情，所以选项 3 不正确。

覚えよう！

□創造的な：创造性的
□乏しい：贫乏，缺乏
□クリエイティブな：创造性的
□中年：（40歳から50代半ばくらいまでの人）中年

問題9

(1) 50 1　51 3　52 3

「垂直思考」は、50 一つの問題を徹底的に深く掘り下げて考えてゆく能力です。ある事象に対して考察を深めて一定の理解が得られたら、「その先に潜む原理は」と一層深い段階を問うてゆきます。50 ステップを踏んで段階的に進んでゆく論理的な思考、これが垂直思考です。ここでは奥へ奥へと視点を移動させるプロセスが存在します。一つの理解を楔として、そこを新たな視点として、さらにその先を見通すようにして、思索の射程距離を一歩一歩伸ばしてゆくわけです。

52「水平思考」もやはり視点が動きますが、垂直思考とは異なり、論理的な展開はそれほど重視されません。むしろ、51 同じ現象を様々な角度から眺めたり、別々の問題に共通項を見出したり、手持ちの手段を発展的に応用する能力が重要です。垂直思考が緻密な「詰め将棋」だとすれば、水平思考は自由で大胆な発想によって問題解決を図る「謎解き探偵」です。ここでは、一見難しそうな問題に対して見方を変えることで再解釈する「柔軟性」や、過去に得た経験を自在に転用する「機転」が問われます。つまり、推理力や応用力や創造力を生み出す「発想力」が水平思考です。

覚えよう！

□思考：思考
□徹底的に：彻底地
□掘り下げる：深挖，深入探讨
□事象：事情与现象
□考察を深める：深入考察，深入研究
□潜む：潜藏，隐藏

50「段階的に（＝順を追って）」「一つの問題を徹底的に深く掘り下げて考える」ことなので、1が正解。

从“按照阶段（依照顺序）”“将一个问题彻底深入地思考”这两处判断，答案是选项1。

51「水平思考」とは

横向思考

・同じ現象を様々な角度から眺める

从不同角度观察同一个现象

・別々の問題に共通項を見出す

从不同的问题中找出共同点

・手持ちの手段を発展的に応用する

灵活运用现有的手段

落とし物や指紋から犯人をつきとめるのは「水平思考」による解決とは言えない。

借助掉落的物品和指纹来查明犯人，不能算是通过“横向思考”解决问题。

52「視点が動く」ことが共通点なので、3が正解。

因为共同点是“观点会变化”，所以答案是选项3。

第3回
文字・語彙
文法
読解
聴解

□ステップを踏む：（段階を踏む）循序渐进
□論理的な：逻辑性的
□視点：观点
□プロセス：（手順）过程，经过
□見通す：看透，看穿
□思索：思索
□射程距離：射程距离
□共通項を見出す：（共通している部分を見つける）找到共同点
□手持ち：手头上

□緻密な：缜密的
□大胆な：大胆的
□探偵：侦探
□一見：乍一看
□柔軟性：柔软性，灵活性
□自在に：自如地
□転用する：转用
□機転：机智
□推理力：推理能力
□創造力：创造能力
□生み出す：产出，创造出

(2) 53 4　54 2　55 1

ファンタジーはどうして、一般に①評判が悪いのだろう。それはアメリカの図書館員も言ったように、現実からの逃避として考えられるからであろう。あるいは、小・中学校の教師のなかには、子どもがファンタジー好きになると、53 科学的な思考法ができなくなるとか、現実と空想がごっちゃになってしまうのではないかと心配する人もある。しかし、実際はそうではない。54 子どもたちはファンタジーと現実の差をよく知っている。たとえば、子どもたちがウルトラマンに感激して、どれほどその真似をするにしても、実際に空を飛ぼうとして死傷したなどということは聞いたことがない。ファンタジーの中で動物が話すのを別に不思議がりはしない子どもたちが、実際に動物が人間の言葉を話すことを期待することがあるだろうか。②子どもたちは非常によく知っている。54 彼らは現実とファンタジーを取り違えたりしない。それでは、子どもたちはどうして、ファンタジーをあれほど好むのだろう。それは現実からの逃避なのだろうか。

55 子どもたちがファンタジーを好むのは、それが彼らの心にぴったり来るからなのだ。あるいは、彼らの内的世界を表現している、と言ってもいいだろう。人間の内的世界においても、外的世界と同様に、戦いや破壊や救済などのドラマが生じているのである。それがファンタジーとして表現される。

53 「現実と空想がごっちゃになる（＝区別がつかなくなる）」と言っているので、4が正解。「科学的な考え方ができなくなる」とあるが、「科学が嫌いになる」とは言っていないので、3は間違い。

因为文章提到“（孩子）会将现实与幻想混为一谈（无法区分）”，所以答案是选项 4。虽然文章说“（孩子）会变得无法用科学的思考方式”，但没有说“会讨厌科学”，所以选项 3 不正确。

54 「差をよく知っている」「取り違えたりしない」と言っているので、2が正解。

文章提到孩子“理解差别”“不会弄错”，所以答案是选项 2。

55 子どもたちがファンタジーを好むのは、「彼らの内的世界を表現している」つまり「子どもの心の中を表している」からとあるので、1が正解。

孩子们之所以喜欢幻想世界，是因为（幻想）“表现了他们的内心世界”，也就是“展现了孩子们的内心”，所以答案是选项 1。

覚えよう!

- □死傷する：死伤
- □取り違える：弄错
- □内的世界：内心世界
- □外的世界：外在世界
- □破壊：破坏
- □救済：救济，救助

(3) **56** 4　**57** 3　**58** 1

①ある人が社会人になって営業職についたのだが、56 発注する数を間違うというミスを連発してしまった。書類作成などでは大変高い能力を発揮する社員だったので、上司は「キミみたいな人がどうして 56 こんな単純なミスをするのか」と首をひねった。社員は「気をつけます」と謝ったが、その後もまた同じミスを繰り返す。

あるとき上司は、「キミのミスは、クライアントと直接、会って注文を受けたときに限って起きている。メールのやり取りでの発注では起きていない。もしかすると聴力に問題があるのではないか」と気づき、57 耳鼻科を受診するように勧めた。その言葉に従って大学病院の耳鼻科を受診してみると、はたして特殊な音域に限定された聴力障害があり、低い声の人との会話は正確に聴き取れていないことがわかったのだ。

耳鼻科の医師は「この聴力障害は子どもの頃からあったものと考えられますね」と言ったが、②本人も今までそれに気づかずに来た。もちろん小学校の頃から健康診断で聴力検査は受けてきたのだが、検査員がスイッチを押すタイミングを見て「聴こえました」と答えてきた。また、授業や日常会話ではそれほど不自由も感じなかった、という。58 だいたいの雰囲気で話を合わせることもでき、学生時代は少しくらいアバウトな会話になったとしても、誰も気にしなかったのだろう。

56「発注するときに単純なミス（＝簡単な間違い）を連発する（＝繰り返す）」とあるので、4が正解。

文章提到"（有人）下单的时候反复出现简单的失误"，所以答案是选项 4。

57　この部分から3が正解。

从这部分得知答案是选项 3。

上司は部下のミスを不思議に思ってはいたが、腹を立ててはいないので、1は間違い。

虽然上司对部下犯的错误感到不可思议，但并没有生气，所以选项 1 不对。

58　アバウトな会話でも誰も気にしなかったということは、コミュニケーションに問題がなかったということなので、1が正解。

对话很随意，但并没有人在意，说明交流没有问题，所以答案是选项 1。

覚えよう!

- □発注する：订货，订购
- □連発する：接连发生
- □首をひねる：纳闷
- □聴力：听力

□耳鼻科：耳鼻科
□受診する：看病，接受诊断
□限定する：限定，限制
□タイミング：时机

問題10

59 2　60 4　61 1　62 2

①文章の本質は「ウソ」です。ウソという表現にびっくりした人は、それを演出という言葉に置きかえてみてください。

59 いずれにしてもすべての文章は、それが文章の形になった瞬間に何らかの創作が含まれます。良い悪いではありません。好むと好まざるとにかかわらず、文章を書くという行為はそうした性質をもっています。

②動物園に遊びに行った感想を求められたとしましょう。「どんな様子だったのか話して」と頼まれたなら、おそらくたいていの子は 60 何の苦もなく感想を述べることができるはずです。ところが、「様子を文章に書いて」というと、途端に多くの子が困ってしまう。それはなぜか。同じ内容を同じ言葉で伝えるとしても、話し言葉と書き言葉は質が異なるからです。

巨大なゾウを見て、思わず「大きい」と口走ったとします。このように反射的に発せられた話し言葉は、まじり気のない素の言葉です。しかし、それを文字で表現しようとした瞬間、言葉は思考のフィルターをくぐりぬけて変質していきます。

「『大きい』より『でかい』のほうがふさわしいのではないか」

「『大きい！』というように、感嘆符をつけたらどうだろう」

「カバが隣にいたとあえてウソをついて、『カバの二倍はあった』と表現すれば伝わるかもしれない」

人は自分の見聞きした事柄や考えを文字に起こすプロセスで、言葉を選択したり何らかの修飾を考えます。62 言葉の選択や修飾は演出そのもの。そうした積み重ねが文章になるのだから、原理的に「文章にはウソや演出が含まれる。あるいは隠されている」といえます。

59 「どんな文章でも必ず創作が含まれ、それは良いことでも悪いことでもない」とあるので、2が正解。

因为文章提到“不论何种文章必然包含创作，这不是好事也不是坏事”，所以答案是选项2。

60 「何の苦もなく」とあるので、「すらすらと話せる」ということで、4が正解。

从“没有任何困难”“能够流畅表达”可知答案是选项4。

ある文章術の本に、③「見たもの、感じたものを、ありのままに自然体で書けばいい」というアドバイスが載っていました。「ありのままに」といわれると、何だか気楽に取り組めるような気がします。

しかし、このアドバイスが実際に文章に悩む人の役に立つことはないでしょう。

61 ありのままに描写した文章など存在しないのに、それを追い求めるのは無茶な話です。62 文章の本質は創作であり、その本質から目を背けて耳に心地よいアドバイスに飛びついても、文章はうまくはならない。

61 「無茶な話」つまり「できないこと」なので、1が正解。

"毫无道理的事"指的是"做不到的事"，所以答案是选项1。

62 これらの部分から2が正解。「文章の本質はウソ」つまり「何らかの創作が含まれる」と言っている。

从这部分看出答案是选项2。"文章的本质是不真实的事"意为"包含了某种创作"。

覚えよう!

□本質：本质
□演出：演出，演戏
□置きかえる：替换
□行為：行为
□何の苦もない：（何の苦労もない）没有任何辛苦
□口走る：脱口而出
□反射的に：反射性地
□発する：发出
□素の言葉：（ありのままの言葉）真实的话语
□変質する：性质发生改变
□ふさわしい：适合，相称
□事柄：事情，事态
□プロセス：过程，经过
□修飾：修饰
□積み重ね：积累
□原理的に：从原理上讲
□隠す：隐藏
□ありのまま：真实，实事求是
□自然体：自然的样态
□描写する：描写
□追い求める：追求
□無茶な：乱来的，毫无道理的
□目を背ける：移开视线
□心地いい：舒心

問題11

63 3　**64** 4

A

男性の育児休暇の取得義務化について、私は慎重派です。日本の大半の夫婦は男性が主な稼ぎ手のため、育休を義務付けたら収入が減り、将来につながる重要な仕事のチャンスを失う恐れがあると思います。義務化するのではなく、**64** 男性の育児参加を増やすために、短時間勤務や残業免除などの制度を利用しやすくするほうが現実的なのではないでしょうか。**63** 育児経験は仕事にも役立ち、人生をより豊かにしてくれるという、育児の意外な効用もあると思います。まずは、社会、企業の意識改革が必要であると考えます。

B

私は、男性の育児休暇義務化には良い面と悪い面のどちらもあると思います。産まれたばかりの新生児という貴重な期間に、夫婦そろって赤ん坊と過ごせるのは幸せなことですし、その後の父子関係や家族のあり方に良い影響を与えてくれると思います。また、**63** 育児に積極的に関わり、家族の健康維持や効率のよい家事育児の仕方について考えることによって、ビジネススキルを磨くことにもつながると思います。ただ、家事育児への意識と能力が高い人であればいいのですが、お昼になったら平気で「ごはんは?」と言ってくるタイプの夫の場合は、仕事に行って稼いでくれたほうがましかもしれません。それに、出産前後だけ休暇を取ってもあまり意味はないかな、とも思います。義務化するより、**64** 普段から継続的に家事や育児ができる体制にしたほうがよっぽど意味があるのではないでしょうか。

63 Aは「育児経験は仕事にも役立ち、人生をより豊かにしてくれる」と言っており、Bも「育児に積極的に関わることで、ビジネススキルを磨くことにもつながる」と言っているので、3が正解。

文章A说“育儿经验在工作中也能派上用场，可以使人生变得更加丰富”，文章B也说“积极参与育儿，还可以磨炼商务技巧”，所以答案是选项3。

64 Aは「男性の育児参加を増やすために、短時間勤務や残業免除などの制度を利用しやすくするほうが現実的」と言っており、Bも「普段から継続的に家事や育児ができる体制にしたほうが意味がある」と言っているので、4が正解。

文章A说“为了让更多的男性参与育儿，更现实的做法是让短时间工作和免除加班的制度更切实可行”，文章B也说“建立可以让男性平时就能不断参与家务和育儿的体制更有意义”，所以答案是选项4。

覚えよう!

□育児休暇：（育休）育儿假　　□慎重派：谨慎派

□取得：取得　　□稼ぎ手：维持一家生计的人

□義務付ける：义务化
□勤務：工作，劳动
□免除：免除
□効用：效用，用处
□改革：改革
□貴重な：贵重的，宝贵的
□維持：维持
□効率がいい：效率高，高效
□磨く：磨炼
□稼ぐ：挣钱
□継続的に：持续性地
□体制：体制
□よっぽど：（よほど）更，更加
□採用：录用
□充実する：充实
□昇進：升任，升职

問題12

65 4　**66** 4　**67** 2　**68** 1

65 ①かつての遊びにおいては、子どもたちは一日に何度も息を切らし汗をかいた。自分の身体の全エネルギーを使い果たす毎日の過ごし方が、子どもの心身にとっては、測りがたい重大な意味を持っている。

この二十年ほどで、子どもの遊びの世界、②特に男の子の遊びは激変した。**66** 外遊びが、極端に減ったのである。一日のうちで息を切らしたり、汗をかいたりすることが全くない過ごし方をする子どもが圧倒的に増えた。子ども同士が集まって野球をしたりすることも少なくなり、**66** 遊びの中心は室内でのテレビゲームに完全に移行した。身体文化という視座から見たときに、男の子のこの遊びの変化は、看過できない重大な意味を持っている。

相撲やチャンバラ遊びや鬼ごっこといったものは、室町時代や江戸時代から連綿として続いてきた遊びである。明治維新や敗戦、昭和の高度経済成長といった生活様式の激変にもかかわらず、**66** 子どもの世界では、数百年以上続いてきた伝統的な遊びが日常の遊びとして維持されてきたのである。

しかし、それが1980年代のテレビゲームの普及により、絶滅状態にまで追い込まれている。これは単なる流行の問題ではない。意識的に臨まなければ取り返すことの難しい身体文化の喪失である。

65　この部分から4が正解。

从这部分看出答案是选项4。

この二十年ほどで外遊びが減ったと言っているので、1は間違い。テレビゲームのほうがすでに人気があるので、2も間違い。

因为文章说近20年来，（孩子们）户外玩耍减少了，所以选项1不正确。因为电视游戏已经有人气了，所以选项2也不正确。

66　これらの部分から4が正解。

从这部分看出答案是选项4。

外遊びが「極端に減った」と言っているが「完全になくなった」とは言っていないので、1は間違い。

虽然说户外玩耍"极度减少"，但没有说"完全没有了"，所以选项1不正确。

67 かつての遊びは、身体の中心感覚を鍛え、他者とのコミュニケーション力を鍛える機能を果たしていた。これらはひっくるめて自己形成のプロセスである。

コミュニケーションの基本は、身体と身体の触れ合いである。そこから他者に対する信頼感や距離感といったものを学んでいく。たとえば、相撲を何度も何度も取れば、他人の体と自分の体の触れ合う感覚が蓄積されていく。他者と肌を触れ合わすことが苦にならなくなるということは、他者への基本的信頼が増したということである。これが大人になってからの通常のコミュニケーション力の基礎、土台となる。**67** 自己と他者に対する信頼感を、かつての遊びは育てる機能を担っていたのである。

この身体を使った遊びの衰退に関しては、伝統工芸の保存といったものとは区別して考えられる必要がある。身体全体を使ったかつての遊びは、日常の大半を占めていた活動であり、なおかつ自己形成に大きく関わっていた問題だからである。**68** 歌舞伎や伝統工芸といったものは、もちろん保存継承がされるべきものである。しかし、現在、より重要なのは、自己形成に関わっていた日常的な身体文化のものの価値である。

67 これらの部分から2が正解。

从这部分看出答案是选项 2。

「自己と他者に対する信頼感」とは言っているが、「誰のことも信じられる」とは言っていないので、4は間違い。

文章虽然提到“自己对他人的信赖感”，但没有说“任何人都可信”，所以选项 4 不正确。

68 筆者の主張は最後の段落に書かれていることが多い。「より重要なのは、身体文化（＝かつての遊び）」とあるので、1が正解。

作者的主张通常出现在最后一段。文章提到“更重要的是身体文化（过去的玩耍）”，所以答案是选项 1。

覚えよう!

- □かつて：过去，曾经
- □息を切らす：气喘吁吁
- □使い果たす：用尽
- □激変する：剧变
- □極端に：极限，极端
- □圧倒的に：压倒性地
- □～同士：同伴，伙伴
- □移行する：过渡，转移
- □敗戦：战败
- □生活様式：生活方式
- □追い込まれる：被逼入，被陷入
- □喪失：丧失
- □鍛える：锻炼
- □自己形成：自我形成
- □プロセス：过程，经过
- □触れ合い：互动，相互接触
- □蓄積する：积蓄，积累
- □苦になる：犯愁
- □通常：通常，一般
- □土台：基础，根基
- □担う：担负，肩负
- □衰退：衰退
- □なおかつ：并且，而且
- □継承：继承

問題13

69 2　**70** 3

アルバイト募集！

職種	応募資格【必須スキル・資格】	応募資格【歓迎スキル・資格】	給料	その他
①スニーカー店での接客販売	・日本語：中級レベル ・土日祝勤務可能な方	・接客が好きな方 ・ランニングや運動に興味がある方	時給1,300円	職場は10名体制。20～30代の男女スタッフが一緒にワイワイと楽しくお仕事しています。残業ほぼなし。 詳細を見る
②空港内の免税店での接客販売	・日本語：中～上級レベル ・早朝の勤務、夜の勤務などに対応できる方	・英語ができれば尚可 ・未経験者歓迎！ ・ファッションが好きな方 ・人と話すことが好きな方	時給1,200円	外国人が活躍しています！残業あり。正社員登用チャンスあり。 詳細を見る
③空港のWiFiレンタルカウンター	・日本語：中級レベル ・英語：中級レベル ・接客の経験がある方 ・PCスキル（パワーポイント、エクセル、メール） ・最低1年以上は勤務できる方	・明るくてコミュニケーション能力が高い方	時給1,300円	一緒に働くスタッフは、幅広い年齢層の様々な背景を持った人たちで、みんなとても仲良し。正社員登用チャンスあり。残業ほぼなし。 詳細を見る
④ホテルスタッフ	・日本語：中級レベル ・韓国語・英語・タイ語のいずれかが堪能であること ・接客・サービス業の経験がある方（アルバイト経験もOK） ・土日祝勤務できる方	・笑顔で接客できる方 ・人と話すのが好きな方 ・お世話をするのが好きな方	時給1,350円	正社員登用チャンスあり。深夜残業あり。 詳細を見る

覚えよう！

- □職種：职业种类，工种
- □応募：应征，报名参加
- □必須：必要，必需
- □スキル：技能
- □資格：资格
- □接客：接待客人
- □時給：时薪
- □詳細：详细
- □免税店：免税店
- □早朝：清晨，早晨
- □登用：（ここでは、正社員にすること）正式录用
- □堪能：熟练，擅长

69

マリさんの条件・スキル
玛丽的要求和技能

・日本語と英語を生かした仕事希望
→ ②③④　○
　希望找一个能使用日语和英语的工作

・日本語と英語は上級レベル
→ ②③④　○
　日语和英语是高级水平

・アルバイト経験なし
→ ③④　×
　没有打工的经验

・土日勤務は避けたい
→ ①④　×
　想避免周末工作

「②空港内の免税店での接客販売」が正解。
　所以“②去机场免税店接待客人、销售商品”是正确答案。

70

イさんの条件・スキル
易的要求和技能

・日本のデパートで勤務経験あり → ③④　○
　有在日本百货商店打工的经验

・日本語は上級レベル、英語は中級レベル
→ ①②③　○　④　×
　日语高级水平、英语中级水平

・将来正社員希望
→ ②③④　○
　希望将来能成为正式员工

・残業はしたくない
　实在不想加班
→ ①③　○　②④　×

「③空港のWiFiレンタルカウンター」が正解。
　所以“③机场租赁WiFi的柜台”是正确答案。

聴解

問題1

例　3

N1_3_03

イベント会場で女のスタッフと男のスタッフが話しています。男のスタッフはこのあと何をしなければなりませんか。

F：桜井さん、開演まであと一日なんだけど、グッズの件はもう解決した？

M：はい。なかなか届かないので、業者さんに電話しようと思っていたら、さっき届きました。一通りチェックをして、内容物も数も注文通りでした。

F：そう、間に合ってよかった。ありがとう。あとは客席の確認だけかな。

M：客席の確認？

F：うん。客席にゴミが落ちていたら、お客さんが嫌な思いをするでしょう。だから開演前にもう一回確認しないと。

M：そうですか。じゃあ、今すぐ確認してきます。

F：それは私がやるから、桜井さんは飲み物とお菓子の用意をしてくれる？

M：控え室に置くやつですね。わかりました。

F：あ、そうだ。ポスターはもう貼った？ いろんなところに貼るから、それを先にやっといてね。

M：ポスターなら、今朝、富岡さんが貼ってくれました。

F：そう、わかった。じゃあ、よろしく。

男のスタッフはこのあと何をしなければなりませんか。

1番　2

N1_3_04

レストランで男の店員と店長が話しています。男の店員はこのあとまず何をしますか。

M：店長、大変です。ただ今いらっしゃったお客様、予約の台帳には明日のところにお名前があったんですけど、電話では今日で予約されてたらしいんです。

F：え！ よりによってこんな込んでる時に。とりあえず席が空くのを待っていただいて。こちらのミスの可能性もあるから、誠心誠意謝っておいて。

M：あ、すぐソファーのところにご案内して、謝っておきました。

F：軽くじゃなくて、もう一度。こういう時は丁重な謝罪が大事なんだから、ちゃんとやってね。それから、ビールかジュースをサービスしましょう。それは私のほうで用意する。ピンチはチャンスなんだから、ここでお客様の心をつかまないと。くれぐれもお客様の勘違いだなんて傲慢な態度取らないようにね。

M：はい、わかりました。

男の店員はこのあとまず何をしますか。

「ソファーに案内して謝った」と言う店員に対し、店長は「軽くじゃなくてもう一度」「丁寧な謝罪が大事」と言っているので、2が正解。

对于店员说的“已经把客人带到沙发处并道歉了”，店长指出“不能这样轻描淡写，要再次道歉”“重要的是诚心诚意地致歉”，所以答案是选项2。

飲み物のサービスは店長が用意すると言っている。

对话中提到的免费饮料由店长准备。

覚えよう!

□台帳：登记簿
□よりによって：偏偏
□誠心誠意：诚心诚意
□丁重な：郑重的，诚恳的
□謝罪：赔礼道歉
□ピンチ：危机，紧急关头
□傲慢な：傲慢的

2番　2

N1_3_05

会社で男の人と女の人が話しています。女の人はこのあと何をしますか。

M：もしもし、経理課の鈴木ですけれども。

F：お世話になっております。

M：あのですね、10月10日に提出していただいた出張旅費明細書なんですけれども。

F：ああ、あの北海道の出張のですね。

M：はい。交通費の欄なんですけど、航空券が75,000円と記載されているんですね。

F：ええ。

M：ご提出いただいた領収書のほうでは76,000円となっているんですが。

F：あ、そうですか。ちょっと今手元に資料がないので、すぐ確認してから折り返しお電話差し上げるということでもよろしいですか。

M：お手数ですがよろしくお願いします。あ、ちなみにですね、来月からは締め切りが毎月10日ではなく5日に変更になりますので、お気をつけください。今週中には一斉メールで皆さんにお知らせする予定ですので。

F：はい、わかりました。

女の人はこのあと何をしますか。

航空券の値段について、出張旅費明細書では75,000円、領収書では76,000円となっていることに対し、「すぐ確認してから折り返しお電話差し上げる」と言っているので、2が正解。

针对机票的价格，差旅费明细单上写着75 000日元，但发票上是76 000日元，对此，女士说“我马上去确认，之后会回电”，所以答案是选项2。

覚えよう！

- □経理：财务会计
- □旅費：旅费，路费
- □明細書：明细单
- □記載する：记载
- □手元：手头
- □折り返し：折回，折返
- □お手数ですが：麻烦您了
- □ちなみに：顺便，顺带

3番　4

N1_3_06

電話でお客様相談室の人と男の人が話しています。男の人はこのあとまず何をしますか。

F：はい、AKモバイルお客様相談室でございます。

M：あのー、そちらで購入した携帯を先日返品したんですけど、返金はいつになりますか。

F：返金が未完了とのことですね。返品のお手続きは、当社のホームページ上でなさいましたか。

M：そうですね。ホームページの「購入商品の返品・キャンセルの受付について」っていうところから手続きしました。

F：さようでございますか。実はホームページ上のお手続きだけでは、返品・キャンセルのお手続きというのは、完了したことにならないんです。後日、担当者からのご連絡にて初めて、返品・キャンセルのお手続きに移行するという形になっております。

M：あ、そういうことですか。

F：はい。二つの場合がございまして、まず、お客様よりいただいた情報のみでお手続きが可能な場合は、後日担当者よりメールでご連絡を差し上げますので、お客様からのご返信をもって、お手続きの完了となります。もう一つの場合ですが、より詳細な情報が必要になってくる場合は、担当者よりお電話を差し上げることになっておりますので、ご対応のほどよろしくお願いいたします。

M：はい、どうもありがとうございました。

F：はい。もしまたご不明な点など出てきましたら、いつでもお電話いただければ幸いです。お客様相談室の加藤が承りました。

M：はい、失礼します。

男の人はこのあとまず何をしますか。

これらの部分から、担当者から連絡が来ることがわかる。メールが来るか電話が来るかの違いだけなので、4が正解。

从这部分可以得知有负责人来联系，区别只在于发邮件还是打电话，所以答案是选项4。

覚えよう!

□モバイル：移动通信
□購入する：购入，购买
□未完了：（完了していないこと）未完成
□当社：（自分の会社）本公司
□さようでございますか：“そうですか”的礼貌说法
□移行する：过渡，转移
□詳細な：详细的
□対応する：应对，应付
□不明な：不清楚的

4番　2

N1_3_07

電話で男の人と女の人が話しています。女の人の会社はこのあとどうしますか。

M：もしもし、いつもお世話になっております。わたくし、株式会社ふじの内藤と申しますが。

F：あ、内藤さん。いつもお世話になっております。高橋です。

M：あ、高橋さん。実はそちらでお使いいただいている当社のコピー機ＬＭ型なんですけれども、今回内部に破損が見つかりまして、まれに発火して火災に至る恐れがあることが判明したんです。

F：え、そうなんですか！

M：まずは弊社でお引き取りをしまして、確認作業をいたします。再納品までの間は代替機をご用意しますので、ご安心ください。

F：はい、わかりました。

M：こちらでお引き取りしたあと、部品を入れ替えまして、組み立て直し、そこからの再納品となりますので、お日にちはおおよそ三日となります。ご迷惑をおかけしてしまい、申し訳ございません。よろしくお願い申し上げます。

女の人の会社はこのあとどうしますか。

「再納品までの間は代替機（＝代わりの機械）をご用意します」と言っているので、２が正解。

男士说“下次交货之前会准备好代替的机器”，所以答案是选项2。

覚えよう!

□当社：（自分の会社）本公司　□破損：破损，损坏

□発火する：着火，起火　　□再納品：再次交货
□判明する：判明，弄清楚　　□代替：（代わり）代替
□引き取る：取回，收回

5番　3

🔊N1_3_08

病院で看護師が話しています。患者はどの順に行きますか。

F：それでは、これから採血となりますね。後ろを見ていただくと受付が見えると思いますが、そちらの受付でこちらのファイルをご提出ください。採血のあとはMRI、レントゲンの順に受けていただきます。MRIの前にロッカールームでお着替えを済ませておいてください。あ、お化粧されていますね。化粧品に金属が含まれていますとやけどの恐れがありますので、MRIの前に落としていただくことになります。洗面所でお化粧を落としてからお着替えをお願いします。先生の診察は、午後は2時開始となっておりますので、それまでにご昼食を済ませて、またこちらに戻ってきてください。

患者はどの順に行きますか。

「～の順に」「～の前に」「～てから」などの順番を表す言葉に注意しよう！

注意“～の順に（以……顺序）”“～の前に（在……之前）”“～てから（……之后）”等表示顺序的词语。

ウ：採血 → イ：洗面所 → ア：ロッカールーム → エ：MRI → オ：レントゲンの順に回る。

按照ウ：采血→イ：洗脸→ア：更衣室→エ：磁共振成像→オ：X线的顺序来。

覚えよう！

□看護師：护士　　□ロッカールーム：更衣室
□採血：抽血　　□洗面所：化妆间，洗手间
□レントゲン：X光

6番　1

N1_3_09

会社で課長と女の人が話しています。女の人はこのあとまず何をしますか。

M：来週の社内研修の担当、佐々木さんだったよね。

F：あ、はい、私です。

M：準備は順調に進んでる？

F：はい。先ほど講師の方から資料が送られてきましたので、それを印刷するのと、あとは当日会場の準備をするだけです。

M：そうか。会場の準備っていってもいろいろあるからね。前日でいいけど、プロジェクターが正常に動くかとか、延長コードは必要かとか、ホワイトボード用のマーカーはちゃんと書けるかとか、そういう細かい所までちゃんとチェックしとくように。

F：はい。前日にでも会場に行って、実際に確認しておきます。

M：あ、そうそう、言い忘れてたけど、アンケートってもう作った？

F：はい、前回のを参考に作っておきました。

M：それってさー、受講者用のアンケートでしょう。今度から講師用のアンケートも作ったほうがいいと思うんだよね。早速ちょっと作って見せてくれるかな？

F：あ、はい、わかりました。

M：あ、あと、講師の先生によっては、受講者の名前がわかるように、座席表があったほうがいいっていう方がいらっしゃるんだけど、今回はどうなんだろう？

F：あ、そうですね。前日にリマインドのメールを送る時に、ついでに聞いておきます。

M：はい、よろしく。

女の人はこのあとまず何をしますか。

話の内容

社内研修は来週。前日にすることは、

社内研修在下周。前一天要做的事：

・会場の準備（プロジェクター、延長コード、マーカーなど備品の確認）

准备会场（确认投影仪、延长电线、记号笔等物品是否准备齐全）

・講師にリマインドのメールを送る

给讲师发送提醒邮件

・講師に座席表が必要かどうか聞く

询问讲师是否需要座位表

「早速ちょっと作って見せてくれるかな」と言っているので、1が正解。

男士说“能不能尽快做出来给我看看”，所以答案是选项1。

覚えよう!

□プロジェクター：投影仪
□ホワイトボード：白板
□マーカー：记号笔
□受講者：听课的人，听众
□リマインド：提醒

問題2

例 2

N1_3_11

女の人と男の人が演劇について話しています。女の人は演劇にとって一番大事なことは何だと言っていますか。

F：ねえ、今話題になっている「六人の物語」っていう演劇、見に行った？

M：行ってないけど、大人気らしいね。

F：私、昨日見に行ったんだけど、想像以上にすばらしかったよ。

M：そうなんだ。原作は確かゲームだったよね。

F：そう。普通、ゲームやアニメが演劇になったとき、道具とかいろいろ使うでしょう、日本刀とか。でも今回は道具がほとんど使われてなかったよ。みんな演技力で勝負してるんだよ。すごいと思わない？ 主役の富田さんもめちゃくちゃかっこう良かったし。

M：へー、君は顔さえよければそれでいいんだろう？

F：違うよ。確かに役者の顔も大事だけど、原作の世界観やキャラクターの性格をありのままに再現できないと演劇とは言えないでしょう。

M：うーん、原作の質がもっとも大切だと僕は思うけどね。演劇のシナリオにも影響するから。

F：そうだけど、演じているのは人だから、役者の演技力こそが演劇の命なんじゃない？

女の人は演劇にとって一番大事なことは何だと言っていますか。

1番　3

N1_3_12

テレビショッピングで女の人が話しています。今回改善された点は何ですか。

F：こちらは弊社が開発した、高品質のスケッチブックです。紙表面の凹凸は自然で程よく、細部まで描き込めるようになっています。紙の密度が高く、表面強度があるため、繰り返し消しゴムを使ったり、重ね塗りしたりしても、紙が剥がれにくいようにできています。色は白みを増すための染料を使用しないナチュラルホワイトを採用しているため、黄ばみにくいのがポイント。濡れている時と乾いた時の色が違ってしまうというお声を多数いただきましたため、今回は吸収性を抑えまして、紙面上に絵の具が発色よく残るよう、にじみ止めの調整を行いました。そのためですね、水彩画特有のぼかしが思うままに描きやすくなったんです。力強く大地を吸い込むような青空や、燃えるような夕焼け、みずみずしい木々の若葉や色鮮やかな紅の紅葉。そんな風景画を描きたい方におすすめです。

今回改善された点は何ですか。

「今回改善された点」を聞いているので、「今回」以降を注意して聞くこと！

因为问题是“此次改善了哪一点”，所以要注意听清楚“今回（这次）”这个词之后的内容。

この部分から、「にじみ止めの調整を行った（＝にじみにくくした）」と言っているので、3が正解。

从这部分可知“调整了渗色的程度（不容易渗色了）”，所以答案是选项 3。

覚えよう！

- □高品質：高品质
- □スケッチブック：素描本
- □凹凸：凹凸
- □程よい：正好，适当
- □細部：细节，细微部分
- □密度：密度
- □強度：强度
- □剥がれる：剥落，脱落
- □染料：染料
- □黄ばむ：泛黄，发黄
- □ポイント：要点
- □多数：（数が多いこと）数量多
- □抑える：抑制，控制
- □紙面：纸面
- □発色：显色
- □にじみ止め：防止渗色
- □水彩画：水彩画
- □特有：特有，独有
- □ぼかし：模糊感，朦胧感
- □みずみずしい：水灵的，娇嫩的
- □若葉：嫩叶
- □色鮮やかな：色彩鲜明的
- □紅：红，鲜红

2番　2

🔊 N1_3_13

セミナーで講師が話しています。この本の一番いい点は何だと言っていますか。

M：この本は、若い人にもおすすめしたい、人生の指針になる名著です。私はここ数年、いかにチームを円滑に動かすかを考えて日々の仕事に取り組んでいるのですが、この本には人間関係の原則が書かれていて、非常に勉強になります。特に難しいことは書かれていません。例えば、人に好かれるために必要なのは、人の名前を覚えること、常に笑顔でいること、まず相手を好きになること。このようなことは、小学生でも気づく内容かもしれません。でも、実際に皆さん、それが実行できているかと言われると、難しいんじゃないでしょうか。この本は、このように行動すべきだというノウハウが提示されたあとに、具体例が多く続くので、説得力があります。これはこの本の一番いいところです。そして、この本を読んで、私はなぜかモテるようになりました。皆さん、ぜひ読んでみてください。

この本の一番いい点は何だと言っていますか。

「これはこの本の一番いいところです」の「これ」は前に述べていることを指しているので、2「具体的な例が多いこと」が正解。

“这是这本书最精彩的描述”，其中的“这”指的是它前面叙述的内容，所以选项 2“有很多具体的例子”是正确答案。

覚えよう！

□指針：指针，指南
□名著：名著
□円滑に：圆滑，顺利，协调
□日々：每天
□原則：原则
□ノウハウ：技术知识，技巧
□提示する：提出，出示
□説得力がある：具有说服力
□モテる：受欢迎

3番　1

N1_3_14

テレビでレポーターがタクシードライバーの男の人にインタビューしています。今後の課題は何ですか。

F：最近、地方において、交差点のラウンドアバウト化が進んできています。信号の代わりに、交差点の中心に中央島というスペースを作って、その周りを車が時計回りで通行するというものです。タクシーのドライバーの方にご意見を伺ってみましょう。ラウンドアバウトが導入されたことで、どのような変化が生まれましたか。

M：そうですねえ。最初は信号がなくなって事故が起きるんじゃないかと心配したんですが、ドライバー同士の譲り合いがあるので、案外安全に通行できていますね。直進の場合でも一旦時計回りに回らないといけないっていうのが面倒かと思っていたんですが、その点も今は気になりませんね。

F：そうですか。どうもありがとうございます。

・・・

F：ドライバーの方たちには好評のようですが、実は弊害も起きています。長野県の調査では、視覚障害者の方から、車が接近してくる方向がわかりにくいというご意見があったそうです。横断歩道の前後を走行音が出やすい舗装にするなど、対策が必要になってくると言えるでしょう。

今後の課題は何ですか。

「課題が何か」を聞いている。「実は」は問題点を述べるときの前置きとしてよく使われる。「弊害も起きている」「対策が必要になってくる」などの言葉の前後も注意して聞くこと。これらの部分から1が正解。

问题是“课题是什么”。“実は（其实）”经常在叙述问题点的前面使用。要注意听清“也出现了弊害”“需要对策”等语句的前后部分。从这部分可知答案是选项1。

覚えよう!

- □レポーター：记者
- □ドライバー：驾驶员
- □導入する：导入，引进
- □譲り合い：互相避让
- □直進：直行
- □好評：好评，称赞
- □弊害：弊害，弊病
- □視覚障害者：视力障碍者
- □走行音：（自動車や電車などが走行中に出す音）汽车或电车等行驶中发出的声音
- □舗装：铺装，铺路

4番　3

🔊N1_3_15

テレビでレポーターが店長の男の人にインタビューしています。このレストランの回転率が上がった一番の理由は何ですか。

F：私は今話題のこの、ステーキレストランに来ています。オープンしてまだ1年しか経っていないということですが、今ではこの街で知らない人はいないというほどの繁盛店になっています。売り上げはなんと月800万円だそうですが、一体どうやって売り上げを伸ばしているのでしょうか。店長にお話を伺ってみましょう。

M：それはもう、回転率を上げることですね。お客さんがどんどん入れ替われば、お店の利益も上がりますから。

F：確かにそうなんですが、そこが難しいところじゃないでしょうか。具体的にどうやって回転率を上げられたんですか。

M：まずはステーキを全部切ってからお出しするように変えました。

F：確かに、フォークとナイフで切るよりも、お箸で食べたほうがガツガツ一気に食べられますね。

M：はい。それから、何といってもこの作戦の影響が大きいと思うんですけど、相席をしてくれたら特典を付けるようにしたんです。

F：といいますと？

M：もともと座っていた方にもあとから座った方にもドリンクを1杯プレゼントすることにしたんです。そうしたら、相席を望むお客さんも増えて、回転率も良くなりました。

F：なるほど。ためになるお話、どうもありがとうございました。

このレストランの回転率が上がった一番の理由は何ですか。

「何といってもこの作戦の影響が大きい」と言っている。「この作戦」とはその後に述べていることなので、3「相席（＝知らない人と同じ席につくこと）してくれた人に飲み物（＝ドリンク）をサービスするようにしたから」が正解。

男士说“不论怎么说这个策略的影响都很大”。“この作戦（这个策略）”指的是后面叙述的内容，所以选项3“因为给拼桌的人送了免费饮品”是正确答案。

覚えよう！

- □レポーター：记者
- □回転率：（一つの席を一日に何人の客が利用したか）餐位周转率
- □オープンする：开张，开业
- □繁盛：繁荣，兴盛
- □入れ替わる：交替，更换

□ガツガツ食べる：大口吃，狼吞虎咽
□一気に：一口气，不停地
□作戦：作战，策略
□相席：拼桌
□特典：优惠
□もともと：（初めから）原来，本来

5番　2　　N1_3_16

家で夫と妻が話しています。夫が登録できなかったのはどうしてですか。

M：このサイト、何回やっても登録できないんだけど、なんでだと思う？

F：なになに？ ただ基本情報入れればいいんでしょう？ 簡単だよ。

M：それがさ、全部入力して決定のところ押しても何回も同じページに戻っちゃうんだ。

F：あ、もしかして、電話番号のハイフン入れた？

M：うん、ちゃんと入れたよ。

F：それが余分なんじゃない？

M：え？ だってこの例のところもそう書いてあるよ。

F：じゃあ、違うか。あと考えられるのは、パスワードのところかな。数字が入ってないとか、電話番号と同じになってるとか。

M：あ、それだ！ ほら見て、注意のところ。大文字、小文字、数字、記号を３種類以上含めてくださいって書いてある。大文字と小文字しか入れてなかったよ。

F：それだね、原因は。

夫が登録できなかったのはどうしてですか。

登録できなかった原因を聞いている。「それだね、原因は」と言っているので、その前の部分から２が正解。

问题是（丈夫）无法注册的原因。因为丈夫说了“原因是这个”，所以从这句话的前面部分可以得知答案是选项2。

覚えよう！

□登録する：注册，登记
□ハイフン：连字符
□大文字：大写字母
□小文字：小写字母

6番　3

N1_3_17

テレビでレポーターが男の人にインタビューしています。男の人がこの会社に入った一番の理由は何ですか。

F：今日はゲームアプリで有名なこちらの会社で役員をされています、山本さんにお話を伺います。山本さんは、もともとは別の会社にいらっしゃったんですよね。

M：そうですね。大学を卒業して、まず銀行に入りました。ですが、激務によりすぐに体調を崩しまして、一旦実家に帰ったんです。

F：そうですか。

M：それで、療養中に軽い気持ちで専門学校のWebディレクターコースに通い始めました。そうしたら、はまってしまいまして、修了後はインターネット関連会社に就職しました。

F：なるほど。それでしばらくしてからこちらの会社に転職されたんですね。

M：はい。当時は15人ぐらいの小さな会社で、給料は安いし、本当に転職していいのかなって思いました。でも、逆に自分から進んですればいろんな仕事ができるチャンスがあるのではという可能性を感じましたね。それと、何といっても社長の心意気に心打たれたんです。当時のネット業界はどのぐらい儲かるかっていう話ばかりだったんですが、社長はテクノロジーを使って世の中をいかに変えるのか、そこに熱意を持って取り組まれていた、唯一の人だったんですね。それで、もし社長のおっしゃるような方向に世界が進んでいくとしたら、私も社長を支えながら、そこで一緒にがんばりたいと思ったんです。

男の人がこの会社に入った一番の理由は何ですか。

「一番の理由」を聞いている。「何といっても」は他と比べて特に強調する時に使う表現なので、そのあとを注意して聞くこと！

问题是"最大的原因"。"不管怎样"是在和其他做比较特别强调时使用的表达，所以要注意听它之后的内容。

この部分から3が正解。

从这部分可知答案是选项3。

覚えよう！

□レポーター：记者　　□役員：负责人，干部

□アプリ：应用，APP

□もともとは：（最初は／以前は）原来，本来，以前
□激務：繁重的职务
□体調を崩す：搞垮身体
□実家：（自分の親がいる家）老家，父母家
□療養：疗养
□Webディレクター：网络项目经理
□はまる：着迷，沉迷
□転職する：改行，换工作
□心意気：气魄，气派
□ネット業界：网络行业，IT业界
□テクノロジー：技术，科技
□熱意：热情

7番　4

N1_3_18

テレビでコメンテーターが話しています。今後の課題は何だと言っていますか。

M：今回のガーナ戦、2対2で引き分けでしたけれども、キャプテンの山田選手は試合を通してよくチームをまとめていたと思いますし、前回のオーストラリア戦は4対0で敗れてますから、ちゃんと修正できていて、これまでの試合内容とは全然違うものになっていたと思います。今後の課題としてはですね、3点目を取りに行けるシチュエーションもあったんですけどね。そこは特に若い選手が力不足だったと思うので、彼らが終盤になってもプレーの質が落ちないようにするっていうのが大事になってくると思います。ま、若手の選手に成長してもらうっていっても、そんな二日、三日で変われるようなものではないんですけれども、この2試合は意識面においてね、彼らにとって本当に貴重な経験になったのではないかと思います。次回のブラジル戦、これは本当にきつい戦いになると思いますし、間違いなく一番大事な試合になるので、あとはしっかり準備してもらうだけですね。

今後の課題は何だと言っていますか。

「今後の課題としてはですね」と言っているので、そのあとを注意して聞くこと！

因为解说员说了"（把这点）作为今后的课题"，所以要注意听清后面的内容。

この部分から4が正解。

从这部分可知答案是选项4。

覚えよう！

□コメンテーター：解说员，评论家
□課題：课题
□前回：上次，上回
□シチュエーション：场面，局面
□終盤：终局，最后阶段
□若手：年轻人
□次回：下次，下回

問題3

例　4

N1_3_20

テレビで専門家が話しています。

M：今回の新型肺炎は感染が拡大しつつあり、死亡者も出始めています。世界中の医療機関が特効薬やワクチンの開発に取り組んではいますが、残念ながら、今のところ成功の目処が立っていません。ですので、感染を最大限に予防しないといけないのです。マスクをして頻繁に手を洗うことで、ある程度予防はできますが、人から人への感染が見られるため、他人との接触を避けるのが得策でしょう。かといって、在宅勤務に切り替えている企業はごく一部しかありません。命に関わる一大事なので、ビジネスより人命を優先するべきではないでしょうか。リーダーとしての器は、こういう時にこそ見えてくるものです。

専門家が言いたいことは何ですか。

1　薬やワクチンを開発するべきだ

2　医療機関をもっと増やすべきだ

3　新型肺炎の予防方法を身につけるべきだ

4　ビジネスを優先する考え方を正すべきだ

1番　1

🔊N1_3_21

テレビで男の人が話しています。

M：最近歯のホワイトニングが話題になっていますよね。今日ご紹介するのは、歯に酸化チタンという物質をかけてから、LEDの光を当てることによって化学反応を起こして白くするという、新しいホワイトニングです。LEDの強い光によって、なんと、汚れが浮き出すんです。従来のホワイトニングですと、歯に特殊な薬剤を染み込ませて、歯の黄ばみを中から漂白するんですが、歯の表面にエナメル質という硬い部分がありますよね。このエナメル質を通り抜ける薬剤を使っていたので、その分、痛みや刺激があったんです。一方、新しいホワイトニングは全く違います。エナメル質の表面だけに貼り付いて汚れを落とすタイプになってますので、全くしみることも痛みもありません。10分だけでも明らかに白くなりますよ。

男の人は何について話していますか。

1　新しいホワイトニングと従来のホワイトニングとの違い

2　新しいホワイトニングの手順

3　新しいホワイトニングの利点と欠点

4　酸化チタンとエナメル質の関係

「今日ご紹介するのは、～新しいホワイトニングです」「従来のホワイトニングですと、～」「一方、新しいホワイトニングは～」と、二つを比べているので、1が正解。

今天要介绍的是……新的美白技术”“如果是传统的美白方法……”“此外，新的美白方法……”，男士将两种（美白方法）做了对比，所以答案是选项1。

覚えよう！

- □ホワイトニング：（歯を白くすること）（牙齿）美白
- □化学反応：化学反应
- □浮き出す：浮出，浮现
- □従来：从前，以前
- □薬剤：药剂
- □染み込む：渗入，渗透
- □黄ばみ：泛黄
- □漂白する：漂白
- □通り抜ける：穿过，穿透
- □（歯が）しみる：（牙齿）刺痛
- □通常：通常，一般
- □手順：顺序，步骤
- □利点：优点，长处

2番　2

N1_3_22

大学の講義で教授が話しています。

M：皆さん、最近売れていると話題のこのコーヒー、ご存知ですね。では、どうしてこんなに売れているんでしょうか。実は、その秘密はマーケティングにあるんです。現代はマーケティングなしではビジネスが成立し得ない。マーケティングというものが非常に重要な時代となっています。本講義では、マーケティングとは一体何なのかという基本概念を理解するとともに、日常生活で皆さんが接しているであろう商品やサービスなどの具体的な事例を通して、なぜこの商品・サービスはヒットしたのか、逆になぜこの商品は短命に終わったのかといった身近な問題について、マーケティングを切り口にして解き明かしていきます。みなさんにはマーケティングに関する知識を身に付けていただくとともに、マーケティング的な発想をいかに活用していくのか、そういった応用力も高めていただきたいなと思っています。

この講義は何についての講義ですか。

1　ヒットしたコーヒーの販売戦略

2　マーケティングの基礎と具体的な事例

3　マーケティング活動への関与の仕方

4　マーケティング的発想の身に付け方

「本講義では～」と講義の内容を説明している。この部分から2が正解。

“本讲义中……”这段话是在说明讲义的内容。从这部分可知答案是选项2。

覚えよう!

□マーケティング：市场营销
□基本概念：基本概念
□接する：接触
□事例：事例
□短命：短命
□切り口：切入点，视角
□解き明かす：解明，讲明
□販売戦略：营销策略

3番　4

N1_3_23

テレビで女の人が話しています。

F：毎日料理していると、効率よくしようとか早く済ませようとか思って、ついつい強火で料理しちゃいますよね。でも実は、ほとんどのフライパンが中火以下での使用をおすすめしているんです。いいですか、皆さん。強火はフライパンをだめにします。これ、基本です。レシピ本なんか見てみてください。中火で加熱、弱火でコトコト、とろ火で20分などなど。ほとんどの料理で中火以下って記載されています。料理する際の火加減は基本、中火なんです。強火で焦げ付くのは当たり前！さらに、焦げ付きに拍車をかけるのが、油の量。皆さん、どうしても油の量って気になりますよね。太りたくないとか、健康に悪いとか思って、多く入れ過ぎないようにしてませんか。でも油って意外と重要で、油の量が少ないと、材料がフライパンにくっついて、そこから焦げ付きやすくなっちゃうんです。

女の人は何について話していますか。

1　効率的な料理の仕方
2　火加減と油の量の関係
3　油の量と健康の関係
4　フライパンの劣化の原因

全体を通して「フライパン」の話をしている。「強火はフライパンをだめにする」「油の量が少ないと焦げ付きやすくなる」と言っているので、4「フライパンの劣化（＝悪くなること）の原因」について話していることがわかる。

通篇讲的都是“平底锅”。从“大火会毁掉平底锅”“油少的话容易烧焦”可以得知，选项 4“平底锅老化（变得不好用）的原因”是主要话题。

覚えよう!

□効率：效率
□ついつい：不知不觉
□強火：大火
□中火：中火
□弱火：小火
□コトコト（煮る）：咕嘟咕嘟（炖煮）
□とろ火：文火
□記載する：记载
□火加減：火候
□焦げ付く：焦，糊
□～に拍車をかける：加速……，推动……
□意外と：意外地，出乎意料地
□効率的な：有效率的，高效的
□劣化：退化，老化

4番　1

🔈 N1_3_24

大学の授業で先生が話しています。

M：最近、他の人が発表しているときに、きちんと聞かないでスマホで遊んでいたり寝ていたりする人がいます。自分の番が終わったら関係ない、そう思っている人がいるのかもしれません。でも、考えてみてください。皆さんはそういう時間にも、貴重なお金と時間を費やしているんですよ。じゃあ、どうすれば他の人の発表を興味深く聞けるのか。私がおすすめしたいのは、聞きながら考えること。今晩のおかずは何かな、そんなことを考えるんじゃありませんよ。私や他の人たちがあとでどんなコメントをするのか、それを予想しながら聞くんです。この人なら、この発表をどう整理して、どこに問題点を見い出して、それをどんな言葉で発表者に伝えるのだろうか。そういうのを真剣に考えることが、勉強になるんです。いいですか。この教室には、２種類の学生がいます。他の人の発表のときに、ぼけっと何も考えていない学生と、発表についてしっかり考えている学生。皆さんはどちらになりたいですか。こういうちょっとした違いが、将来に大きく影響してくるんですよ。

先生は何について話していますか。

1　理想的な発表の聞き方

2　発表を聞かない学生への注意の仕方

3　発表者に対するコメントの仕方

4　将来成功する学生の特徴

「どうすれば他の人の発表を興味深く聞けるのか」と問題を投げかけて、そのあと、人の発表の聞き方について話しているので、1が正解。

老师首先提出“如何才能饶有兴趣地听别人的演讲”这一问题，之后讲了倾听他人演讲的方法，所以答案是选项 1。

覚えよう！

□費やす：耗费

□予想する：预想

□見い出す：发现，找出

□ぼけっと：发呆

5番　4

N1_3_25

授賞式で受賞者が話しています。

M：えー、この度はこのような名誉ある賞をいただき、心より感謝しております。このゲームを開発したきっかけですけれども、近年、インターネットの普及によって、人と人が直接顔を合わせる機会が減っている。そんな中で、友達や家族が年代を問わず集まって笑顔になれる場を作りたい、という思いがまずありました。それで選んだのが言葉という題材です。言葉というのは、個人差、年齢差はあれ、普遍的なツールです。これを題材にしたことで、老若男女に楽しんでいただけるゲームになったのではないかと思っています。例えば、「おばあちゃん、ステテコって何？」「そうか、ステテコも知らないんだね。ステテコっていうのはね」。こんな風に、おばあちゃんと遊びながらいろんな言葉を自然に教えてもらうという場面が出てくるかもしれません。お互いに顔を合わせて会話する、みんなで遊んで笑顔になるというのは、コミュニケーションの原点です。このゲームは、一般的なボードゲームという枠を超えて、人と人とをつなぐツールになってくれるのではないかと、私は期待しております。

受賞者は何について話していますか。

1　言葉遊びのおもしろさ

2　開発したゲームのやり方

3　開発したゲームに込めた祖母との思い出

4　ゲームを開発した理由

「このゲームを開発したきっかけですけれども」と話し始めているので、4が正解。

男士是从“开发这个游戏的契机”开始讲起的，所以答案是选项4。

※「ステテコ」とは、パンツの上、ズボンの下にはく下着。主に年配の男性がはく。

※“ステテコ(短衬裤)”是穿在内裤外面、长裤里面的下装。多见于年长男性穿着。

覚えよう！

- □授賞式：颁奖仪式
- □受賞者：获奖者
- □名誉：名誉，荣誉
- □近年：近几年
- □題材：题材
- □普遍的な：普遍的
- □ツール：工具，手段
- □老若男女：男女老少
- □原点：根源，出发点
- □ボードゲーム：棋类游戏（国际象棋、西洋跳棋等）
- □枠を超える：超出范围

6番　2

🔊 N1_3_26

セミナーで女の人が話しています。

F：近年、日本の企業において、5年以内に離職する外国人社員が非常に多くなっています。外国人社員の定着を阻む要因というのは一体何なのでしょうか。今回、インタビュー調査によって明らかになったのは、企業側の根本的な問題です。企業としては、人材不足を補うために外国人社員を積極的に採用しています。しかしですね、各部署で、つまり一つひとつの現場で、上司や周りの人たちは、外国人社員がなぜ必要なのか、彼らにどんな仕事をしてもらいたいのか、全然わかっていない。なぜなら、企業がこれに関して統一の見解を持っていないので、現場に何も伝えていないからです。それじゃあ、外国人社員は能力を発揮しきれないですよね。ですから、離職する外国人社員を責めないでいただきたい。これは企業側の問題、責任なんです。

女の人は何について話していますか。

1　仕事を辞める外国人社員の特徴

2　日本の企業に潜む問題

3　人材不足の深刻さ

4　外国人社員を生かす職場のあり方

「外国人社員の定着を阻む要因というのは一体何なのでしょうか」と問題を投げかけ、それに対し、「企業側の根本的な問題が明らかになった」と言っているので、2が正解。

女士首先提出“阻碍外国人员工稳定下来的原因究竟是什么”这一问题，之后说明是“企业方面的原因”，因此答案是选项 2。

覚えよう!

□セミナー：研讨会
□近年：近几年
□離職する：离职
□阻む：阻碍
□要因：主要原因
□根本的な：根本的
□人材不足：人才不足
□採用する：录用
□潜む：潜藏，隐藏
□生かす：活用，有效利用
□あり方：应有的状态，理想的状态

問題4

例　1

N1_3_28

M：先月出した企画だけど、通ったかどうか結局わからずじまいだよ。

F：1　結果くらいは教えてほしいものだね。

2　企画を出すべきだったよね。

3　結局通らなかったんだよね。

1番　1

N1_3_29

F：佐藤さん、さっき早退してたけど、もしかして仮病だったりして。

M：1　うん、さっきまでピンピンしてたよね。

2　そうそう、病気のはずだよね。

3　あ、体壊しちゃったんだ。

针对女士“难道是装病”的疑问，男士给出了“刚才还生龙活虎呢”的回应。

覚えよう!

□仮病：装病
□ピンピンする：活蹦乱跳，精神抖擞

2番　3

N1_3_30

M：こちら、プラス100円でスープかサラダをお付けすることも可能ですが。

F：1　じゃあ、スープを承ります。

2　じゃあ、スープをお付けします。

3　じゃあ、スープをいただこうかな。

针对店员说的“可以选择附送的汤或者沙拉”，女士给出了“要汤”的回答。

1 承る：“受ける・聞く”的谦让语
2 お付けする：“付ける”的谦让语
选项1、2的用词适合店员。

3番　2

N1_3_31

M：ごめん。明日の約束、プレゼンの準備でそれどころじゃないんだけど。

F：1　うーん、あんまりピンと来ないなあ。

2　そっか、じゃあまた今度にしよっか。

3　え、明日はプレゼンじゃないよ。

“そのどころじゃない”的意思是“不是做那件事的时候”。男士要准备演讲，希望取消明天的约定，所以答案是选项2。

覚えよう!

□プレゼン：(プレゼンテーション) 发表，演讲
□ピンと来ない：没有头绪，难懂

4番　1

🔊 N1_3_32

M：水野さん、入社して半年で昇進なんて、おちおちしてらんないね。

F：1　先越されないようにがんばらないとですね。

2　私たちは落ちるわけないですよ。

3　気が置けないですね。

针对男士说的“おちおちしてらんない（安不下心来）”，女士回答说“必须努力，不能被别人超越了”。

覚えよう!

□昇進：升任，升职
□おちおちしてらんない：（おちおちしていられない）安不下心来
□先を越す：（人より先に物事をしてしまう）超前，赶上
□気が置けない：（気を使うことなく気楽に付き合える）可以推心置腹

5番　2

🔊 N1_3_33

F：お昼、なんか食べたいものある？

M：1　えっ、僕に作れってこと？

2　うーん、これといってないかな。

3　あ、冷蔵庫に入れといて。

女士在问“有想吃的东西吗”，选项2“これといってない（没什么特别想吃的）”是男生的回答。

覚えよう!

□これといってない：（特にない）没有什么特别（想吃）的

6番　1

🔊 N1_3_34

F：まさか、田中さんが退職するなんてことないよねえ。

M：1　うーん、辞めないとも言い切れないね。

2　え、辞める必要ないんですか。

3　え、辞めちゃったんでしたっけ。

女士说“（田中）不会想辞职吧”，男士回答“他也没说一定不会辞职”，也就是说“有辞职的可能性”。

覚えよう!

□退職する：退职，辞职
□言い切る：断言

7番　1

🔊 N3_3_35

M：まったく、あの客、うるさいったらないな。

F：1　せっかくのディナーが台無しだよね。

2　うん、この際きっぱりやめてほしいよね。

3　店員さんに注意してもらってよかったね。

男士抱怨那个客人“うるさいったらない（吵个不停）”，女士回应“ディナーが台無しだ（晚餐浪费了）”。

选项2，“希望在这种情况下能停下来”的意思是“希望能果断停止一直以来的习惯动作”，所以不正确。

覚えよう!

□台無し：糟蹋，白费
□この際：（このような時だから）在这种情况下，趁此机会

8番　2　　N1_3_36

M：突然で恐縮ですが、アンケート調査にご協力いただけませんか。
F：1　申し訳ないのですが、お願いします。
　　2　私そういうのしない主義なので。
　　3　すみませんが、いただくのはちょっと…。

因为女士被问道“能不能配合填写问卷调查”，所以她用“そういうのをしない主義（我的原则是不做这种事）”进行回绝。

覚えよう!

□恐縮ですが：（申し訳ないのですが）不好意思
□主義：主义

9番　2　　N1_3_37

M：これはちょっと子供には読ませらんないよ。
F：1　時間がある時に読むね。
　　2　そんなに過激だったかなあ。
　　3　やればできるって。

男士说“読ませらんない（不能让孩子阅读）”，女士问“有这么过激吗？”。

覚えよう!

□過激：过激

10番　1　　N1_3_38

M：あ！今日中に郵便局行かなきゃいけないんだった。
F：1　今から送っていこうか？
　　2　ちょっと思い出したよ。
　　3　最近なぜか忘れっぽくてさ。

男士说“今天必须去一趟邮局”，是因为他想起了一件事，所以女人回答“现在我送你去吧”。

11番　2　　N1_3_39

F：席が空き次第お呼びしますので、こちらの席でお待ちください。
M：1　あ、お手洗いはこちらですよ。
　　2　もう連れが中にいますけど。
　　3　あ、もう空きましたか。

因为女士说“一有空位我马上来叫您”，意思是现在没有空位。对此，男士回答“我的同伴在里面”。

覚えよう!

□連れ：同伴，伙伴

12番　1

N1_3_40

M：お手数ですが、こちらのショールームまで足をお運びいただけないでしょうか。

F：1　そうですね、行って直接見たほうがいいですよね。

　　2　うーん、ちょっと手が足りないかもしれませんね。

　　3　うーん、伺えばよかったんですけどね。

针对男士“能否请您来展览室一趟”的请求，女士回答“还是直接去看看比较好”。

“手が足りない（人手不足）”是指“太忙了，希望有更多人来帮忙”。

覚えよう！

□お手数ですが：麻烦您了
□ショールーム：商品展览室
□足を運ぶ：前往
□手が足りない：人手不足

13番　1

N1_3_41

F：リーダーに指名されなくてよかったね。

M：1　うん、ひやひやしたよ。

　　2　うん、ちやほやしたよ。

　　3　うん、もやもやしたよ。

女士说“还好没被点名”，男士回答“嗯（我刚才提心吊胆的）”，“ひやひやした（提心吊胆）”在这里是“担心会被点名”的意思，所以选项 1 是正确答案。

覚えよう！

□リーダー：领导者，干部
□指名する：指名，指定
□ひやひやする：担心，提心吊胆
□ちやほやする：娇惯，溺爱
□もやもやする：郁闷，烦躁

14番　3

N1_3_42

M：大変申し訳ございませんが、当店は全席予約制となっておりまして。

F：1　あら、キャンセルできないんですね。

　　2　すみません、ご存知ありませんでしたか。

　　3　あれ？ 予約したはずですけど。

店员（男士）想拒绝女士，说“本店所有座位都需要预约”，客人（女士）回答“我应该已经预约过了”。

覚えよう！

□当店：（この店・私たちの店）本店
□全席予約制：全部预约制
□キャンセルする：取消

問題5

1番　1

N1_3_44

家で妻と夫が話しています。

F：相撲見に行くのなんて初めて。楽しみだなあ。どこの席予約しようか。

M：土俵から一番近いのはS席、その次がA席で、あとは1階の隅っこのB席、一番安いのが2階席か。

F：あ、S席とA席は記念座布団付きだって。座布団、ほしいなあ。それに、せっかくなら近くで見たいから、S席かA席がいいと思う。

M：確かに近いけど、高いよ。それに、平らだから逆に前の人の頭で見えないんじゃないか？ 2階席だったら階段状の席だから見やすいと思うけど？

F：うーん、2階は遠すぎるんじゃない？ あ、S席とA席ってずっと地べたなんだ。長時間だとちょっときついよね。B席は椅子だから、確かに楽かもね。

M：記念座布団がほしかったら、あとからネットで買えるよ。

F：それもそうだね。あれ、この案内図見て！ やっぱりB席も結構離れてるわよ。

M：あ、本当だ。じゃあ、座椅子持っていって、一番いいところで見るか。

F：うん。めったにないチャンスだから、奮発しよう。

二人はどこの席を予約しますか。

1　S席

2　A席

3　B席

4　2階席

話の内容

相撲を見る席の話をしている。

（男士和女士）在讨论相扑比赛的观看席。

S席：土俵から一番近くて、高い

S座位：离相扑台最近，价格贵

A席：S席の次に土俵に近くて、高い

A座位：到相扑台的距离仅次于S座位，价格贵

B席：1階の隅っこだが、椅子だから楽

B座位：虽然在一楼的角落，但有椅子，舒服轻松

2階席：土俵から遠いが、一番安い

二楼座位：虽然离相扑台远，但价格最便宜

「一番いいところで見るか」「奮発しよう（＝思い切ってお金を出そう）」と言っているので、1が正解。

男士说“在最好的位置看吧”，女士又说“爽快出钱吧”，由此得知答案是选项1。

覚えよう!

□土俵：相扑场地
□隅っこ：角落，边上
□地べた：地面
□座椅子：无腿靠椅
□奮発する：豁出钱去

2番 3

N1_3_45

家で父、母、娘の三人が話しています。

M ：あ、市立博物館のお知らせだ。

F1：博物館なんてもう1年ぐらい行ってないわねえ。たーちゃん、久しぶりに博物館に行こうか。

F2：うん、行きたい!

M ：今月の催し物、いっぱいあるみたいだぞ。どれどれ? 毎週日曜日は「火山灰を顕微鏡で見てみよう」か。日本各地の火山灰に含まれる鉱物を顕微鏡で観察するんだって。

F2：火山灰?

F1：うん。顕微鏡使って、小さい粒がいろいろ見られるのよ。他には?

M ：20日水曜日は「部分日食を観察しよう」。この日は、日本全国で部分日食を観察することができる特別な日なんだって。

F2：部分日食って?

F1：いつもとは違う、ちょっと欠けてる太陽が見られるのよ。

F2：見たい見たい!

F1：見たいけど、今月は平日にいっぱいシフト入れちゃったのよね。あとでスケジュール確認しないと。あとは?

M ：22日金曜日は講演会があるみたい。「300万年前、この街は海だった」っていうタイトルで、300万年前の駅周辺の地質や地形についてのお話があるんだって。

博物館の今月の催し物は

本月的博物馆活动

1「火山灰を顕微鏡で見てみよう」：毎週日曜日

“用显微镜观察火山灰”：每周日

2「部分日食を観察しよう」：20日水曜日

“观察日偏食”：20日（星期三）

3 講演会「300万年前、この街は海だった」：22日金曜日午後2時～4時

演讲《300 万年前，这片街道曾是海洋》：22 日下午 2 点到 4 点（星期五）

子供にもわかりやすく説明

为孩子们进行简单易懂的讲解

4 学習資料展：毎日午前9時30分～午後5時

学习资料展览：每天上午 9 点 30 分到下午 5 点

F2：え、この街、海だったんだ。

M ：お子様にもわかりやすくご説明しますって書いてあるからいいんじゃないかな。午後２時から４時までで、定員は100名だって。あとは、子供たちに昔のくらしを知ってもらう、毎年恒例の「学習資料展」があるって。今回は1964年の東京オリンピックのころに使われていた生活道具を紹介するんだって。毎日午前９時30分から午後５時までか。

F1：へえ、おもしろそうね。

M ：チャレンジ体験コーナーもあって、昔の遊び体験として、割り箸鉄砲やヨーヨー、けん玉も体験できるって。

F2：わー！ ヨーヨーやりたい。

F1：ヨーヨーはおばあちゃんの家でできるでしょう。どれもおもしろそうだけど、仕事の日にち次第かな。あ、そうだ、来週は金曜日、半日で仕事終わるんだった。あなたは金曜日休めそう？

M ：うーん、休むのは難しいかな。二人で行ってきなよ。

F1：そう。じゃあ、これ二人で行ってくるね。ちょっと難しそうだけど、子供向けみたいだし。

母と娘は何の催し物に行きますか。

1　火山灰の観察

2　部分日食の観察

3　講演会

4　学習資料展

「来週金曜は半日で仕事が終わる」「二人で行ってくるね。子供向けみたいだし」と言っているので、３が正解。

因为女士说“下周五只上半天班”“（我和女儿）两个人去吧，好像也适合孩子”，所以答案是选项 3。

覚えよう!

□催し物：（イベント）文娱活动

□どれどれ：（動作を始めようとするときに使う表現）嗯，啊，喂（当要开始某动作时的表达）

□火山灰：火山灰

□顕微鏡：显微镜

□鉱物：矿物

□シフトを入れる：(仕事を入れる)
排班，轮班

□タイトル：题目，标题

□地質：地质

□地形：地形

□恒例：惯例

□体験：体验

□半日：半天

3番　質問1　3　質問2　1　　N1_3_47

お店で店員が話しています。

F1：当店おすすめの枕はこちらの4点になります。まず一番人気なのがこの「パイプ枕」です。このように左右が高く、真ん中が低くなっておりますので、どんな態勢でも気持ちよく寝られます。フィット感も抜群で、寝返りをよく打つ方でも安心してお使いいただけます。程よい柔らかさで頭を包み込んでくれる感じですね。次に、最近人気が出てきているのがこの「ふわふわ枕」。触ってみてください。このふわふわ具合、すごいでしょう。すぐにもとの形に戻るので、ホテルの枕のようなふわふわ感を毎日味わえるんです。さらに、なんとこの枕、ご自宅で洗えちゃうんです。枕って意外に汚れるんですよね。洗えるっていうのはポイント高いんじゃないでしょうか。それから、一番新しいのがこの「キューブ枕」です。こちらは80個の格子状のキューブが沈んだり戻ったりするので、枕のどの場所に頭を置いても同じ寝心地になるんです。やや硬めなので、首元がしっかり固定されます。あとはこちらの定番の商品ですね。この「もちもち枕」は、耐久性が群を抜いて高いので、どんなに重い頭をのせても必ずもとの形に戻ります。さらに、触り心地も非常に滑らかになっています。どうぞ触ってみてください。

F2：わ、本当に滑らか！気持ちいい！

M：やわらかい枕って確かに気持ちいいけど、俺、肩凝っちゃうんだよね。

F2：そしたら硬いの？硬いのって…、あ、この新しいやつか。どれどれ？へえ、結構硬いね。

枕を選んでいる。

两人正在选枕头。

1　パイプ枕：一番人気、フィット感が抜群、寝返りをよく打つ人も安心して使える、程よい柔らかさ

按摩枕：最有人气，服帖感出众，即使是经常翻身的人也能放心使用，柔软程度适中

2　ふわふわ枕：最近人気、すぐにもとの形に戻る、自宅で洗える

软绵枕：最近很受欢迎，可以立刻回弹到原来的形状，自己在家也能清洗

3　キューブ枕：一番新しい、やや硬め

方块枕：最新款，稍硬

4　もちもち枕：定番の商品、耐久性が高い、触り心地が滑らか

软糯枕：经典款，经久耐用，手感顺滑

男の人は「新しいやつ」で「程よい（＝ちょうどよい）硬さのこれに決めた」と言っているので、3「キューブ枕」が正解。

男士要从新的枕头里面选硬度合适的，所以选项3“方块枕”是正确答案。

M：うん、ちょうどいい硬さ。でも今の枕カビちゃったから、洗える枕ってのも捨てがたいな。

F2：あれは、たまには干せって言ったのに干さなかったからでしょう！枕のせいにしないで。

M：はい、すみませんでした。うーん、どっちにしようかなあ。やっぱり程よい硬さのこれに決めた！

F2：私は結構寝相悪いから、横向いてもうつ伏せでも大丈夫なやつにしたほうがいいかな。

M：そうだね。じゃあ、これ試してみたら？

F2：うん。…柔らかすぎないし、すっぽりはまる感じがちょうどいい。決まり！

質問1：男の人はどの商品を買いますか。

質問2：女の人はどの商品を買いますか。

女の人は「寝相が悪いから、横向いてもうつ伏せでも大丈夫なやつ」「柔らかすぎないし、すっぽりはまる感じがちょうどいい。決まり」と言っているので、フィット感も抜群で、寝返りを打つ（＝寝たまま体の向きを変える）人も安心して使える1「パイプ枕」が正解。

女士说“我的睡相不好，想要个侧卧和趴着睡也能用的枕头”，又说“（这个）不会过软，完全嵌入头颈的感觉刚刚好，我就要这个”，由此推断她选了服帖感出众、即使是经常翻身的人也能放心使用的“按摩枕”，所以答案是选项1。

覚えよう！

- □当店：(この店・私たちの店）本店
- □態勢：姿势，态势
- □フィット感：服贴的感觉
- □抜群：出类拔萃
- □寝返り：翻身
- □程よい：正好，适当
- □包み込む：包起来
- □ポイント：（点数）得分
- □格子状：格子状
- □寝心地：躺（睡）着的感觉
- □硬め：硬一些
- □首元：颈部
- □固定する：固定
- □定番：经典，常规
- □耐久性：持久性
- □群を抜く：出类拔萃
- □触り心地：手感
- □滑らか：光滑，滑溜
- □肩が凝る：肩膀僵硬，肩膀酸痛
- □カビる：发霉
- □寝相：睡相
- □うつ伏せ：趴着，朝下
- □すっぽりはまる：完全嵌入

合格模試　第1回

問題用紙

N1

言語知識（文字・語彙・文法）・読解

（110分）

注　意

Notes

1. 試験が始まるまで、この問題用紙を開けないでください。
Do not open this question booklet until the test begins.

2. この問題用紙を持って帰ることはできません。
Do not take this question booklet with you after the test.

3. 受験番号と名前を下の欄に、受験票と同じように書いてください。
Write your examinee registration number and name clearly in each box below as written on your test voucher.

4. この問題用紙は、全部で30ページあります。
This question booklet has 30 pages.

5. 問題には解答番号の 1 、 2 、 3 … が付いています。
解答は、解答用紙にある同じ番号のところにマークしてください。
One of the row numbers 1, 2, 3 … is given for each question. Mark your answer in the same row of the answer sheet.

受験番号　Examinee Registration Number	

名前　Name	

問題1　＿＿＿の言葉の読み方として最もよいものを、1・2・3・4から一つ選びなさい。

1 議長は、参加者に発言を<u>促した</u>。

1　うながした　　2　そくした　　3　つぶした　　4　おかした

2 今年の夏は様々な種類の種の<u>発芽</u>が見られて、嬉しい限りだ。

1　はっぱ　　2　はつが　　3　はつめ　　4　はっけ

3 彼は、冬のオリンピックで新記録を<u>樹立</u>した。

1　じゅだて　　2　じゅりつ　　3　きたて　　4　きりつ

4 被害者たちは、集団で<u>訴訟</u>を起こした。

1　ししょう　　2　そしょう　　3　ししょ　　4　そしょ

5 <u>抽選</u>で１名様に、有名リゾートの宿泊券が当たります。

1　ゆうせい　　2　ゆうせん　　3　ちゅうせい　　4　ちゅうせん

6 近所に住む女の子は、私を本当の姉のように<u>慕って</u>くれる。

1　したって　　2　かざって　　3　うたって　　4　はかって

問題2 （　　）に入れるのに最もよいものを、1・2・3・4から一つ選びなさい。

7 町ではリサイクル運動を（　　）しようという動きがある。

1 推測　　2 推進　　3 推考　　4 推移

8 好きなアイドルがグループから（　　）した。

1 脱退　　2 脱出　　3 撤退　　4 撤収

9 幼い子供の虐待問題には、胸が（　　）。

1 痛む　　2 打つ　　3 傾ける　　4 引っ張る

10 血液型性格判断は、科学的な（　　）からすると、誤りらしい。

1 見積　　2 見識　　3 見当　　4 見地

11 この辺りは（　　）が多く道幅も狭いから、特に気をつけて運転したほうがいい。

1 カーブ　　2 スペース　　3 セーフ　　4 スピード

12 その漫画は人気がなくて、すぐに（　　）になった。

1 打ち消し　　2 打ち上げ　　3 打ち切り　　4 打ち取り

13 （　　）仕事が終わったので、今日は残業せずに帰ります。

1 まったく　　2 しばしば　　3 あらかた　　4 たいてい

問題3 ＿＿＿の言葉に意味が最も近いものを、1・2・3・4から一つ選びなさい。

14 留学のための手続きやら荷造りやらで、近頃は何かとせわしない。

1 面倒くさい　2 緊張している　3 急いでいる　4 忙しい

15 災害から3か月が経ったが、復旧するのに時間がかかっている。

1 もとにもどる　2 悪くなる　3 手助けする　4 古くなる

16 私はシンプルなデザインの服が好きだ。

1 単純な　2 派手な　3 正式な　4 高度な

17 彼女は自分が美人だとうぬぼれている。

1 思い悩んで　2 思い余って　3 思い込んで　4 思い上がって

18 学生時代には、友達とちょくちょく温泉旅行に行った。

1 いつも　2 たいてい　3 よく　4 たまに

19 この授業に参加する学生には、ありふれた意見は求めていない。

1 貴重な　2 平凡な　3 不思議な　4 特徴的な

問題4　次の言葉の使い方として最もよいものを、1・2・3・4から一つ選びなさい。

20 無口

1　田口（たぐち）さんは普段は無口ですが、サッカーのことになるとよく話します。

2　あの時話したことは他の人に知られたくないので、絶対に無口にしてくださいね。

3　今、ダイエット中なので、甘い物は無口にするように気をつけています。

4　演奏中は無口になっていただくよう、お願いいたします。

21 以降

1　平日は仕事がありますので、休日以降は時間が取れそうにありません。

2　この仕事を始めて、かれこれ10年以降になる。

3　私の寮では、22時以降の外出は禁止されている。

4　60点以降は不合格になりますから、しっかり勉強してください。

22 ささやか

1　外はささやかな雨が降っているようだが、長靴をはくほどではなさそうだ。

2　子供が起きてしまうので、ささやかな声で話してください。

3　ささやかですが、こちらお祝いの品物です。どうぞ。

4　老後は都会ではなく、ささやかな町で暮らしたい。

23 禁物

1　恐れ入りますが、会場内でのご飲食は禁物されています。

2　成績が上がってきたとはいえ、試験に合格するまで油断は禁物だ。

3　森田（もりた）さんはまじめなので、決して禁物をしない。

4　空港内の手荷物検査で禁物と判断され、その場で処分された。

24 息抜き

1　仕事ばかりしていないで、たまには息抜きしましょう。

2　夕方になって、涼しい風が森の中を息抜きしていった。

3　山で遭難した男性が、ついに息抜きの状態で発見された。

4　失業してからというもの、気がつくと息抜きばかりついている。

25 飲み込む

1　そんなにたくさん書類を飲み込むと、かばんが壊れますよ。

2　飲み込みで営業をしても、効果がなかなか上がらない。

3　大学院生のとき、毎日研究に飲み込んでいて、遊ぶ時間なんてほとんどなかった。

4　さすが、若い人は仕事の飲み込みが早いね。

問題5　次の文の（　　　）に入れるのに最もよいものを、1・2・3・4から一つ選びなさい。

26 自転車に乗りながらスマホを操作するのは、危険（　　　）。見ているとヒヤヒヤするよ。

1　に限る　　2　でたまらない　　3　極まりない　　4　を禁じ得ない

27 （インタビューで）

聞き手「すばらしいホームランでした！」

大谷（おおたに）「チームの勝利に貢献できてよかったです。お客さんにも喜んでいただけたし。プロのスポーツ選手で（　　　）、ファンに最高のパフォーマンスを見せるべきだと思っています。」

1　あるとしても　　2　あるものなら　　3　あるべく　　4　あるからには

28 X自動車によるリコール隠しは、品質管理部長が独断で行ったのではなく、（　　　）によるものと見られている。

1　組織上　　2　組織ぐるみ　　3　組織ずくめ　　4　組織まみれ

29 A社の新型パソコンを購入しようと、多くの客が発売日前日の夕方から長い列を作って並んでいた。翌朝、開店する（　　　）、あっという間に売り切れてしまった。

1　と思いきや　　2　ものの　　3　や否や　　4　とあって

30 田中（たなか）「課長、こちらがX社から提案された資料です。」

山下（やました）「うーん、これだけじゃ（　　　）よ。もっと根拠のあるデータを見せてもらわないと。」

1　信頼するにかたくない　　2　信頼するに越したことはない

3　信頼するにほかならない　　4　信頼するに足りない

31 （講演会で）

来週の講演会では「地域での子育て」をテーマに、斉藤（さいとう）先生にお話ししていただきます。皆さまのご来場を心より（　　　）。

1　お待ちになっております　　2　お待ちしております

3　お待ち申します　　4　お待ち差し上げます

32 由美(ゆみ)「あのドイツの車、かっこいいよね。あんな車に乗って海岸をドライブしたいな。」
幸平(こうへい)「確かにいい車には乗りたいけど、借金（　　　）買おうとは思わないよ。」

1　するほど　　2　からして　　3　してまで　　4　する限り

33 世界屈指の指揮者の指導のもと、そのオーケストラは東京（　　　）、海外の複数の都市でもコンサートを予定している。世界中の客を魅了すること間違いなしだ。

1　を通して　　2　はさておき　　3　はおろか　　4　を皮切りに

34 私たち人間は地球環境を壊している元凶であるが、地球環境を守り、問題を解決していくことができるのも、人間（　　　）他にいない。

1　をおいて　　2　ともあろう　　3　だけでなく　　4　ならでは

35 3月末日（　　　）、30年間続けてきた店をたたむこととなりました。長年ご愛顧いただき、誠にありがとうございました。

1　について　　2　において　　3　をもとに　　4　をもって

問題6　次の文の＿★＿に入る最もよいものを、1・2・3・4から一つ選びなさい。

（問題例）

あそこで　＿＿＿　＿＿＿　＿★＿　＿＿＿　は山田（やまだ）さんです。

1　テレビ　　2　見ている　　3　を　　4　人

（解答のしかた）

1.　正しい文はこうです。

あそこで　＿＿＿　＿＿＿　＿★＿　＿＿＿　は山田（やまだ）さんです。 1　テレビ　3　を　2　見ている　4　人

2.　＿★＿に入る番号を解答用紙にマークします。

（解答用紙）

（例）	①　●　③　④

36　このような思い切った改革は　＿＿＿　＿＿＿　＿★＿　＿＿＿　だろう。

1　なし得なかった　　2　リーダーシップ

3　なくしては　　4　彼の

37　半年前に　＿＿＿　＿＿＿　＿★＿　＿＿＿　、母は元気をなくしてしまった。

1　からと　　2　父が　　3　いうもの　　4　なくなって

38　しばらくお会いしていませんし、お話ししたいこともたくさんありますので、就職の

＿＿＿　＿＿＿　＿★＿　＿＿＿　と思（おも）います。

1　伺（うかが）おう　　2　ご報告　　3　ご挨拶（あいさつ）に　　4　かたがた

39 年をとってから体力が落ちてきた父は、＿＿＿＿ ＿＿＿＿ ★＿＿＿＿ ＿＿＿＿ 泳げるようにしておきたいと、トレーニングに励んでいる。

1　ようにとは　　　2　50メートルぐらいは

3　若いころの　　　4　言わないまでも

40 これだけの事故が起きてしまったのだから、田村（たむら）さんは ＿＿＿＿ ＿＿＿＿ ★＿＿＿＿ ＿＿＿＿ 違いない。

1　としての　　　2　リーダー

3　追求されるに　　　4　責任を

問題7　次の文章を読んで、文章全体の趣旨を踏まえて、［41］から［45］の中に入る最もよいものを、1・2・3・4から一つ選びなさい。

以下は、小説家が書いたエッセイである。

言い方は重要です。言い方をいくつも、持つことによって反論のパターンを練習することをお勧めします。

「あなたの言っていることは違う」とか、「矛盾している」とかいう発言は、アメリカ映画ならよく観るシーンですが、日本の現実社会では、ある意味、相手に喧嘩（けんか）を売っているように聞こえます。関係性を破壊することに［41］。

そもそも、違う意見が言いにくい空気感が日本にはあります。そのとき、何が大事か。言い方です。すべてが言い方［42］と言えます。中高生とは違う、大人の議論力が求められます。関係性というものを維持しながら、あるいは、良好に保ちながら、話を進めます。

違う意見がある場合は、たとえば「部長の意見はごもっともだと思います。ちょっと視点を変えてみますと、こういう見方が［43］」と、相手をまず立てることがポイントです。言い方に文句を言うのは、日本人の悪癖（注1）だと思いますが、あえて、反感を買うような言葉遣（づか）いで、自分の意見が通らなくなるのは得策（注2）ではありません。

言い方についての例を紹介します。

『俺は飯を作ってもらっても嫁さんにありがとうなんて言わない』って豪語（注3）する上司に、社会勉強でOLしている良い所のお嬢様が『ご両親にマナーを躾（しつ）け（注4）てもらえなかったんですか?』って無邪気に返されて、亭主関白（ていしゅかんぱく）（注5）からただの育ちの悪い男に落とされたって話を友人から聞いて爆笑しております。

自信たっぷりに豪語する上司は、普段、結構、部下に強いところを見せていると推測されます。［44］、部長のスタイルであり、価値がそこにあるのです。それをいとも簡単に部長とは視点のまったく違う、悪気のない「お嬢様」［45］アッサリと否定されてしまっているところに、切り返しの面白さがあります。また、見逃してならないのはお嬢様の言い方です。悪気のない言い方なので、部長は文句を言えませんでした。

（齋藤孝『上手に「切り返す」技術 人間関係を悪くしないで、言いたいことが伝わる！』辰巳出版による）

（注1）悪癖：悪いくせ。よくない習慣
（注2）得策：うまいやり方
（注3）豪語する：自信満々に大きなことを言う
（注4）躾(しつ)ける：行儀などを教える
（注5）亭主関白(ていしゅかんぱく)：家庭内で夫が妻に対して支配者のようにいばっていること

41

1　なりえません　　2　なりかねません
3　なりにくいです　　4　なるわけではありません

42

1　次第だ　　2　に極まる　　3　どころだ　　4　に至る

43

1　できるのでしょうか　　2　できないのでしょうか
3　できるのではないでしょうか　　4　できないのではないでしょうか

44

1　それが　　2　それで　　3　それを　　4　それに

45

1　を　　2　が　　3　と　　4　に

問題8　次の(1)から(4)の文章を読んで、後の問いに対する答えとして最もよいものを、1・2・3・4から一つ選びなさい。

(1)

以下は、プール管理会社のホームページに掲載されたお知らせである。

20XX年7月吉日

お客様各位

市内温水プールさくら管理会社

花火大会に係る営業時間変更のお知らせ

いつも市内温水プールをご利用いただきまして、誠にありがとうございます。

さて、毎年恒例の夏まつり花火大会が8月10日（土）に予定されており、大会が開催される場合、午後5時以降は温水プールさくらの駐車場が車両進入禁止区域になります。

つきましては、雨天などによる大会順延にも即対応できるよう、開催日及び予備日の二日間の営業時間を午前10時より午後5時までと変更させていただきます。

お客様には大変ご不便をおかけいたしますが、何卒ご理解ご協力をお願い申し上げます。

46　このお知らせで最も伝えたいことは何か。

1　花火大会の日は駐車場に車を止めてはいけない。

2　8月の二日間はプールの営業時間が変わる。

3　花火大会が雨により延期になった場合は、駐車場の営業時間が短くなる。

4　駐車場が花火大会の会場になるため、午後5時から車が入れなくなる。

(2)

ものが豊かになった。子どものころをふり返ってみると、食事がぜいたくになったことに驚いてしまう。（中略）

現在はまさに飽食の時代である。世界中の珍味、美味が町中にあふれていると言っていいだろう。「グルメ」志向の人たちが、あちらこちらのレストランをまわって味比べをしている。昔の父親は妻子に「不自由なく食わせてやっている」というだけで威張っていたものだが、今ではそれだけでは父親の役割を果たしている、とは言えなくなってきた。

（河合隼雄『河合隼雄の幸福論』PHP研究所による）

47 それだけでは父親の役割を果たしている、とは言えなくなってきたとはどのような意味か。

1 父親は家族のために多種多様な料理を作らなければならなくなった。

2 父親は家族を常にお腹いっぱいにさせなければならなくなった。

3 父親は家族とあちこちのレストランに行って評論しなければならなくなった。

4 父親は食事の量だけでなく質的にも家族を満足させなければならなくなった。

(3)

二宮金次郎（にのみやきんじろう）の人生観に、「積小為大（せきしょういだい）」という言葉がある。（中略）「自分の歴史観」を形づくるためには、この「積小為大（せきしょういだい）(注)」の考え方が大切だ。つまり歴史観というのは、歴史の中に日常を感じ、同時にそれを自分の血肉とする細片の積み重ねなのだ。そのためには、まず、「歴史を距離を置いて見るのではなく、自分の血肉とする親近感」が必要だ。つまり、歴史は“他人事”ではなく、“わが事”なのである。いうなれば、歴史の中に自分が同化し、歴史上の人物の苦しみや悲しみを共感し、体感し、それをわが事として「では、どうするか」ということを、歴史上の相手（歴史上の人物）とともに考え抜くという姿勢だ。

（童門冬二『なぜ一流ほど歴史を学ぶのか』青春出版社による）

（注）積小為大（せきしょういだい）：小さなことを積み重ねて、はじめて大きな事を成せる

48 筆者が述べている「歴史観」に基づいた行動はどれか。

1　自分の身体が存在するのは過去の人々のおかげであると考え、日々感謝する。

2　歴史に関する知識を得るために情報収集を行うのではなく、実際に似たような体験をしようとする。

3　歴史上の人物を自分と一体化させ、自分がその場でいかに行動するのかを想像する。

4　歴史上の人物が達成した大きなことよりも、彼らの日常生活や感情に目を向ける。

（4）

先日、或る編集者と御飯を食べながら打ち合わせをしていたときのこと。不意に彼女が言った。

「カレーは温かいのがいいって言う人が多いけど、私は御飯かルウのどっちかが冷たい方が好きなんです」

「おおっ、俺もです！」

興奮のあまり、思わず一人称が「俺」になってしまった。だって、人生の四十五年目にして初めて出会ったのだ。「御飯かルウのどっちかが冷たいカレーが好き」。そう断言するひとに。仲間だ。私は小学校時代の同級生と小田原城の天守閣（注）で偶然再会したとき以来の「まさかこんなところで友に会えるとは感」に襲われた。

（穂村弘『君がいない夜のごはん』文藝春秋による）

（注）天守閣：日本の戦国時代以降に建てられた城の中でひときわ高く築かれた象徴的な建造物

49 筆者が興奮した理由は何か。

1　彼女が以前城でたまたま会った小学校の同級生だと気づいたから

2　彼女がカレーに例えて愛の告白をしてくれたから

3　彼女が人には言いにくいカレーの温度の好みをはっきりと断言してくれたから

4　カレーの温度の好みが同じ人にそれまで一度も会ったことがなかったから

問題9　次の(1)から(3)の文章を読んで、後の問いに対する答えとして最もよいものを、1・2・3・4から一つ選びなさい。

(1)

四十にして惑わず、という言葉がある。男の厄年(やくどし)(注)は四十二だ。別にこれらに影響されなくても、四十という年齢は、男の人生にとって、幸、不幸を決める節目であると思えてならない。

（中略）

四十代の男が、もし不幸であるとすれば、それは自分が意図してきたことが、四十代に入っても実現しないからである。世間でいう、成功者不成功者の分類とはちがう。職業や地位がどうあろうと、幸、不幸には関係ない。自分がしたいと思ってきたことを、満足いく状態でしつづける立場をもてた男は、世間の評判にかかわりなく幸福であるはずだ。

家庭の中で自分の意志の有無が大きく影響する主婦とちがって、社会的人間である男の場合は、思うことをできる立場につくことは、大変に重要な問題になってくる。これがもてない男は、趣味や副業に熱心になる人が多いが、それでもかまわない。週末だけの幸福も、立派な幸福である。

困るのは、好きで選んだ道で、このような立場をもてなかった男である。この種の男の四十代は、それこそ厄代(やくだい)である。知的職業人にこの種の不幸な人が多いのは、彼らに、仕事は自分の意志で選んだという自負があり、これがまた不幸に輪をかけるからである。

（塩野七生『男たちへ フツウの男をフツウでない男にするための54章』文藝春秋による）

（注）厄年(やくどし)：災いにあいやすい年齢

50 四十歳について、筆者はどのように考えているか。

1　男の厄年（やくどし）は四十二歳なので、四十歳はまだ不幸ではないだろう。
2　男は四十歳の時に幸せなら、残りの人生すべてが幸せになるだろう。
3　四十歳が男の人生において大事な年齢であるとは言えないだろう。
4　男の四十歳は厄年（やくどし）に近いので、その影響を受けやすいだろう。

51 筆者によると、四十代の男が不幸であるとすれば、それはなぜか。

1　社会的な地位が低いため
2　自分が望むことができないため
3　世間からの評判が悪いため
4　仕事で成功していないため

52 筆者によると、最も不幸な人とはどんな人か。

1　週末だけ趣味に没頭している人
2　家庭の中で意見を言えない人
3　自分の選んだ職業でしたいことができていない人
4　知的職業に従事している人

(2)

戦後、イギリスから京都大学へすぐれた物理学者がやってきた。招かれたのかもしれない。この人は、珍しく、日本語が堪能（たんのう）で、日本では、日本人研究者の英語論文の英語を助けることを行なっていた。のち、世界的学者になる人である。

この人が、日本物理学会の学会誌に、「訳せない“であろう”」というエッセイを発表し、日本中の学者、研究者をふるえ上がらせた。

日本人の書く論文には、たえず、“であろう”ということばが出てくる。物理学のような学問の論文には不適当である。英語に訳すことはできない、という、いわば告発であった。

おどろいたのは、日本の学者、研究者である。なんということなしに、使ってきた語尾である。“である”としては、いかにも威張っているようで、おもしろくない。ベール(注1)をかけて“であろう”とすれば、ずっとおだやかになる。自信がなくて、ボカ(注2)しているのではなく、やわらかな感じになるのである、などと考えた人もあったであろうが、学界はパニックにおちいり、“であろう”という表現はピタリと止まった。

伝えきいたほかの科学部門の人たちも、“であろう”を封鎖（ふうさ）してしまった。科学における“であろう”は消滅した、というわけである。

（外山滋比古『伝達の整理学』筑摩書房による）

（注1）ベールをかける：はっきりとわからないように覆い隠す

（注2）ボカす：意味や内容をはっきり言わずぼんやりさせる

53 筆者によると、イギリスから来た物理学者はどんな人か。

1　日本語能力を生かし、翻訳家として活動した。

2　日本に来た当時、世界的に有名な学者だった。

3　他の物理学者とは違って、日本語が上手だった。

4　日本語で論文を書いて、発表した。

54 おどろいたのは、日本の学者、研究者であるとあるが、なぜ驚いたのか。

1　“であろう”は特に意味もなく使っていたことばだから

2　“であろう”に相当することばが英語にないということを知らなかったから

3　“であろう”は“である”よりもおもしろいことばだと思っていたから

4　“であろう”を論文に使うことはよくないと思っていたから

55 日本の研究者たちと“であろう”ということばの関係について、筆者はどのように述べているか。

1　“であろう”ということばを使うと、婉曲的に伝わると考えていた。

2　“であろう”ということばは偉そうな印象を与えるため、使いたくなかった。

3　“であろう”を使いたい人と使いたくない人が対立し、学界の混乱を生んだ。

4　“であろう”ということばは英語に訳せないので、使用を禁止した。

(3)

論理は、いわゆる理系人間の利点、アドバンテージだと言えるのかもしれませんが、新製品の発売を決定する社内会議で、エンジニアが論理的にポイントをおさえた完璧なプレゼンをしたとしても、会議の参加者の心を動かすことができず、製品化のゴーサイン(注1)が出なかった、などという話がよくあります。

人間はもともと恐怖や喜びなどの感情によって生き残りを図ってきた動物なので、感情的にしっくり来ないものを直感的に避けてしまう傾向があるのです。そのため、エンジニアのプレゼンに対して、「話の筋も通っているし、なるほどもっともだ」と頭では理解、納得しても、もう一方に「コレ、なんとなく買う気にならないんだよね」という心の声があると、多くの人は最後にはそちらを優先してしまいます。

しかし、この「なんとなく」こそ、まさに感情と論理の狭間(はざま)にあるもので、それこそが会議で究明しなくてはならないものであるはずです。

たとえば、「なんとなく」の正体が、「試作品の色が気にくわなかった」だけだと分かれば、代わりの色を探せばよいだけの話で、せっかくの企画を没(ぼつ)にしてはもったいないどころではありません。一方で、その製品は子供が乱暴に扱う可能性が高いため、会議の参加者が無意識下で「それにしてはヤワ(注2)だなあ」ということを感じていたのなら、使用素材や設計をじっくり見直す必要があるはずです。

(竹内薫『文系のための理数センス養成講座』新潮社による)

(注1) ゴーサイン：計画や企画の実行の許可を表す指示

(注2) ヤワ：弱々しいこと

56 筆者の考えに合うのはどれか。

1　理系の人は、基本的に論理的であるが、感情的になる場合もある。

2　製品化の決め手になるのは、プレゼンが完璧かどうかである。

3　会議の参加者が直感的に否定的な感情を持った場合はゴーサインが出にくい。

4　会議の参加者の心を動かすには、感情に訴えかけることが必要である。

第1回

57 人間はもともと恐怖や喜びなどの感情によって生き残りを図ってきた動物とあるが、どういう意味か。

1　人間は感情が強い者ほど長生きすることができる。

2　人間が現在まで生きてこられたのには感情が大きく影響している。

3　人間は感情があることによって生きがいを感じることができる。

4　人間は他の動物に比べて感情が豊かで、何でも受け入れられる。

58「なんとなく」について、筆者はどのように考えているか。

1「なんとなく」という直感は、企画を進める上で無視したほうがいい。

2「なんとなく」を具体的に追究することで、企画をよりよいものに改善できる。

3「なんとなく」は論理的なものなので、もっと直感に頼ったほうがいい。

4「なんとなく」は客の声を代弁するものなので、必ず従うべきである。

問題10　次の文章を読んで、後の問いに対する答えとして最もよいものを、1・2・3・4から一つ選びなさい。

占いは若いころだけではなく、歳をとっても気になるものだ。二十代のころは、占いのページを見ているととても楽しかった。特に恋愛運はむさぼる(注1)ように読み、

「あなたを密(ひそ)かに想っている男性がそばにいます」

などと書いてあったなら、

「うふふ、誰かしら。あの人かしら、この人かしら。まさか彼では……」

と憎からず(注2)思っている男性の顔を思い浮かべ、けけけと笑っていた。それと同時に嫌いな男性を思い出しては、まさかあいつではあるまいなと、気分がちょっと暗くなったりもした。今から思えば、あまりに間抜けで恥ずかしい。

「アホか、あんたは」

と①過去の自分に対してあきれるばかりだ。

アホな二十代から三十有余年、五十代の半ばを過ぎると、恋愛運などまったく興味がなくなり、健康でいられるかとか、周囲に不幸は起きないかとか、現実的な問題ばかりが気になる。(中略) 占いを見ながら、胸がわくわくする感覚はなくなった。とはいえ、雑誌などで、占いのページを目にすると、やはりどんなことが書いてあるのかと、気になって見てしまうのだ。

先日、手にした雑誌の占いのページには、今年一年のラッキーアイテムが書いてあった。他の生まれ月の欄を見ると、レースのハンカチ、黄色の革財布、文庫本といった、いかにもラッキーアイテムにふさわしいものが挙げられている。それを持っていれば、幸運を呼び込めるというわけだ。

「いったい私は何かしら」

と久しぶりにわくわくしながら、自分の生まれ月を見てみたら、なんとそこには「太鼓のバチ」(注3)と書いてあるではないか。

「えっ、太鼓のバチ？」

雑誌を手にしたまま、②呆然(ぼうぜん)としてしまった。

レースのハンカチ、財布、文庫本ならば、いつもバッグに入れて携帯できるが、だいたい太鼓のバチはバッグに入るのか？　どこで売っているのかも分からないし、万が一、入手してバッグに入れていたとしても、緊急事態で荷物検査をされた際に、バッグからそんなものがでてきたら、いちばんに怪しまれるではないか。

友だちと会ったときに、これが私のラッキーアイテムと、バッグから太鼓のバチを出して、笑いをとりたい気もするが、苦笑されるのがオチ(注4)であろう。その結果、今年の私はラッキーアイテムなしではあるが、そんなものがなくても、無事に暮らしていけるわいと、鼻息を荒くしているのである。

（群ようこ『まあまあの日々』KADOKAWAによる）

（注1）むさぼる：満足することなく欲しがること

（注2）憎からず：憎くない。好きである

（注3）バチ：太鼓（たいこ）をたたくための棒状の道具

（注4）オチ：笑い話など物語の結末

59 ①過去の自分に対してあきれるばかりなのはなぜか。

1　占いの内容によって気分が左右されていたから

2　占いが当たらないことにイライラしていたから

3　占いの内容をバカにして笑っていたから

4　占いに夢中で、実生活での努力を怠っていたから

60 筆者は五十代の半ばを過ぎた自分についてどのように述べているか。

1　占いに全然興味がなくなり、占いのページを見なくなった。

2　気楽に笑ったり期待に胸を膨らませながら占いを見ることがなくなった。

3　占いよりも健康についての記事に興味を持つようになった。

4　恋愛運の欄を読むと、ため息が出るようになった。

61 ②呆然（ぼうぜん）としてしまった筆者の気持ちとして最もふさわしいのはどれか。

1　全然ラッキーアイテムらしくないものだ。

2　こんな危険な物は買いたくない。

3　大きすぎて、常に持ち運べるのか不安だ。

4　自分の生まれ月ともっと関係のあるものがいい。

62 筆者はラッキーアイテムについてどのように考えているか。

1　ラッキーアイテムはもう二度と持ちたくない。

2　今の自分にラッキーアイテムは必要ない。

3　気に入ったものでない限り、ラッキーアイテムは持たないほうがよい。

4　ラッキーアイテムは友達を笑わせられるものがいい。

問題11　次のAとBの文章を読んで、後の問いに対する答えとして最もよいものを、1・2・3・4から一つ選びなさい。

A

学校の部活動における体罰は、全面的に禁止すべきだと思います。私は指導者の体罰が普通だった世代ですし、体罰によって忍耐力をつけさせるべきだという主張もわかります。しかし、スポーツをする意義は別のところにあるのではないでしょうか。自分の感情もコントロールできない人に指導する資格はないでしょう。体罰は、未熟な指導者が一方的に暴力をふるうことです。十分な指導力があれば、言葉のみで解決できるはずです。私は心的外傷を負った子どもを診察した経験がありますが、体罰は、受けた場合はもちろん、目撃しただけでも、多かれ少なかれ精神的なショックになります。体罰を容認することは、将来、DVのような暴力を容認する態度を持つ成人を作ることにつながりかねません。

B

体罰は、どんな場面であっても容認されるべきではないと考えます。確かに自分たちが中高生の頃は、体罰は当たり前で、水分補給もさせてもらえませんでした。間違ったスポーツ医学や精神論がはびこっていたのです。しかし、スポーツにおける考え方は、驚くほど進化しています。実際、体罰を与えていないにもかかわらず、全国大会の常連になっている学校はたくさんあります。指導者たちは、最新の指導の仕方を学ぶべきです。それに、体罰をすると、生徒はどうすれば指導者から暴力を受けなくなるかということばかり考えるようになります。そうなると、失敗を恐れ、新しいことに挑戦しにくくなり、選手としての成長を阻(はば)むことにつながると思います。

63 体罰をする指導者について、AとBはどのように述べているか。

1　Aは感情を抑えられる人であると述べ、Bは水を飲ませない人だと述べている。

2　Aは指導の資格を持っていない人であると述べ、Bは全国大会に連れていける人だと述べている。

3　Aは未熟な人であると述べ、Bは間違った知識や考え方を持った人だと述べている。

4　Aは我慢強い人であると述べ、Bは最新の指導の仕方を学んだことがない人だと述べている。

64 生徒が体罰を受けた場合の影響について、AとBはどのように述べているか。

1　AもBも、将来心に大きな傷を持つようになると述べている。

2　AもBも、暴力をふるう大人になる可能性があると述べている。

3　Aは将来DVを起こす大人になりやすいと述べ、Bは失敗しやすい選手になると述べている。

4　Aは暴力を受け入れる大人になる可能性があると述べ、Bはいい選手になりにくいと述べている。

読解

問題12　次の文章を読んで、後の問いに対する答えとして最もよいものを、1・2・3・4から一つ選びなさい。

テーマ（研究の主題）を決めることは、すべての学問研究の出発点になります。現代史も変わるところはありません。まずテーマを「決める」という研究者自身の①主体的な選択がなによりも大切です。当然のように思われるかもしれませんが、実際には、他律（たりつ）（注1）的または受動的に決められることが稀（まれ）ではないのです。

現代史研究では、他のすべての学問と同じく、あるいはそれ以上に、精神の集中と持続とが求められますが、この要求を満たすためには、テーマが熟慮の末に自分自身の責任で（研究が失敗に終わるリスクを覚悟することを含めて）決定されなければなりません。（中略）

②テーマを決めないで研究に着手することは、行先を決めないで旅にでるのと同じです。あてのないぶらり旅も気分転換になりますから、無意味とはいえません。新しい自己発見の機会となることがありますし、素晴らしい出会いがあるかもしれません。旅行社お手盛り（注2）のパック旅行よりも、ひとり旅のほうが充実感を味わえると考えるひとは多いでしょう。テーマを決めないで文献や史料をよみあさることも、あながち無駄とはいえない知的散策です。たまたまよんだ史料が、面白いテーマを発見する機縁（注3）となる幸運もありえます。ひとりの史料探検のほうがパック旅行まがいの「共同研究」よりも実りが多い、といえるかもしれません。（中略）

けれども一般的に、歴史研究にとって、テーマの決定は不可欠の前提です。テーマを決めないままの史料探索は、これぞというテーマを発見する過程だからこそ意味があるのです。テーマとは、歴史家がいかなる問題を解くために過去の一定の出来事を研究するか、という研究課題の設定です。（中略）

歴史は暗記物で知的創造とは無縁の、過去の出来事を記憶し整理する作業にすぎないという、歴史と編年史とを同一視する見方からしますと、③この意味でのテーマの選択とか課題の設定とかは、さして重要でない、むしろ仕事の邪魔になるとさえいうことができます。歴史についてのこのような偏見はいまも根強く残っていますので繰り返すのですが、歴史も新たに提起された問題（事実ではなく問題）を一定の方法で解きほぐすことを目指す創造的かつ想像的な営みであることは、他の学問と違うところはありません。テーマの選択とは、いかなる過去の出来事を研究するかではなく、過去の出来事を、なにを目的として、あるいはどんな問題を解明しようとして研究するか、という問題の設定を指示する行為にほかなりません。

（渓内謙『現代史を学ぶ』岩波書店による）

（注1）他律（たりつ）：自分の意志ではなく、他人の意志や命令によって行動すること
（注2）お手盛り：ここでは、旅行社の都合のよいように決められた
（注3）機縁：きっかけ

65 ①主体的な選択がなによりも大切ですとあるが、理由は何か。

1 主体的に選択しないと研究が始められないから
2 主体的に選択すると他の人に決められなくて済むから
3 主体的に選択しないと研究結果が違ってくる場合があるから
4 主体的に選択すると最後まで熱心に研究を続けやすいから

66 ②テーマを決めないで研究に着手することについて筆者の考えに合うのはどれか。

1 気分転換や自己発見になるので、ぜひすべきである。
2 他者がテーマを決める共同研究のほうが価値がある。
3 テーマを見つけることを目的とした行為であれば意味がある。
4 テーマを決めてから研究を始めるよりも満足できる。

67 ③この意味とは何を指すか。

1 歴史家が問題を解くために過去を研究するという意味
2 歴史とは暗記すべき物だという意味
3 歴史とは過去の出来事を記憶することだという意味
4 歴史と編年史は同じだという意味

68 この文章で筆者が最も言いたいことは何か。

1 歴史研究は他の学問と似ている点が多い。
2 史料を探す前にテーマを決める必要はない。
3 問題意識を持ってテーマを決めることが重要である。
4 過去の出来事を整理するのが歴史研究だという考え方は間違っている。

問題13　右のページは、クレジットカードの案内である。下の問いに対する答えとして最もよいものを、1・2・3・4から一つ選びなさい。

69 日本語学校に通う21歳のタンさんは、クレジットカードを作りたい。50万円以上の買い物はしない。どのカードに申し込むのが一番よいか。

1　学生カード

2　デビューカード

3　クラシックカード

4　ゴールドカード

70 35歳のコウさんは、既に入会済みである。去年は、5月に一度だけクレジットカードを使って、150万円の大きな買い物をした。今年の度年会費はいくらになるか。

1　0円

2　6,500円+税

3　10,400円+税

4　13,000円+税

クレジットカードのご案内

	＜学生カード＞ 18～25歳の学生限定！留学や旅行もこの一枚！	＜デビューカード＞ 18～25歳限定！初めてのカードに！いつでもポイント2倍！	＜クラシックカード＞ これを持っていれば安心、スタンダードなカード！	＜ゴールドカード＞ 上質なサービスをあなたに！
お申し込み対象	満18～25歳までの大学生・大学院生の方 ※研究生・聴講生・語学学校生・予備学校生はお申し込みになれません。 ※未成年の方は保護者の同意が必要です。	満18～25歳までの方（高校生は除く） ※未成年の方は保護者の同意が必要です。	満18歳以上の方（高校生は除く） ※未成年の方は保護者の同意が必要です。 ※満18～25歳までの方はいつでもポイントが2倍になるデビューカードがおすすめ	原則として満30歳以上で、ご本人に安定継続収入のある方 ※当社独自の審査基準により判断させていただきます。
年会費	初年度年会費無料 通常1,300円＋税 ※翌年以降も年1回ご利用で無料	初年度年会費無料 通常1,300円＋税 ※翌年以降も年1回ご利用で無料	インターネット入会で初年度年会費無料 通常1,300円＋税	インターネット入会で初年度年会費無料 通常13,000円＋税 年会費割引特典あり（備考欄参照）
利用可能枠	10～30万円	10～70万円	10～100万円	50～400万円
お支払日	月末締め翌月26日払い ※15日締め翌月10日払いへの変更可能	月末締め翌月26日払い ※15日締め翌月10日払いへの変更可能	15日締め翌月10日払い／月末締め翌月26日払い ※選択可	15日締め翌月10日払い／月末締め翌月26日払い ※選択可
備考	満26歳以降になるとランクアップ。 26歳以降、最初のカード更新時に自動的に本カードから「ゴールドカード」に切り替わります。 ※クラシックカードへのお切り替えもできます。	満26歳以降になるとランクアップ。 26歳以降、最初のカード更新時に自動的に本カードから「ゴールドカード」に切り替わります。 ※クラシックカードへのお切り替えもできます。		空港ラウンジサービス利用可 ※年会費割引特典：前年度（前年2月～当年1月）お支払いのお買い物累計金額が50万円以上100万円未満の場合は20%引、100万円以上300万円未満の場合は次回年会費が半額、300万円以上の場合は次回年会費が無料

N1
聴解
（60分）

注　　意
Notes

1. 試験が始まるまで、この問題用紙を開けないでください。
   Do not open this question booklet until the test begins.

2. この問題用紙を持って帰ることはできません。
   Do not take this question booklet with you after the test.

3. 受験番号と名前を下の欄に、受験票と同じように書いてください。
   Write your examinee registration number and name clearly in each box below as written on your test voucher.

4. この問題用紙は、全部で13ページあります。
   This question booklet has 13 pages.

5. この問題用紙にメモをとってもかまいません。
   You may make notes in this question booklet.

受験番号　Examinee Registration Number	

名前　Name	

問題1 N1_1_02

問題1では、まず質問を聞いてください。それから話を聞いて、問題用紙の1から4の中から、最もよいものを一つえらんでください。

例 N1_1_03

1　グッズの数をチェックする
2　客席にゴミが落ちていないか確認する
3　飲み物とお菓子を用意する
4　ポスターを貼る

1番　N1_1_04

1　パスワード再発行の手続きをする
2　ID再発行の手続きをする
3　一つ前の画面に戻る
4　ログインという部分をクリックする

2番　N1_1_05

1　スーツケースを買う
2　修理代をもらう
3　夫に電話する
4　スーツケースを選ぶ

3番 N1_1_06

1　会議の資料を来週水曜日までに作る
2　会議の資料を来週金曜日までに作る
3　研修の資料を来週水曜日までに作る
4　研修の資料を来週金曜日までに作る

4番 N1_1_07

1　出張をやめるよう課長に電話する
2　生産を止めるよう係長に電話する
3　大量に生産するよう係長に電話する
4　不良品についてお客様に直接話す

5番(ばん) N1_1_08

1　コンビニ → 郵便局(ゆうびんきょく) → ケーキ屋(や)

2　コンビニ → ケーキ屋(や) → 郵便局(ゆうびんきょく)

3　郵便局(ゆうびんきょく) → コンビニ → ケーキ屋(や)

4　郵便局(ゆうびんきょく) → ケーキ屋(や) → コンビニ

6番(ばん) N1_1_09

1　動画(どうが)に撮(と)って、打(う)つ前(まえ)の姿勢(しせい)を練習(れんしゅう)する

2　動画(どうが)に撮(と)って、軸(じく)を作(つく)る練習(れんしゅう)をする

3　動画(どうが)に撮(と)って、打(う)つスピードを上(あ)げる練習(れんしゅう)をする

4　動画(どうが)に撮(と)って、打(う)った後(あと)のポーズを練習(れんしゅう)する

問題2 N1_1_10

問題2では、まず質問を聞いてください。そのあと、問題用紙のせんたくしを読んでください。読む時間があります。それから話を聞いて、問題用紙の1から4の中から、最もよいものを一つえらんでください。

例 N1_1_11

1　役者の顔
2　役者の演技力
3　原作の質
4　演劇のシナリオ

1番 N1_1_12

1 4時
2 5時
3 11時
4 12時

2番 N1_1_13

1 大人と子供が本について話すようになったから
2 子供とお年寄りにとってわかりやすくなったから
3 子供たちがおすすめの本を紹介し合うようになったから
4 子供たちが競って本を借りるようになったから

3番 N1_1_14

1 残業が多い
2 やりがいがない
3 雰囲気がよくない
4 中小企業で働きたい

4番 N1_1_15

1 10,000円
2 15,000円
3 20,000円
4 25,000円

5番 N1_1_16

1 ベビーカー
2 赤ちゃん用のトイレ
3 電車の乗換案内アプリ
4 赤ちゃん用のゲーム

6番 N1_1_17

1 アロエの代金を払わないと言うため
2 台風の被害について話すため
3 もっと大きいアロエを送ってもらうため
4 送料が返金されるか聞くため

7番（ばん） N1_1_18

1 騒音（そうおん）
2 健康被害（けんこうひがい）
3 異臭（いしゅう）
4 魚（さかな）の被害（ひがい）

問題3 N1_1_19

問題3では、問題用紙に何も印刷されていません。この問題は、全体としてどんな内容かを聞く問題です。話の前に質問はありません。まず話を聞いてください。それから、質問とせんたくしを聞いて、1から4の中から、最もよいものを一つえらんでください。

例 N1_1_20

1番 N1_1_21

2番 N1_1_22

3番 N1_1_23

4番 N1_1_24

5番 N1_1_25

6番 N1_1_26

問題4 N1_1_27

問題4では、問題用紙に何も印刷されていません。まず文を聞いてください。それから、それに対する返事を聞いて、1から3の中から、最も良いものを一つえらんでください。

例 N1_1_28

1番 N1_1_29

2番 N1_1_30

3番 N1_1_31

4番 N1_1_32

5番 N1_1_33

6番 N1_1_34

7番 N1_1_35

8番 N1_1_36

9番 N1_1_37

10番 N1_1_38

11番 N1_1_39

12番 N1_1_40

13番 N1_1_41

14番 N1_1_42

問題5 N1_1_43

問題5では、長めの話を聞きます。この問題には練習はありません。
問題用紙にメモをとってもかまいません。

1番、2番

問題用紙に何も印刷されていません。まず話を聞いてください。それから、質問とせんたくしを聞いて、1から4の中から、最もよいものを一つえらんでください。

1番 N1_1_44

2番 N1_1_45

3番（ばん） N1_1_46

まず話（はなし）を聞（き）いてください。それから、二（ふた）つの質問（しつもん）を聞（き）いて、それぞれ問題用紙（もんだいようし）の1から4の中（なか）から、最（もっと）もよいものを一（ひと）つえらんでください。

質問（しつもん）1 N1_1_47

1 ギャラリートーク
2 体験（たいけん）コーナー
3 講演（こうえん）
4 きのこ案内（あんない）

質問（しつもん）2

1 ギャラリートーク
2 体験（たいけん）コーナー
3 講演（こうえん）
4 きのこ案内（あんない）

合格模試　解答用紙

N1 言語知識（文字・語彙・文法）・読解

第1回

受験番号 Examinee Registration Number		名前 Name	

〈ちゅうい　Notes〉

1. くろいえんぴつ（HB、No.2）でかいてください。
   Use a black medium soft (HB or No.2) pencil.
   （ペンやボールペンではかかないでください。）
   (Do not use any kind of pen.)
2. かきなおすときは、けしゴムできれいにけしてください。
   Erase any unintended marks completely.
3. きたなくしたり、おったりしないでください。
   Do not soil or bend this sheet.
4. マークれい Marking Examples

よいれい Correct Example	わるいれい Incorrect Examples
●	⊗ ✓ ○ ◎ ⊜ ⦶ ●

問題1				
1	①	②	③	④
2	①	②	③	④
3	①	②	③	④
4	①	②	③	④
5	①	②	③	④
6	①	②	③	④
問題2				
7	①	②	③	④
8	①	②	③	④
9	①	②	③	④
10	①	②	③	④
11	①	②	③	④
12	①	②	③	④
13	①	②	③	④
問題3				
14	①	②	③	④
15	①	②	③	④
16	①	②	③	④
17	①	②	③	④
18	①	②	③	④
19	①	②	③	④
問題4				
20	①	②	③	④
21	①	②	③	④
22	①	②	③	④
23	①	②	③	④
24	①	②	③	④
25	①	②	③	④

問題5				
26	①	②	③	④
27	①	②	③	④
28	①	②	③	④
29	①	②	③	④
30	①	②	③	④
31	①	②	③	④
32	①	②	③	④
33	①	②	③	④
34	①	②	③	④
35	①	②	③	④
問題6				
36	①	②	③	④
37	①	②	③	④
38	①	②	③	④
39	①	②	③	④
40	①	②	③	④
問題7				
41	①	②	③	④
42	①	②	③	④
43	①	②	③	④
44	①	②	③	④
45	①	②	③	④
問題8				
46	①	②	③	④
47	①	②	③	④
48	①	②	③	④
49	①	②	③	④

問題9				
50	①	②	③	④
51	①	②	③	④
52	①	②	③	④
53	①	②	③	④
54	①	②	③	④
55	①	②	③	④
56	①	②	③	④
57	①	②	③	④
58	①	②	③	④
問題10				
59	①	②	③	④
60	①	②	③	④
61	①	②	③	④
62	①	②	③	④
問題11				
63	①	②	③	④
64	①	②	③	④
問題12				
65	①	②	③	④
66	①	②	③	④
67	①	②	③	④
68	①	②	③	④
問題13				
69	①	②	③	④
70	①	②	③	④

合格模試　解答用紙

N1　聴解

第1回

受験番号 Examinee Registration Number	

名前 Name	

〈ちゅうい　Notes〉

1. くろいえんぴつ（HB、No.2）でかいてください。
   Use a black medium soft (HB or No.2) pencil.
   （ペンやボールペンではかかないでください。）
   (Do not use any kind of pen.)
2. かきなおすときは、けしゴムできれいにけしてください。
   Erase any unintended marks completely.
3. きたなくしたり、おったりしないでください。
   Do not soil or bend this sheet.
4. マークれい Marking Examples

よいれい Correct Example	わるいれい Incorrect Examples
●	

問題1

例	①	②	③	●
1	①	②	③	④
2	①	②	③	④
3	①	②	③	④
4	①	②	③	④
5	①	②	③	④
6	①	②	③	④

問題2

例	①	②	③	●
1	①	②	③	④
2	①	②	③	④
3	①	②	③	④
4	①	②	③	④
5	①	②	③	④
6	①	②	③	④
7	①	②	③	④

問題3

例	①	②	●	④
1	①	②	③	④
2	①	②	③	④
3	①	②	③	④
4	①	②	③	④
5	①	②	③	④
6	①	②	③	④

問題4

例	①	●	③
1	①	②	③
2	①	②	③
3	①	②	③
4	①	②	③
5	①	②	③
6	①	②	③
7	①	②	③
8	①	②	③
9	①	②	③
10	①	②	③
11	①	②	③
12	①	②	③
13	①	②	③
14	①	②	③

問題5

1		①	②	③	④
2		①	②	③	④
3	(1)	①	②	③	④
	(2)	①	②	③	④

N1

言語知識（文字・語彙・文法）・読解

（110分）

注　　意
Notes

1. 試験が始まるまで、この問題用紙を開けないでください。
   Do not open this question booklet until the test begins.

2. この問題用紙を持って帰ることはできません。
   Do not take this question booklet with you after the test.

3. 受験番号と名前を下の欄（らん）に、受験票と同じように書いてください。
   Write your examinee registration number and name clearly in each box below as written on your test voucher.

4. この問題用紙は、全部で30ページあります。
   This question booklet has 30 pages.

5. 問題には解答番号の [1]、[2]、[3] … が付いています。
   解答は、解答用紙にある同じ番号のところにマークしてください。
   One of the row numbers [1], [2], [3] … is given for each question. Mark your answer in the same row of the answer sheet.

受験番号　Examinee Registration Number	

名前　Name	

問題1 ＿＿＿の言葉の読み方として最もよいものを、1・2・3・4から一つ選びなさい。

1 近所の公園には、秋の気配が<u>漂って</u>いた。

1 うるおって　2 みなぎって　3 ただよって　4 とどまって

2 会社の採用面接は、<u>和やかな</u>雰囲気だった。

1 おだやかな　2 なごやかな　3 にぎやかな　4 ゆるやかな

3 部長は頼みごとがあるときは、<u>声色</u>を変えてくるのですぐわかる。

1 こわいろ　2 こえいろ　3 せいしょく　4 せいじき

4 ここのシェフは、<u>厳選</u>した食材で最高の料理を作ることで有名です。

1 ごんせん　2 いっせん　3 げきせん　4 げんせん

5 データが事態の深刻さを<u>如実</u>に表している。

1 じょじつ　2 こうじつ　3 にょじつ　4 どじつ

6 発表に向けて、その道の<u>玄人</u>に話を聞きに行く。

1 しろと　2 くろと　3 しろうと　4 くろうと

問題2　（　　）に入れるのに最もよいものを、1・2・3・4から一つ選びなさい。

7 書類に（　　）があると、申請は受理されない。

1　不備　　2　不当　　3　不意　　4　不順

8 大切な仕事だとわかってはいるのだが、興味のない分野だけに（　　）。

1　気が立たない　　2　気が抜けない　　3　気がおけない　　4　気が乗らない

9 どうしても嫌なことなら、（　　）断ったほうがいい。

1　きっぱり　　2　じっくり　　3　てっきり　　4　うっかり

10 子供が3歳になったら、以前勤めていた銀行に（　　）する予定だ。

1　副業　　2　回復　　3　復職　　4　複写

11 彼の行いは、尊敬に（　　）。

1　即する　　2　値する　　3　有する　　4　要する

12 今までの努力の（　　）が出て、今大会では優勝することができた。

1　成功　　2　評価　　3　成果　　4　効果

13 彼女は新人賞を受賞し、作家として華々しい（　　）を飾った。

1　デビュー　　2　エリート　　3　インテリ　　4　エンド

問題3　＿＿＿の言葉に意味が最も近いものを、1・2・3・4から一つ選びなさい。

14 生活習慣の乱れが体調に<u>顕著に</u>表れている。

1　きっぱりと　　2　はっきりと　　3　あいまいに　　4　ゆったりと

15 当店の商品は<u>一律</u>千円です。

1　最高　　2　最低　　3　平均　　4　全部

16 2か月前に転職してから忙しい毎日が続いて、<u>くたびれて</u>しまった。

1　体調をくずして　　2　やる気をなくして
3　ひどく疲れて　　4　寝込んで

17 これは日本の伝説に<u>まつわる</u>話を集めた本だ。

1　まとめる　　2　かねる　　3　よく合う　　4　関係する

18 楽してお金をもらおうなんて<u>情けない</u>考えはやめたほうがいい。

1　いじわるな　　2　簡単な　　3　みじめな　　4　ずるい

19 将来のことは、もっと<u>シビア</u>に考えたほうがいい。

1　楽観的に　　2　悲観的に　　3　現実的に　　4　多角的に

問題4　次の言葉の使い方として最もよいものを、1・2・3・4から一つ選びなさい。

20 着手

1　好きな俳優に着手してもらっただけでなく、サインももらった。

2　この飛行機は空港に着手する準備を始めますので、座席にお戻りください。

3　そろそろこの仕事に着手しないと、締め切りに間に合わないよ。

4　娘はお気に入りの手袋を着手して、うれしそうだ。

21 未知

1　彼の本を読んで、自分はなんて未知なのかと恥じている。

2　未知の人に話しかけられても、決してついて行ってはいけないよ。

3　大切な試験で致命的なミスをしたので、合格は未知になった。

4　地球上には、まだ数多くの未知の生物が存在する。

22 気兼ね

1　息子が大学に合格できるか、いつも気兼ねして夜も眠れない。

2　新しい職場の待遇は十分で、何の気兼ねも感じない。

3　課長は、大事な会議の前は、いつも準備に気兼ねがない。

4　このゴルフ教室は、初心者でも気兼ねなく練習できる。

23 発足

1　祖父の家は約100年前に発足されたが、まだ十分住める。

2　国会は長時間の議論の末、この法案を新たに発足した。

3　この本は、昨年発足されて間もなくベストセラーになった。

4　彼は貧しい子供たちの生活を支える活動をするために、この団体を発足した。

24 見込む

1　高いところから下を見込んで、一気に怖くなってしまった。

2　これまでの実績と君の実力を見込んで、ぜひお願いしたい仕事がある。

3　万引きは悪いことだが、まだ小さい子供だったので見込んであげた。

4　私が見込んだ話では、山田さんはどうやら転勤になるそうだ。

25 素質

1 松田（まつだ）さんはチームをまとめるのが上手で、リーダーとしての<u>素質</u>がある。

2 小林（こばやし）さんは<u>素質</u>な性格で、部下から好かれている。

3 そのアイデアの<u>素質</u>はいいが、現状に合っていないのが問題だ。

4 この論文を書くにあたり、数多くの<u>素質</u>を集めるのが大変だった。

問題5　次の文の（　　　）に入れるのに最もよいものを、1・2・3・4から一つ選びなさい。

26 届けられたお弁当の量を見てあぜんとした。30代の私で（　　　）食べきれそうにない。高齢の私の両親にはとてもじゃないが多すぎる。

1　なら　　2　おろか　　3　あって　　4　すら

27 閣僚の度重なる発言が問題になっている。先日も大臣が発言を撤回していたが、今になって謝罪した（　　　）彼に対する印象は何も変わらない。

1　ところで　　2　ところは　　3　ところに　　4　ところ

28 スマホの普及やこの不景気（　　　）、消費者の意識が「所有」から「共有」へと変化している。物を所有するよりも、必要な時に必要なものをレンタルすることを好む人が増えているのだ。

1　に反して　　2　を伴って　　3　とかかわって　　4　と相まって

29 （テレビのスポーツ番組で）

Xチームが上のリーグに上がるためには、なんとしてもこの試合に勝たなければなりません。前半戦を終えて2対2の同点。1点（　　　）許すわけにはいきません。

1　だけは　　2　たりとも　　3　たらず　　4　限り

30 和弘（かずひろ）「明日は、夕方4時半に成田着の予定だよ。」

美里（みさと）「車で迎えに行くから、成田空港に（　　　）電話してね。」

1　着くや否や　　2　着いたとたん　　3　着くが早いか　　4　着き次第

31 わが社では、社員がより働きやすい環境を目指して様々な取り組みを行ってきた。その効果もあって、退職者は減り、以前（　　　）社員の意欲が上がっている。

1　にも増して　　2　から増して　　3　でも増して　　4　とは増して

32 洋子（ようこ）「たばこやめるって言ってなかった？」
隆（たかし）「やめようと思ってるよ。ただ、ストレスを感じると、（　　　）んだよね。」

1　吸わずにはおかない　　2　吸わないではおかない
3　吸ってはいられない　　4　吸わずにはいられない

33 あの新人は、社会人として（　　　）常識が欠けている。ろくにあいさつもしないし、遅刻もしょっちゅうするし。

1　必要とさせられる　　2　必要とされている
3　必要なりの　　4　必要にせよ

34 ボランティアで公園のゴミ拾いをしている（　　　）タバコの吸い殻を捨てられて、本当にがっかりした。

1　うえに　　2　につれて　　3　そばから　　4　とともに

35 社内で慎重に検討いたしましたが、今回のお申し出は（　　　）。

1　辞退させていただきます　　2　ご辞退になります
3　辞退していらっしゃいます　　4　辞退しておられます

第2回

文法

問題6　次の文の ＿★＿ に入る最もよいものを、1・2・3・4から一つ選びなさい。

（問題例）

あそこで ＿＿＿ ＿＿＿ ＿★＿ ＿＿＿ は山田（やまだ）さんです。

1　テレビ　　2　見ている　　3　を　　4　人

（解答のしかた）

1.　正しい文はこうです。

あそこで ＿＿＿ ＿＿＿ ＿★＿ ＿＿＿ は山田（やまだ）さんです。 1　テレビ　3　を　2　見ている　4　人

2.　＿★＿ に入る番号を解答用紙にマークします。

（解答用紙）

（例）	①　●　③　④

---

36 彼女と結婚したいという気持ちは ＿＿＿ ＿＿＿ ＿★＿ ＿＿＿ 変わりません。

1　言おうと　　2　決して　　3　何と　　4　誰が

37 竹内（たけうち）さんは、部下の満足度や他部署の予定よりも ＿＿＿ ＿＿＿ ＿★＿ ＿＿＿ 得ることができない。

1　部下の信頼を　　2　きらいがあるので

3　自分の都合ばかりを　　4　優先する

38 ゆうべ、友人からのメールで ＿＿＿ ＿＿＿ ＿★＿ ＿＿＿ 昨日お亡くなりになったと知り、なかなか眠りにつくことができなかった。

1　私が尊敬して　　2　平野（ひらの）先生が

3　大学時代の指導教官であり　　4　やまない

39 社内の不祥事が明るみに ＿＿＿ ＿＿＿ ＿★＿ ＿＿＿ 調査を始めた。

1　ようやく　　2　至って

3　経営陣は社内での　　4　出るに

40 (経営者へのインタビューで)

記者「御社では、今、どのような人材を求めているのでしょうか。」

社長「学校の成績が ＿＿＿ ＿＿＿ ＿★＿ ＿＿＿ のですが、それだけを見ることはしません。特に弊社のようなベンチャー企業では新しい発想が求められます。」

1　越したことはない　　2　あれば　　3　あるに　　4　優秀で

問題7　次の文章を読んで、文章全体の趣旨を踏まえて、[41]から[45]の中に入る最もよいものを、1・2・3・4から一つ選びなさい。

以下は、小説家が書いたエッセイである。

どうやって日本語のコーパスを作ったかというと、まず、日本語で書かれた国内の出版物をたくさん集める。出版数で考えると、「社会科学」に分類される出版物が一番多いのだそうだ。よって、実際の比率[41]、「社会科学分野の出版物が一番多くなるように」と、ちゃんと塩梅(あんばい)(注1)して集める。ただ、出版数ではなく流通数で考えると、文学関連が一番多くなる。そういった要素も加味する。

つまり、どんな出版物がどれぐらい作られているのか、我々がどんな出版物をよく読んでいるのか、実際の傾向や動向に基づいて、とにかく本や雑誌や新聞や白書(注2)や教科書を集めまくる。そうして集めた出版物から、抜粋(注3)する文章をランダムに選び、スキャンしてデータ化する。そのデータの集積が、コーパスと[42]。

コーパスがあると、とっても便利。たとえば、「『医者』と『医師』が、どう使いわけられているのか知りたいな」と思ったら、コーパスを検索すればいい。その二つの言葉が実際にどう使われているのか、パパッと表示される。[43]、書籍では「医者」より「医師」を使うことが多く、新聞では圧倒的に「医師」が多いらしい。コーパスは、「Yahoo!ブログ」と「Yahoo!知恵袋(ちえぶくろ)」での日本語の使われかたも収集していて、「ネット上では『医者』を使うひとが多い」ということもわかるようになっている。

じゃあ、「解約」と「キャンセル」をどう使いわけているかというと、ネット上では「キャンセル」が、新聞や広報誌や教科書では「解約」が、それぞれ圧倒的に多い。

ふむふむ、いずれも実感として、非常に納得のいく検索結果だ。我々は、真面目な局面(注4)だったり、「公な感じ」が強かったりする場合、「医師」や「解約」という言葉を選んで使い、くだけた場や日常的な文章表現においては、「医者」や「キャンセル」という言葉を選んで[44]。

このように、コーパスがあると、「どんな言葉を、どんな場面で実際に使っているのか」が一目瞭然(いちもくりょうぜん)(注5)になる。我々が、「ある言葉に、どんなニュアンスをこめているのかがわかる」とも［45］。

（三浦しをん『広辞苑をつくるひと』岩波書店による）

（注1）塩梅(あんばい)：ほどよい具合・加減
（注2）白書：政府が発表する報告書
（注3）抜粋する：書物などから必要なところを抜き出す
（注4）局面：そのときの状況・状態
（注5）一目瞭然(いちもくりょうぜん)：一目(ひとめ)見てはっきりわかること

41

1　に即して　　2　にとって　　3　に先立って　　4　に限って

42

1　名付けた　　2　言わされている
3　言ったところだ　　4　呼ばれるものだ

43

1　その結果　　2　いわゆる　　3　そして　　4　ちなみに

44

1　使っているわけだ　　2　使ってみることだ
3　使うまでもない　　4　使うことだろう

45

1　言わずにはおかない　　2　言えるものではない
3　言うわけにはいかない　　4　言えるかもしれない

問題8　次の(1)から(4)の文章を読んで、後の問いに対する答えとして最もよいものを、1・2・3・4から一つ選びなさい。

(1)　以下は、取引先の会社の人から届いたEメールである。

【担当者変更のお知らせ】
株式会社ＡＢＣ
佐藤様

いつもお世話になっております。
株式会社さくらの鈴木です。

この度、弊社の人事異動に伴い、4月1日より営業部小林が貴社を担当させていただくことになりました。在任中、佐藤様には大変お世話になり、感謝しております。

小林は入社10年のベテラン社員で、長らく営業業務に携わってまいりました。
今後も変わらぬご指導のほど、何卒よろしくお願い申し上げます。

後日改めまして、小林と共にご挨拶に伺う所存ではございますが、取り急ぎメールにてご連絡申し上げます。

上記につきまして、どうぞよろしくお願いいたします。

46 このメールで最も伝えたいことは何か。

1　新しい担当者が10年前に入社したベテランであること
2　鈴木が3月31日をもって会社を辞めること
3　鈴木が佐藤のところに挨拶に行くのは難しいこと
4　担当者が変わってもこれまでの関係を続けたいこと

(2)

私はパソコンもスマートフォンも持っていないが、ネット上には、作家やその作品に対する全否定、罵倒(注)(ばとう)が溢(あふ)れているらしい。プリントアウトしたものを私も見せてもらったことがある。やはり編集者が気を遣(つか)ってかなりましな感想を選んでくれたのだろうが、それでもそうとうなもので、最後まで読む勇気が自分にあったのは驚きだった。

(田中慎弥『ひよこ太陽』新潮社による)

(注)罵倒(ばとう):相手を大声で非難すること

47 驚きだったのはなぜか。

1　編集者がこれほど配慮してくれるとは思っていなかったから

2　読むにたえないほどの感想を最後まで読み切ったから

3　ネット上の文章を読むのに慣れていなかったから

4　ネット上の感想が読み切れないぐらい多かったから

(3)

私は一見社交的に見えるようだが、初対面の人と話すのは苦手だ。（中略）という話を、先頃、あるサラリーマンにした。

彼は小さな広告代理店の営業担当役員である。新しい人と知り合うのが仕事のような職種だ。

彼曰(いわ)く、話題につまった時は、ゴルフか病気の話をすれば何とかなるそうだ。四十も過ぎれば、体の不調は誰でも抱えている。自分自身は元気でも、親はある程度の年齢だから、病気に関わる心配事を抱えていない大人はいない。<u>なるほどである</u>。

（大石静『日本のイキ』幻冬舎による）

48 筆者が<u>なるほどである</u>と感じたことは何か。

1　営業は、新しい人と知り合うのが仕事だ。

2　初対面の人と話せないのは、病気のせいだ。

3　四十歳を過ぎると、誰でも病気をするのは当たり前だ。

4　何を話すか困ったときは、病気の話をすればいい。

(4)

強いとか弱いとかいうのとはちょっと別に、その選手に異様な熱を感じる時期というのがあって、世界戦やタイトルマッチじゃなくても、その熱は会場中に伝播する。その熱の渦中にいると「ボクシングってこんなにすごいのか！」と素直に納得する。たったひとりの人間が発する熱が源なのだから。それはもしかしたら、その<u>選手の旬</u>というものなのかもしれない。年齢とは関係ない。また、旬の長さも一定ではないし、一度きりということでもないのだろう。だけれど、永遠ではない。

（角田光代『ボクシング日和』角川春樹事務所による）

49 <u>選手の旬</u>について、筆者の考えに合うのはどれか。

1　ボクシングはほかのスポーツとは異なり、若い時に旬が来る。
2　選手の旬とは、選手生命のうちで最も強い時期のことである。
3　旬の選手は熱を放ち、観客はそれを感じ取る。
4　旬は一生に一度だけ訪れるものである。

問題９　次の(1)から(3)の文章を読んで、後の問いに対する答えとして最もよいものを、1・2・3・4から一つ選びなさい。

(1)

落語の世界では、マクラというものがあり、長い噺（はなし）(注1)を本格的に語る前にちょっとした小咄（こばなし）(注2)とか、最近あった自分の身の回りの面白い話などをする。（中略）

落語家はマクラを振ることによって何をしているかといえば、観客の気持ちをほぐすだけではなくて、今日の客はどういうレベルなのか、どういうことが好きなのか、というのを感じとるといっている。

たとえば、これぐらいのクスグリ（面白い話）で受けないとしたら、「今日の客は粋（いき）じゃない」とか「団体客かな」などと、いろいろ見抜く。そして客のタイプに合わせた噺（はなし）にもっていく。これはプロの熟達した技だ。

<u>それと似たようなことが授業にもある</u>。先生の立場からすると、自分の話がわかったときや知っているときは、生徒にうなずいたりして反応してほしいものだ。そのうなずく仕草によって、先生は安心して次の言葉を話すことができる。反応によっては発問を変えたり予定を変更したりすることが必要だ。

逆の場合についても、そのことはいえる。たとえば子どもが教壇に一人で立って、プレゼンテーションをやったとする。そのときも教師の励ましが必要なのだ。アイコンタクトをし、うなずきで励ますということだ。先生と生徒が反応し合うことで、密度は高まり、場の空気は生き生きしてくる。

（齋藤孝『教育力』岩波書店による）

（注1）噺（はなし）：昔話や落語
（注2）小咄（こばなし）：短くおもしろい話

50 落語家について、筆者はどのように述べているか。

1　落語家は、マクラといって小咄の後に長い噺をする。

2　落語家は、クスグリに対する客の反応によって、語る噺を決める。

3　落語家は、マクラを振る前に、観客の好みを見極める。

4　落語家は、客が団体客の場合のみ、客に合わせた噺をする。

51 <u>それと似たようなことが授業にもある</u>とあるが、どういう意味か。

1　先生にとっても生徒のレベルや好みを感じ取ることは難しいという意味

2　先生も面白い話をして生徒の気持ちをほぐしているという意味

3　先生も教壇で落語をしようとしているという意味

4　先生も生徒の反応によって授業を臨機応変に変えているという意味

52 筆者によると、授業に必要なこととは何か。

1　生徒が発表するとき、先生が声をかけて励ますこと

2　先生と生徒が近距離で触れ合うこと

3　先生も生徒も相手の話を聞いて反応すること

4　先生を安心させるために生徒が質問をたくさんすること

(2)

ペットショップで目が合って何か運命的なものを感じてしまい、家へ連れて帰ってきたシマリスのシマ君が、今朝、突然、攻撃的になってしまった。

これまで、手のひらに入れてぐるぐるお団子にしたり、指を口の前に差し出しても一度も咬んだり人を攻撃したことがないのに、いきなり咬みつかれた。かごの中の餌からゴミを取ろうとしてふと指を入れたら、がぶっとやられたのである。

(中略)

「①タイガー化する」といって、冬眠に入る秋冬になるとものすごく攻撃的になるという。そんなことは知らなかった。あんなにひとなつこくて誰にでも甘えてくるリスが、目(注1)を三角にしてゲージ(注2)にバンバン体当たりしてくる。同じ動物とは思えない。怖い。

獣医師によると、冬眠する前に体内にある物質が分泌されるらしい、という説や、冬眠前になるべく餌をたくさん食べて体脂肪を蓄えるためになわばり意識が強まる、という二つの説があるそうだが、医学的にはっきり解明されていない。

その上、何と「春になると元のひとなつこい状態に戻る子もいるし、そのままの凶暴状態が続く子もいます」というのである。

もう戻らないかもしれないなんて、②本当に悲しい。あんなに可愛かったうちのシマ君が、突然、野獣に変ってしまった。

(柿川鮎子『まふまふのとりこ ― 動物をめぐる、めくるめく世界へ ―』三松株式会社出版事業部による)

(注1) 目を三角にする：怒って、怖い目つきをする
(注2) ゲージ：動物を閉じ込めておく檻やかご

53 シマ君の以前の様子について、筆者はどのように述べているか。

1　筆者の手のひらで丸められるのを喜んでいた。

2　人を咬(か)むような凶暴性はなかった。

3　よくかごの中からゴミを出そうとしていた。

4　筆者以外の人に人見知りしていた。

54 ①<u>タイガー化</u>について、筆者はどのように述べているか。

1　タイガー化とは冬眠に入った後に攻撃的になることを指す。

2　タイガー化の原因は獣(じゅう)医学でも解き明かされていない。

3　タイガー化すると誰にでも甘えるようになる。

4　餌を食べ過ぎるとタイガー化しやすい。

55 筆者がシマ君について②<u>本当に悲しい</u>と思っているのはなぜか。

1　冬眠が明けても攻撃的なままかもしれないから

2　春になっても体脂肪が落ちないかもしれないから

3　いつ元の可愛い顔に戻るのかわからないから

4　冬眠から覚めずにそのまま死んでしまうかもしれないから

(3)

かつての教員養成はきわめてすぐれていた。ことに小学校教員を育てた師範（しはん）(注1)学校は、いまでは夢のような、ていねいな教育をしたものである。

（中略）

その師範（しはん）学校の教員養成で、ひとつ大きな忘れものがあった。外国の教員養成に見倣（みなら）(注2)ったものだから、罪はそちらのほうにあるといってよい。

何かというと、声を出すことを忘れていたのである。読み、書き中心はいいが、声を出すことをバカにしたわけではないが、声の出し方を知らない教師ばかりになった。

（中略）

新卒の先生が赴任（ふにん）する。小学校は全科担任制だが、朝から午後までしゃべりづめである。声の出し方の訓練を受けたことのない人が、そんな乱暴なことをすれば、タダではすまない。

早い人は秋口に、体調を崩す。戦前の国民病、結核（けっかく）(注3)にやられる。運がわるいと年明けとともに発病、さらに不幸な人は春を待たずに亡くなる、という例がけっして少なくなかった。

もちろん、みんなが首をかしげた。大した重労働でもない先生たちが肺病で亡くなるなんて信じがたい。日本中でそう思った。

知恵（?）のある人が解説した。先生たちは白墨（はくぼく）(注4)で板書をする。その粉が病気を起こすというのである。この珍説、またたくまに、ひろがり、日本中で信じるようになった。神経質な先生は、ハンカチで口をおおい、粉を吸わないようにした。それでも先生たちの発病はすこしもへらなかった。

大声を出したのが過労であったということは、とうとうわからずじまいだったらしい。

（外山滋比古『100年人生 七転び八転び ―「知的試行錯誤」のすすめ』さくら舎による）

（注1）師範（しはん）学校：小学校教員を養成した旧制の学校
（注2）見倣（みなら）う：見てまねをする
（注3）結核（けっかく）：結核菌（けっかくきん）を吸い込むことによって起こる感染症
（注4）白墨（はくぼく）：チョーク

56 昔の教員養成について、筆者はどのように述べているか。

1　海外のものを参考にしていた。
2　大声を出す人は軽蔑（けいべつ）されていた。
3　読むことより書くことを主に学んだ。
4　声の出し方を忘れる人が多かった。

57 新卒の先生について、筆者はどのように述べているか。

1　生徒たちから日常的に乱暴な言い方をされていた。
2　運が悪い人はお正月には病気になっていた。
3　春になる前に亡くなる人は少なかった。
4　一日中ぺちゃくちゃおしゃべりする人が多かった。

58 それでも先生たちの発病はすこしもへらなかったとあるが、なぜか。

1　病気が速いスピードで日本中に広がってしまったから。
2　ハンカチでは白墨の粉を防ぎきれなかったから。
3　声を出す時に白墨の粉を吸ってしまっていたから。
4　大声を出したりしゃべり続けたりしたことで体調を崩していたから。

第2

読解

問題10　次の文章を読んで、後の問いに対する答えとして最もよいものを、1・2・3・4から一つ選びなさい。

「住まいの中の君の居場所はどこか?」と問われて「自分の部屋」と、自覚的に答えられるのは、五、六歳になってからでしょうか。

しかしその時期をすぎても、実際には自室をもっている子でさえ、宿題はダイニングテーブルやリビングでやるという場合が、とても多いとききます。玩具やゲーム機で遊ぶのもリビングで、けっきょく自室に入るのは眠るときだけ。こんな子が少なくありません。

その理由の一つは子供も親も、家にいる時間がどんどんへっていることにあります。今、共働きの世帯は専業主婦世帯のほぼ二倍にあたる約1100万世帯で、これからも増加するとみられています。しかも労働時間はいっこうにへらず長いまま。親が家にいない時間が長くなるにつれて、子供もやはり家にいない時間が増えていきました。起きている時間のうちの大半を、自宅ではなく保育園などで過ごす子も多い。こんな状況ですから、親子のふれあう時間そのものが少ないのです。

①こうしたなかで、親子のコミュニケーション、ふれあいの機会を空間的にどうにか捻出しようという働きかけが、ハウスメーカー(注1)から出ています。

たとえば三井ホームは「学寝分離」、ミサワホームは「寝学分離」をテーマにした住まいを広めようとしています。

「寝」というのは睡眠の場所、「学」というのは遊びを含む学びの場所のことです。これを分離するというのはどういうことでしょうか。

「家族のコミュニケーションを高めるために、子供室はあくまで“寝る部屋”と位置づけ、“学ぶ部屋”“くつろげる場所”を共有空間などの別の場所に設けるという考え方」(三井ホーム・シュシュ)

これまでの子供部屋はしっかり集中して勉強ができる空間、ゆっくりと安眠できる空間、また読書や音楽鑑賞といった個人の趣味や息抜きをする空間として考えられていました。いわばそこは子供にとってのオールマイティ(注2)な場所でした。

しかし、それでは親と子供がふれあう時間がなくなる。そこで、②子供部屋がほんらい発揮すべき役割を、家の中の他の場所にもつくって、そこをコミュニケーションの場としても活用しようというわけです。

(藤原智美『集中力・思考力は個室でこそ磨かれる　なぜ、「子供部屋」をつくるのか』廣済堂出版による)

(注1) ハウスメーカー：家づくりのサービスを行っている会社
(注2) オールマイティ：何でも完全にできること

59 子供と部屋の関係について、筆者はどのように述べているか。

1　家の中に居場所がないと感じている五、六歳以下の子供は多い。

2　子供は自分の部屋で寝ることが少ない。

3　自分の部屋を持たない子供が増(ふ)えている。

4　子供部屋で遊んだりゲームをしたりする子供は少ない。

60 ①こうしたなかでとあるが、どのようなことか。

1　共働きが増え、保育園などに通う子供が増えた。

2　子供が寝る時間が増え、親子のふれあう時間が減った。

3　親が、子供の家にいる時間を減らそうとしている。

4　専業主婦が増えており、これからも増えていく。

61「学寝分離」、「寝学分離」の意味として正しいのはどれか。

1　子供を家族から離れたところで寝かせること

2　子供が勉強する場所と、家族で過ごす場所を分けること

3　子供が寝る以外の時間に家族と一緒に過ごせる場所を作ること

4　共有空間では家族でくつろぎ、子供部屋では子供を自由に遊ばせること

62 ②子供部屋がほんらい発揮すべき役割について、筆者はどのように述べているか。

1　子供にとって安心して寝られる場所であること

2　子供と親がいつでもくつろげる空間であること

3　子供にとって何でも安心してできる場所であること

4　子供と親がコミュニケーションできる場所であること

問題11　次のＡとＢの文章を読んで、後の問いに対する答えとして最もよいものを、１・２・３・４から一つ選びなさい。

A

私は幼稚園の運動会での写真撮影禁止に賛成です。写真には、子供も先生も他の親たちもみんな写ってしまうのです。それが嫌な人もいるわけですよ。それに、写真に残さないといけないという脅迫観念の中で生きている人が多いのですが、撮って満足しているだけじゃないんですか。撮影のための場所取りに必死になって、他の人の邪魔になったり、運動会を見に来ているのか撮影だけに来ているのか、わからなくなったりしている人が多いです。幼稚園側も、肉眼でしっかり子供を見て、成長を目に焼き付けてもらいたいんじゃないでしょうか。私は写真撮影しても、後日見返したことがないです。実際の目で見たほうが、終わってからの満足感を得られると思います。

B

運動会の写真撮影を禁止する幼稚園があるそうですが、それは仕方のないことだと思います。最近はモラル(注)のない親が多いので、撮影の場所取りなどで保護者同士のトラブルになったら、幼稚園にクレームが殺到しますよね。幼稚園側からすれば、そのようなクレームに対応できないというのが本音でしょう。また、保護者の方たちは、撮影していると自分の子供ばかりに目が行きがちですが、幼稚園側としては、先生方の声かけや他の子供たちとのかかわり方などにも目を向けてもらいたいのではないでしょうか。それと、親が撮影に熱心になりすぎて、拍手や声援がまばらになるので、子供たちのやる気に影響してしまうのではないかと思います。子供と目を合わせて、見てるよ、応援してるよ、とアイコンタクトする。そういった温かいやり取りが忘れられているように思います。

（注）モラル：いいことと悪いことや正しいことと正しくないことを見極めるための普遍的な行動基準

63 幼稚園での運動会の写真撮影について、AとBはどのように述べているか。

1　AもBも、自分の子供以外の人を撮影してしまうことがよくないと述べている。

2　AもBも、幼稚園側がクレームに対応できないからよくないと述べている。

3　Aは写真に残して後日見返さないのはよくないと述べ、Bは撮影で親同士がケンカになることがよくないと述べている。

4　Aは写真を撮るだけで満足している親が多いと述べ、Bは子供たちのやる気に影響していると述べている。

64 幼稚園側の意見について、AとBはどのように推測しているか。

1　Aは先生が写真に写り込むことを嫌っているのだろうと述べ、Bは拍手や声援を増やしてほしいのだろうと述べている。

2　Aは場所取りなどで他の人の邪魔にならないでほしいのだろうと述べ、Bはクレームを避けようとしていると述べている。

3　Aはカメラ越しではなく直接子供を見てほしいのだろうと述べ、Bは自分の子供だけでなく他の子供とのかかわり方も見てほしいのだろうと述べている。

4　Aは撮影が目的の人には別の場所で見てほしいのだろうと述べ、Bは子供とアイコンタクトしてほしいのだろうと述べている。

問題12　次の文章を読んで、後の問いに対する答えとして最もよいものを、1・2・3・4から一つ選びなさい。

少子化と、超高齢化で、将来的に労働力が不足し、生産力が激減するということで、移民(注1)の受け入れと並んで、高齢者の雇用延長、再雇用が奨励されるようになった。定年(注2)も1970年代には55歳だったものが、その後60歳、さらに、改正高年齢者雇用安定法により、65歳までの雇用確保が定着しつつある。(中略)

アメリカのように定年制がない国もあるが、日本の定年がどうやって決められているのか、わたしにはよくわからない。おそらく平均寿命から算出されているのかも知れない。長く続いた「55歳定年制」だが、日本人の平均寿命が40歳代前半だった二十世紀初頭に、日本郵船が設けた社員休職規則が起源という説が有力だ。今や、平均寿命は80歳を超えているわけだから、65歳まではもちろん、ひょっとしたら70歳、いや75歳までは働けるのではないか、といったムードがあるように思う。そしてメディアは、「いくつになっても働きたい、現役でいたい」という人々を好んで取り上げる。働いてこそ幸福、という世論が醸成(じょうせい)(注3)されつつある感じもする。

だが、果たして、①歳を取っても働くべきという考え方は正しいのだろうか。「村上(むらかみ)さんは会社勤めじゃないから定年なんかなくていいですね」と言われることがあり、「まあ、そうですけどね」とか曖昧(あいまい)に対応するが、内心「ほっといてくれ(注4)」と思う。

パワーが落ちてきたのを実感し、「もう働きたくない」という人だって大勢いるに違いない。「ゆっくり、のんびりしたい」と思っていて、経済的余裕があれば、無理して働く必要はないと個人的にはそう思う。さらに②不可解なのは、冒険的な行為に挑む年寄りを称賛する傾向だ。歳を取ったら無理をしてはいけないという常識は間違っていない。冒険なんかされると、元気づけられるどころか、あの人に比べると自分はダメなのではないかと、気分が沈む。勘違いしないで欲しいが、年寄りは冒険をするなと言っているわけではない。冒険するのも、自重するのも、個人の自由であって、一方を賛美すべきではないということだ。

わたしは、60歳を過ぎた今でも小説を書いていることに対し、別に何とも思わない。伝えたいことがあり、物語を構成していく知力がとりあえずまだ残っていて、かつ経済面でも効率的なので、書いているだけで、幸福だとか、恵まれているとか、まったく思ったことはない。「避ける」「逃げる」「休む」「サボる」そういった行為が全否定されているような社会は、息苦しい。

(村上龍『おしゃれと無縁に生きる』幻冬舎による)

(注1) 移民：外国に移り住む人

(注2) 定年：会社などで退職するように決められた年齢

(注3) 醸成(じょうせい)される：次第に作り上げられる

(注4) ほっといて：ほうっておいて

65 筆者によると、日本の定年制に対する世間の意見はどのようなものか。

1 平均寿命が伸びたので、定年も65歳に引き上げるべきだ。

2 老人は移民よりも仕事ができるので、定年を過ぎても仕事を続けるべきだ。

3 歳老いても働くことはいいことなので、定年は75歳でもいいかもしれない。

4 労働力が不足しているので、定年を設定せず、たくさんの人を長く働かせたほうがいい。

66 ①歳を取っても働くべきという考え方について、筆者はどのように考えているか。

1 平均寿命が延びたのだから、歳を取っても働くのは当然だ。

2 経済的に働く必要がなければ、無理に働かなくてもいい。

3 働くことは幸福なことなので、歳を取っても働くのは素晴らしい。

4 歳を取ったら無理をしないほうがいいから、反対だ。

67 筆者が②不可解だと感じているのはどのようなことか。

1 なぜ人々は冒険する老人をすばらしいとほめるのかということ

2 なぜ自分には冒険する元気がないのかということ

3 なぜ人は歳を取っても挑戦し続けようとするのかということ

4 なぜ歳を取ったら無理をしてはいけないと思うのかということ

68 筆者が最も伝えたいことは何か。

1 年寄りが力を発揮できるように応援するべきだ。

2 無理をしている老人を見るのは心苦しい。

3 小説家にも会社勤めと同じように定年の制度が必要だ。

4 歳を取ってもがんばり続けなければならないという社会は嫌だ。

問題13　右のページは、旅行のパンフレットである。下の問いに対する答えとして最もよいものを、1・2・3・4から一つ選びなさい。

69 8月10日に田中さん夫婦は特急列車に乗って温泉ホテルに泊まりに行く予定だが、なるべく安く泊まりたい。田中さんは55歳、田中さんの奥さんは48歳。温泉ホテルまでの特急列車の通常の値段は一人片道3000円である。どのプランが一番安いか。

1　月の館の宿泊プランA
2　光の館の宿泊プランA
3　月の館の宿泊プランB
4　光の館の宿泊プランB

70 8月25日に山本さん家族は4人（大人2人、中学生1人、小学生1人）で光の館に泊まりたい。山本さんは43歳、山本さんの奥さんは40 歳。温泉ホテルまでは車で行く予定である。いくらになるか。

1　34,000円
2　37,000円
3　41,000円
4　44,500円

7/30 ～ 8/31　夏の宿泊キャンペーン！

ホテルABC鬼怒川

鬼怒川温泉駅から徒歩６分。四季折々に姿を変える山々に囲まれ、露天風呂からは鬼怒川を一望できる、伝統ある温泉宿です。源泉100%の天然温泉で、効果を肌で実感できます。お食事は郷土料理を含む和洋中の朝食及び夕食をご堪能いただけます。お客様を心からおもてなしいたします。

【客室】 月の館　バス・トイレ付和室（2～6名）　　光の館　バス・トイレ付和室（2～5名）

【基本代金（お一人様／単位：円）】

［**宿泊プランA**］　1泊夕食・朝食付（夕食は90分飲み放題付き）

区分（1室利用人員）	宿泊プランA
おとな（中学生以上）	10,000
こども（小学生）	7,000
こども（4歳以上の未就学児）	5,000

※０～３歳児のお子様は代金不要でご利用いただけます。
1室利用人員には含めません。

※光の館はリニューアル一周年となりました。光の館にご宿泊の場合、上記基本代金に各1名様につき、おとな（中学生以上）2,000円、こども（小学生）1,500円、こども（4歳以上の未就学児）1,000円が加算されます。

キャンペーン特典

①お一人様一杯の**ウェルカムドリンク**付き！

②ご夫婦どちらかが50歳以上の場合、**光の館5000円引き宿泊券**（次回宿泊時から利用可）をプレゼント！

③お得な**往復特急券付きプランB**をご用意！
宿泊プランAに特急きぬ号往復券（普通車指定一般席／東武浅草⇔鬼怒川温泉）付き。上記基本代金に各1名様につき、おとな5,000円、こども（小学生）3,000円が加算されます。

【設備】 温泉大浴場、貸切風呂、室内温泉プール（期間限定）、アロマセラピー、リフレクソロジー、卓球、カラオケ、宴会場、会議室

第2回　読解

N1
聴解
(60分)

注　　意
Notes

1. 試験が始まるまで、この問題用紙を開けないでください。
   Do not open this question booklet until the test begins.

2. この問題用紙を持って帰ることはできません。
   Do not take this question booklet with you after the test.

3. 受験番号と名前を下の欄に、受験票と同じように書いてください。
   Write your examinee registration number and name clearly in each box below as written on your test voucher.

4. この問題用紙は、全部で13ページあります。
   This question booklet has 13 pages.

5. この問題用紙にメモをとってもかまいません。
   You may make notes in this question booklet.

受験番号　Examinee Registration Number	

名前　Name	

問題1　N1_2_02

問題1では、まず質問を聞いてください。それから話を聞いて、問題用紙の1から4の中から、最もよいものを一つえらんでください。

例　N1_2_03

1　グッズの数をチェックする
2　客席にゴミが落ちていないか確認する
3　飲み物とお菓子を用意する
4　ポスターを貼る

1番(ばん) N1_2_04

1　システムが使(つか)えるかテストする
2　出勤管理(しゅっきんかんり)システムにログインする
3　新(あたら)しいパスワードを設定(せってい)する
4　退出(たいしゅつ)ボタンをクリックする

2番(ばん) N1_2_05

1　最終(さいしゅう)のご案内(あんない)というメール
2　予約管理番号(よやくかんりばんごう)が書(か)かれたメール
3　航空券(こうくうけん)の引換券(ひきかえけん)が添付(てんぷ)されたメール
4　決済完了(けっさいかんりょう)のメール

3番 N1_2_06

1 車にファイルを取りに行く
2 修理工場の情報を教える
3 修理代の見積もりを取る
4 2万円払う

4番 N1_2_07

1 部屋を選択する
2 会員登録をする
3 予約をし直す
4 予約をすべてキャンセルする

5番 N1_2_08

1　図書館に行く
2　分析方法を書く
3　フォーマットを変える
4　出典の順序を変える

6番 N1_2_09

1　そうじのコツをネットで調べる
2　そうじ場所のリストを作る
3　そうじ道具を買いに行く
4　必要なさそうなものを箱に入れる

問題2 N1_2_10

問題2では、まず質問を聞いてください。そのあと、問題用紙のせんたくしを読んでください。読む時間があります。それから話を聞いて、問題用紙の1から4の中から、最もよいものを一つえらんでください。

例 N1_2_11

1　役者の顔
2　役者の演技力
3　原作の質
4　演劇のシナリオ

1番 N1_2_12

1　パジャマを渡す

2　インターホンを押す

3　面会申込書に記入する

4　面会者用カードを渡す

2番 N1_2_13

1　C会場で夕飯を食べること

2　浴衣を着て夕飯を食べること

3　大浴場まで部屋のタオルを持っていくこと

4　夜9時以降に外出する時玄関の鍵を閉めること

3番 N1_2_14

1 夫が特殊詐欺をしたから
2 詐欺師が自分の留守の時間に来たから
3 夫がお金を孫にあげなかったから
4 夫が秘密の口座を持っていたから

4番 N1_2_15

1 書類がいつ届くか
2 山本さんがいつ席に戻るか
3 忘れ物をいつ送ってもらえるか
4 山本さんがいつ電話をくれるか

5番 N1_2_16

1　3路線が通っていること
2　始発駅であること
3　待機児童がいないこと
4　駅前に居酒屋がないこと

6番 N1_2_17

1　東京支社で働くことになったから
2　この会社を辞めるから
3　大きなプロジェクトが終わったから
4　大阪支社で働くことになったから

7番 N1_2_18

1 洗濯機で洗えるようになった

2 ホックで留められるようになった

3 ホックの数が増えた

4 羽毛の質がよくなった

問題3 N1_2_19

問題3では、問題用紙に何も印刷されていません。この問題は、全体としてどんな内容かを聞く問題です。話の前に質問はありません。まず話を聞いてください。それから、質問とせんたくしを聞いて、1から4の中から、最もよいものを一つえらんでください。

例 N1_2_20

1番 N1_2_21

2番 N1_2_22

3番 N1_2_23

4番 N1_2_24

5番 N1_2_25

6番 N1_2_26

問題4 N1_2_27

問題4では、問題用紙に何も印刷されていません。まず文を聞いてください。それから、それに対する返事を聞いて、1から3の中から、最も良いものを一つえらんでください。

例 N1_2_28

1番 N1_2_29

2番 N1_2_30

3番 N1_2_31

4番 N1_2_32

5番 N1_2_33

6番 N1_2_34

7番 N1_2_35

8番 N1_2_36

9番 N1_2_37

10番 N1_2_38

11番 N1_2_39

12番 N1_2_40

13番 N1_2_41

14番 N1_2_42

問題5 N1_2_43

問題5では、長めの話を聞きます。この問題には練習はありません。
問題用紙にメモをとってもかまいません。

1番、2番

問題用紙に何も印刷されていません。まず話を聞いてください。それから、質問とせんたくしを聞いて、1から4の中から、最もよいものを一つえらんでください。

1番 N1_2_44

2番 N1_2_45

3番 N1_2_46

まず話を聞いてください。それから、二つの質問を聞いて、それぞれ問題用紙の1から4の中から、最もよいものを一つえらんでください。

質問1 N1_2_47

1　A館
2　B館
3　本館2階
4　本館3階

質問2

1　A館
2　B館
3　本館2階
4　本館3階

合格模試　解答用紙

N1 言語知識（文字・語彙・文法）・読解

第2回

受験番号 Examinee Registration Number		名前 Name	

〈ちゅうい　Notes〉

1. くろいえんぴつ（HB、No.2）でかいてください。
   Use a black medium soft (HB or No.2) pencil.
   （ペンやボールペンではかかないでください。）
   (Do not use any kind of pen.)
2. かきなおすときは、けしゴムできれいにけしてください。
   Erase any unintended marks completely.
3. きたなくしたり、おったりしないでください。
   Do not soil or bend this sheet.
4. マークれい Marking Examples

よいれい Correct Example	わるいれい Incorrect Examples
●	⊗ ✓ ○ ◎ ⊜ ⦶ ●

問題1				
1	①	②	③	④
2	①	②	③	④
3	①	②	③	④
4	①	②	③	④
5	①	②	③	④
6	①	②	③	④
問題2				
7	①	②	③	④
8	①	②	③	④
9	①	②	③	④
10	①	②	③	④
11	①	②	③	④
12	①	②	③	④
13	①	②	③	④
問題3				
14	①	②	③	④
15	①	②	③	④
16	①	②	③	④
17	①	②	③	④
18	①	②	③	④
19	①	②	③	④
問題4				
20	①	②	③	④
21	①	②	③	④
22	①	②	③	④
23	①	②	③	④
24	①	②	③	④
25	①	②	③	④

問題5				
26	①	②	③	④
27	①	②	③	④
28	①	②	③	④
29	①	②	③	④
30	①	②	③	④
31	①	②	③	④
32	①	②	③	④
33	①	②	③	④
34	①	②	③	④
35	①	②	③	④
問題6				
36	①	②	③	④
37	①	②	③	④
38	①	②	③	④
39	①	②	③	④
40	①	②	③	④
問題7				
41	①	②	③	④
42	①	②	③	④
43	①	②	③	④
44	①	②	③	④
45	①	②	③	④
問題8				
46	①	②	③	④
47	①	②	③	④
48	①	②	③	④
49	①	②	③	④

問題9				
50	①	②	③	④
51	①	②	③	④
52	①	②	③	④
53	①	②	③	④
54	①	②	③	④
55	①	②	③	④
56	①	②	③	④
57	①	②	③	④
58	①	②	③	④
問題10				
59	①	②	③	④
60	①	②	③	④
61	①	②	③	④
62	①	②	③	④
問題11				
63	①	②	③	④
64	①	②	③	④
問題12				
65	①	②	③	④
66	①	②	③	④
67	①	②	③	④
68	①	②	③	④
問題13				
69	①	②	③	④
70	①	②	③	④

合格模試　解答用紙

N1　聴解

第2回

受験番号 Examinee Registration Number		名前 Name	

〈ちゅうい　Notes〉

1. くろいえんぴつ（HB、No.2）でかいてください。
   Use a black medium soft (HB or No.2) pencil.
   （ペンやボールペンではかかないでください。）
   (Do not use any kind of pen.)
2. かきなおすときは、けしゴムできれいにけしてください。
   Erase any unintended marks completely.
3. きたなくしたり、おったりしないでください。
   Do not soil or bend this sheet.
4. マークれい Marking Examples

よいれい Correct Example	わるいれい Incorrect Examples
●	⊗ ✓ ○ ◎ ⊜ ⦶ ●

問題1

例	①	②	③	●
1	①	②	③	④
2	①	②	③	④
3	①	②	③	④
4	①	②	③	④
5	①	②	③	④
6	①	②	③	④

問題2

例	①	②	③	●
1	①	②	③	④
2	①	②	③	④
3	①	②	③	④
4	①	②	③	④
5	①	②	③	④
6	①	②	③	④
7	①	②	③	④

問題3

例	①	②	●	④
1	①	②	③	④
2	①	②	③	④
3	①	②	③	④
4	①	②	③	④
5	①	②	③	④
6	①	②	③	④

問題4

例	①	●	③
1	①	②	③
2	①	②	③
3	①	②	③
4	①	②	③
5	①	②	③
6	①	②	③
7	①	②	③
8	①	②	③
9	①	②	③
10	①	②	③
11	①	②	③
12	①	②	③
13	①	②	③
14	①	②	③

問題5

1		①	②	③	④
2		①	②	③	④
3	(1)	①	②	③	④
	(2)	①	②	③	④

合格模試　第3回　　　　問題用紙

N1

言語知識（文字・語彙・文法）・読解

（110分）

注　　意

Notes

1. 試験が始まるまで、この問題用紙を開けないでください。

   Do not open this question booklet until the test begins.

2. この問題用紙を持って帰ることはできません。

   Do not take this question booklet with you after the test.

3. 受験番号と名前を下の欄（らん）に、受験票と同じように書いてください。

   Write your examinee registration number and name clearly in each box below as written on your test voucher.

4. この問題用紙は、全部で30ページあります。

   This question booklet has 30 pages.

5. 問題には解答番号の [1]、[2]、[3] … が付いています。
解答は、解答用紙にある同じ番号のところにマークしてください。

   One of the row numbers [1], [2], [3] … is given for each question. Mark your answer in the same row of the answer sheet.

受験番号　Examinee Registration Number	

名前　Name	

問題1 ＿＿＿の言葉の読み方として最もよいものを、1・2・3・4から一つ選びなさい。

1 彼は必死に<u>拒み</u>続けていたが、最後にはあきらめた。

1 たのみ　　2 こばみ　　3 からみ　　4 せがみ

2 彼には、感情というものが<u>欠如</u>している。

1 けつにょう　　2 けつじょう　　3 けつにょ　　4 けつじょ

3 この指輪は<u>一見</u>高そうだが、実はそうではない。

1 いちみ　　2 ひとみ　　3 いっけん　　4 ひっけん

4 彼は<u>巧み</u>な手さばきで、ドレスを縫い上げた。

1 うまみ　　2 たくみ　　3 こうみ　　4 しくみ

5 朝、具合が悪くて<u>寒気</u>がしたので、会社を休んだ。

1 さむき　　2 かんき　　3 さむけ　　4 かんけ

6 紅葉を眺めながらの露天風呂は、なかなか<u>風情</u>がある。

1 ふぜい　　2 ふうぜい　　3 ふうじょう　　4 ふじょう

問題2 （　　　）に入れるのに最もよいものを、1・2・3・4から一つ選びなさい。

7 彼は大気汚染に関する講演を聞いてから、（　　　）カーに乗るようになった。

1 コネ　　2 ラフ　　3 エコ　　4 オフ

8 教授の話を熱心に聞いていた学生たちは、何度も（　　　）いた。

1 うつむいて　　2 よそみして　　3 うなずいて　　4 さぼって

9 母は私のすることに（　　　）文句をいう。

1 いちいち　　2 さめざめ　　3 やすやす　　4 もぐもぐ

10 先ほどお渡しした資料に間違いがありましたので、こちらに（　　　）ください。

1 立て替えて　　2 差し替えて　　3 立て直して　　4 差し直して

11 今年大学を卒業して、地元の企業に新卒で（　　　）された。

1 再開　　2 採用　　3 起用　　4 就職

12 友達にひどいことを言ってしまい、とても（　　　）しています。

1 未遂　　2 失敗　　3 未練　　4 後悔

13 他社との競争に勝つため、商品の（　　　）化をはかった。

1 差別　　2 隔離　　3 相違　　4 誤差

問題3　＿＿＿の言葉に意味が最も近いものを、1・2・3・4から一つ選びなさい。

14 もう大人なんだから、軽はずみな行動をするな。

1　軽快な　　2　簡単な　　3　単純な　　4　軽率な

15 夢をかなえるために、多くの留学生が日本で学んでいる。

1　実現する　　2　獲得する　　3　届ける　　4　見つける

16 先方には再三お願いのメールを送っていますが、まだお返事がありません。

1　いつも　　2　何度も　　3　ずっと前に　　4　ていねいに

17 少子高齢化による労働力不足が懸念される。

1　可能性がある　　2　期待される　　3　疑問だ　　4　心配だ

18 最近システム部に入った彼は、とても頭が切れる人物だ。

1　怒りやすい　　2　落ち着いた　　3　有名な　　4　賢い

19 その企画の内容について、私は一切知らされていなかった。

1　まったく　　2　あまり　　3　ほとんど　　4　あらかじめ

問題4　次の言葉の使い方として最もよいものを、1・2・3・4から一つ選びなさい。

20 手掛ける

1　今回のプロジェクトは、私が一人で手掛けた初めての仕事だった。
2　急いでいたので、慌ててドアに手掛けてしまい、指をけがした。
3　予約をするためレストランに電話を手掛けたが、かからなかった。
4　スタジアムに集まった約１万人の観客は、一体となって選手に手掛けた。

21 台無し

1　一人暮らしを始めてから台無しをしていたので、ついに熱が出てしまった。
2　一番上の棚の本は台無しなので、私には取れない。
3　月末に給料が入ると、ついつい台無しづかいしてしまう。
4　せっかくケーキを焼いたのに、うっかり落としてしまい、台無しになった。

22 切実

1　そんなに切実に運動しないで、少し休んだらどうですか。
2　彼が切実に勉強している姿を見ると、私もやる気が出る。
3　日本において、少子化はますます切実な問題になっている。
4　彼はテニスのことになると、いつも切実になる。

23 沈黙

1　彼は普段は沈黙だが、話しかけると陽気な人だ。
2　私が留守の間、誰が来ても沈黙してくださいね。
3　このことは絶対に沈黙にしておいてと言ったはずなのに。
4　気まずい雰囲気の中、沈黙を破ったのは彼の提案だった。

24 冷静

1　この魚は傷みやすいので、冷静して保存してください。
2　外は暑いが、店内は適度に冷静がきいていて過ごしやすい。
3　気持ちはわかりますが、そんなに興奮しないで、冷静になって話してください。
4　社長の冷静な仕事の進め方のために、多くの社員が苦しんだ。

25 念願

1　子供のころに両親に言われたことを、いつも念願において行動する。

2　大学受験の前に、京都のお寺に念願に行くつもりだ。

3　景気回復の兆しが見えず、経済の先行きを念願している。

4　見事な逆転勝利の末、念願の初優勝を果たした。

問題5　次の文の（　　　）に入れるのに最もよいものを、1・2・3・4から一つ選びなさい。

26 大切な試験が2週間後に迫ってきた。母親の心配を（　　　）、受験生の弟は一日中ゲームばかりしている。

1　なしに　　2　おろか　　3　よそに　　4　なくして

27 あのアイドルグループは今でこそ国民的アイドルにまで成長したが、デビュー後しばらくはCDが売れない時期が続いた。デビュー10年目（　　　）ようやく全国ツアーを行い、一気にファンを増やしていった。

1　にして　　2　にしても　　3　にしては　　4　にしたって

28 （インタビューで）

聞き手「子供のころのエピソードをお聞かせいただけますか。」

水谷（みずたに）「勉強家の姉（　　　）、妹の私はいつも外で遊んでばかりいましたね。木登りをしたり、公園で走り回ったり。」

1　はもとより　　2　にひきかえ　　3　とあって　　4　といえども

29 原発事故のために、避難（　　　）方々がいることを知っていますか。この仮設住宅は、そういった方々のために作られ、今なお大勢の住民が暮らしています。

1　を前提とした　　2　を禁じ得ない

3　を余儀なくされた　　4　をものともしない

30 田中（たなか）「おめでとう！ 新しい仕事、決まったんだってね。」

木村（きむら）「ありがとう。やっと就職も決まった（　　　）、しばらくのんびりしようと思ってるよ。」

1　ことには　　2　ことだし　　3　ことなく　　4　ことか

31 山田（やまだ）監督の新作映画の主演女優を知っていますか。彼女は女優業の（　　　）、環境問題のボランティア活動家としても知られています。

1　かたがた　　2　かと思うと　　3　かたわら　　4　がてら

32 忙しい時期かと存じますが、どうかお体に気をつけて（　　　）。

1　お過ごされください　　　　2　お過ごしください
3　お過ごしでしょう　　　　　4　お過ごされましょう

33 チャン「毎日問題集を解いて勉強をしているのに、なかなか日本語を話すのがうまくならないんだよね。」
佐藤（さとう）「言葉は、実際に（　　　）上手になっていくものだと思うよ。」

1　使ってこそ　　2　使うともなく　　3　使ってまで　　4　使うことなしに

34 圧倒的な情報力と、最新の情勢に合わせて変化していく機動力こそが、あの企業の一流（　　　）ゆえんだ。

1　たり　　2　たる　　3　なる　　4　なら

35 世界的に有名な歌手が10年ぶりに来日することになり、空港には（　　　）の人が押し寄せた。

1　あふれんばかり　　　　2　あふれたまま
3　あふれっぱなし　　　　4　あふれすぎ

問題6　次の文の＿★＿に入る最もよいものを、1・2・3・4から一つ選びなさい。

（問題例）

あそこで ＿＿ ＿＿ ＿★＿ ＿＿ は山田（やまだ）さんです。

1　テレビ　　2　見ている　　3　を　　4　人

（解答のしかた）

1.　正しい文はこうです。

あそこで ＿＿ ＿＿ ＿★＿ ＿＿ は山田（やまだ）さんです。 1 テレビ　3 を　2 見ている　4 人

2.　＿★＿に入る番号を解答用紙にマークします。

（解答用紙）

（例）	①　●　③　④

36 吉野（よしの）さんは ＿＿ ＿＿ ＿★＿ ＿＿ 科学者になるでしょう。

1　世界的に有名な　　2　天才とは　　3　までも　　4　言えない

37 非情にも ＿＿ ＿＿ ＿★＿ ＿＿ 、台風でりんごが全滅してしまった。

1　まもなく　　2　と喜んでいた　　3　収穫できる　　4　矢先に

38 大型バスが山道を走行中にスリップし、あやうく ＿＿ ＿＿ ＿★＿ ＿＿ 全員無事だった。

1　ところだったが　　2　奇跡的に　　3　なりかねない　　4　大事故に

39 火災の消火や救急によって ＿＿＿ ＿＿＿ ＿★＿ ＿＿＿ 背中合わせの職業だ。

1　子どもたちにとって　　　2　あこがれの職業だが
3　実は常に危険と　　　　　4　人々の命を守る消防士は

40 今回の新商品の開発にあたり、 ＿＿＿ ＿＿＿ ＿★＿ ＿＿＿ ので、教えていただけますか。

1　他社の商品との違いに関して　　　2　かまいません
3　御社が特に力を入れられた点と　　4　差し支えない範囲で

問題7　次の文章を読んで、文章全体の趣旨を踏まえて、［41］から［45］の中に入る最もよいものを、1・2・3・4から一つ選びなさい。

以下は、小説家が書いたエッセイである。

宇宙論の歴史は、ホーキングの登場［41］、モノ的アプローチからコト的アプローチへ、はっきりと移行していきました。彼は「現象の裏には何が存在するのか」には、ほとんど興味を示しません。「何が起きたのか」という結果にだけ、関心を寄せるのです。

話をわかりやすくするために、比喩的な説明になりますが、金融・経済の世界でモノ的価値観とコト的価値観の違いについて、考えてみましょう。

大昔、人間の経済活動はとても単純で、いわば地に足が着いていました。人々は、狩りの獲物や農作物、金や銀といった「モノ」にしか価値を見出さず、それを物々交換して生活していました。私は、こういう状態を（原始的な）「モノ的世界観」と呼んでいます。

［42］経済が発達すると、モノづくりに励まなくても、物資の移動を仲介するだけで報酬としてモノを受け取り、生活できる人々が生まれました。そして、モノだけが流通していたところに、モノの代わりに価値を表す「貨幣」、つまりお金が使われ始めます。人間社会は、お金とお金が交換されるような状態へと移行していきました。

お金というものは、例えば紙幣なら、インクの染みた紙きれにすぎず、モノとしての価値は断然低いです。もしも一万円札を持って、タイムマシンで物々交換の時代に出かけて行き、猟師が命懸けで獲っていた獲物を指さして「この一万円札と交換して欲しい」と交渉を［43］、それこそぶん殴られて［44］。

でも、現代社会なら話は別です。

お金はモノとモノとの間を媒介しているため、お金というモノ自体に価値があるかのような幻想を生み出しています。このようにモノが主役の座を離れて、モノでないものが重要な役割を演じる［45］状態を私は「コト的世界観」と呼んでいます。

（竹内薫『ホーキング博士 人類と宇宙の未来地図』宝島社による）

41

1　をはじめ　　2　に先立って　　3　に基づいて　　4　をきっかけに

42

1　例えば　　2　やがて　　3　なぜなら　　4　あるいは

43

1　試みようものなら　　2　試みられるものなら

3　試みなかったなら　　4　試みまいとしたなら

44

1　しまうだけましです　　2　しまったも同然です

3　しまいそうです　　4　しまったものです

45

1　ことにした　　2　ようになった　　3　までもない　　4　ほどの

問題8　次の(1)から(4)の文章を読んで、後の問いに対する答えとして最もよいものを、1・2・3・4から一つ選びなさい。

(1)

男の腕時計はだいたい大きい。というより女の腕時計が極端に小さい。最近のはそうでもないが、戦前戦後のすべてが機械式だった時代には、婦人用時計というと極端に小さかった。もともと女性は男性より体が小さいものだが、その体積比を超えてなおぐっと小さかった。そんなに小さくしなくても、と思うほどで、指輪仕立てにした時計もあった。

あの時代は機械は大きくなるもの、という常識が強かったから、小さな時計はそれだけで高級というイメージがあった。女性の時計は機能というより宝飾アクセサリーの面が強いから、よけいにそうなったのだろう。

（赤瀬川原平『赤瀬川原平のライカもいいけど時計がほしい』シーズ・ファクトリーによる）

46 腕時計について、本文の内容に合っているものはどれか。

1　小さい腕時計よりも大きい腕時計のほうが好まれる。

2　女性の腕時計は、男性のものより少し小さく作られている。

3　昔の女性の腕時計は、機能よりファッション性が重視されていた。

4　昔の腕時計は、大きければ大きいほど高級感があった。

(2)

美食の楽しみで、一番必要なものは、実はお金ではなく、これがおいしい、と思える「舌」である。これは金だけで買えるものではない。自分が歩んできた人生によって培(つちか)われるもので、お金ももちろんそれなりにかかっているかもしれないが、億万長者(注)である必要もない。この「舌」つまり味覚は、万人に共通する基準もなく、絶対的なものでもない。

（金美齢『九十歳 美しく生きる』ワックによる）

（注）億万長者：大金持ち

47 筆者の考えに合うのはどれか。

1 味覚は人生経験の影響を受ける。

2 おいしいと感じられる心を持つことは重要である。

3 美食家になるために最も必要なものはお金である。

4 おいしいものは誰にとってもおいしいものである。

(3)

イタリアは、日本と同じ火山国ですから温泉はいっぱいあるけれど、その素晴らしい大浴場へは、全員が水着で入らなくてはなりません。（中略）だから彼らが日本に来ても、人前で裸になるくらいなら温泉などあきらめてしまいかねないのです。その彼らに日本の素晴らしい温泉、大浴場、山間の岩場の温泉を楽しんでもらうために、私はこうしたらどうかと思うんですね。

つまり、三十分予約制にするのです。彼らは日本のように男女別にしても、他の人たちがいると落ち着かない。だから三十分だけは彼らだけの専用とする。家族や恋人に対してならば、裸でも抵抗感がなくなるから。

（塩野七生『逆襲される文明 日本人へ Ⅳ』文藝春秋による）

48 筆者によると、イタリア人に日本の温泉を楽しんでもらうために、どうすればいいか。

1 三十分だけ水着を着てもよいことにする。

2 三十分だけ貸し切りにする。

3 三十分だけ混浴にする。

4 三十分だけ男女別にする。

(4)

知識を増やすことが、若い時には敵(かな)(注)わないんだとすれば、歳を取ってからやるべきは、人が言った事や書いた事じゃなくて、自分の頭で考えた事をまとめることで何かを産み出すこと。いわば創造的な知識です。自分で考えを作るんです。

知識を得るのに忙しい若い人は考える時間もあまりないし、経験も乏しい。歳を取ると、大きいエネルギーはないですが、経験や経済的な力で遠くまで行けるはずです。だからクリエイティブな仕事というのは、案外中年以降、出来るんじゃないかと思いますね。

（外山滋比古「寿司をのどに詰まらせて死ぬ、なんていいね」週刊文春編『私の大往生』文藝春秋による）

（注）敵(かな)わない：ここでは、できない、難しい

49 筆者によると、歳を取ってからやるべきことは何か。

1　若い人に知識を与えること

2　新しい知識を積極的に取り入れること

3　遠い所に旅行に出かけること

4　よく考えて新しい何かを創ること

問題9　次の(1)から(3)の文章を読んで、後の問いに対する答えとして最もよいものを、1・2・3・4から一つ選びなさい。

(1)

「垂直思考」は、一つの問題を徹底的に深く掘り下げて考えてゆく能力です。ある事象に対して考察を深めて一定の理解が得られたら、「その先に潜む原理は」と一層深い段階を問うてゆきます。ステップを踏んで段階的に進んでゆく論理的な思考、これが垂直思考です。ここでは奥へ奥へと視点を移動させるプロセスが存在します。一つの理解を楔（くさび）(注1)として、そこを新たな視点として、さらにその先を見通すようにして、思索の射程距離を一歩一歩伸ばしてゆくわけです。

「水平思考」もやはり視点が動きますが、垂直思考とは異なり、論理的な展開はそれほど重視されません。むしろ、同じ現象を様々な角度から眺めたり、別々の問題に共通項を見出したり、手持ちの手段を発展的に応用する能力が重要です。垂直思考が緻密（ちみつ）な「詰め将棋（しょうぎ）(注2)」だとすれば、水平思考は自由で大胆な発想によって問題解決を図る「謎解き探偵」です。ここでは、一見難しそうな問題に対して見方を変えることで再解釈する「柔軟性」や、過去に得た経験を自在に転用する「機転」が問われます。つまり、推理力や応用力や創造力を生み出す「発想力」が水平思考です。

（池谷裕二『メンタルローテーション　"回転脳"をつくる』扶桑社による）

(注1) 楔（くさび）：物を割ったり、物同士が離れないように圧迫したりするために使う、V字形の木片
(注2) 詰め将棋（しょうぎ）：将棋（しょうぎ）のルールを用いたパズル

50　垂直思考とはどのような考え方か。

1　順を追って先へ先へと考えを深めていく考え方
2　二者択一によって論理的に答えを追究する考え方
3　自分の感性の赴くままに、直感で考える考え方
4　優先順位をつけて、重要なものから解決していく考え方

51 水平思考によって問題を解決しているのはどれか。

1 身体の柔らかさや俊敏さによって犯人を追い詰める。

2 犯人が落とした物の製造元を調べて犯人をつきとめる。

3 似たような事件のパターンに当てはめて推測する。

4 犯人が残した指紋から犯人を割り出す。

52「垂直思考」と「水平思考」に共通することは何か。

1 論理的な思考が重視されること

2 大胆な発想が求められること

3 視点を動かしながら考えること

4 柔軟性が必要なこと

(2)

ファンタジーはどうして、一般に①評判が悪いのだろう。それはアメリカの図書館員も言ったように、現実からの逃避(注1)として考えられるからであろう。あるいは、小・中学校の教師のなかには、子どもがファンタジー(注2)好きになると、科学的な思考法ができなくなるとか、現実と空想がごっちゃに(注3)なってしまうのではないかと心配する人もある。しかし、実際はそうではない。子どもたちはファンタジーと現実の差をよく知っている。たとえば、子どもたちがウルトラマン(注4)に感激して、どれほどその真似をするにしても、実際に空を飛ぼうとして死傷したなどということは聞いたことがない。ファンタジーの中で動物が話すのを別に不思議がりはしない子どもたちが、実際に動物が人間の言葉を話すことを期待することがあるだろうか。②子どもたちは非常によく知っている。彼らは現実とファンタジーを取り違えたりしない。それでは、子どもたちはどうして、ファンタジーをあれほど好むのだろう。それは現実からの逃避なのだろうか。

子どもたちがファンタジーを好むのは、それが彼らの心にぴったり来るからなのだ。あるいは、彼らの内的世界を表現している、と言ってもいいだろう。人間の内的世界においても、外的世界と同様に、戦いや破壊や救済などのドラマが生じているのである。それがファンタジーとして表現される。

(河合隼雄『河合隼雄と子どもの目 <うさぎ穴>からの発信』創元社による)

(注1) 逃避：避けて逃げること

(注2) ファンタジー：現実の世界ではない空想の世界

(注3) ごっちゃになる：一緒にまじりあって区別がつかなくなる

(注4) ウルトラマン：1960年代に日本のテレビで放送された特撮番組のヒーロー

53 一般的に、ファンタジーが①評判が悪いのはなぜか。

1 現実社会で問題が起きた時、その問題に真剣に向き合いすぎると考えられているから

2 ファンタジーの中の世界を不思議に思う子どもが多いと考えられているから

3 ファンタジーが好きな子どもほど科学を嫌いになる傾向があると考えられているから

4 現実とファンタジーの中の世界を区別できなくなる恐れがあると考えられているから

54 ②子どもたちは非常によく知っているとあるが、何を知っているのか。

1　ファンタジーの中の世界は現実からの逃避だということ

2　ファンタジーの中の世界は現実の世界と違うということ

3　ファンタジーの中の世界はとても評判が悪いということ

4　ファンタジーの中の世界はよくドラマになっているということ

55 ファンタジーが子どもたちに好まれているのはなぜか。

1　子どもの心の中をよく表しているから

2　子どもの好きなものがたくさん出てくるから

3　日常生活で経験できないことが書いてあるから

4　現実世界よりもドラマチックだから

(3)

①ある人が社会人になって営業職についたのだが、発注する数を間違うというミスを連発してしまった。書類作成などでは大変高い能力を発揮する社員だったので、上司は「キミみたいな人がどうしてこんな単純なミスをするのか」と首をひねった。社員は「気をつけます」と謝ったが、その後もまた同じミスを繰り返す。

あるとき上司は、「キミのミスは、クライアント(注1)と直接、会って注文を受けたときに限って起きている。メールのやり取りでの発注では起きていない。もしかすると聴力に問題があるのではないか」と気づき、耳鼻科を受診するように勧めた。その言葉に従って大学病院の耳鼻科を受診してみると、はたして特殊な音域(注2)に限定された聴力障害があり、低い声の人との会話は正確に聴き取れていないことがわかったのだ。

耳鼻科の医師は「この聴力障害は子どもの頃からあったものと考えられますね」と言ったが、②本人も今までそれに気づかずに来た。もちろん小学校の頃から健康診断で聴力検査は受けてきたのだが、検査員がスイッチを押すタイミングを見て「聴こえました」と答えてきた。また、授業や日常会話ではそれほど不自由も感じなかった、という。だいたいの雰囲気で話を合わせることもでき、学生時代は少しくらいアバウト(注3)な会話になったとしても、誰も気にしなかったのだろう。

(香山リカ『「発達障害」と言いたがる人たち』SBクリエイティブによる)

(注1) クライアント：ここでは、取引先
(注2) 音域：音の高さの範囲
(注3) アバウトな：いい加減な、おおざっぱな

56 筆者によると、①ある人とはどのような人か。

1 書類作成で何度も単純なミスを連発している人
2 上司に注意されても謝ろうとしない人
3 営業で高い能力を発揮している人
4 発注するときに簡単な間違いを繰り返す人

57 上司が部下に対してとった行動はどれか。

1 部下のミスに対して腹を立てた。

2 部下に自分も同じ障害を持っていると話した。

3 部下に病院に行くように促した。

4 部下がミスを繰り返さないよう、仕事の内容を変えた。

58 ②本人も今まで気づかずに来たとあるが、なぜか。

1 会話を全部聞き取れなくても、問題なくコミュニケーションがとれたから

2 特殊な音が聴き取れて、友だちとアバウトな会話ができたから

3 授業で先生の話を熱心に聞いていて、困らなかったから

4 健康診断はあっても、聴力を調べてもらう機会がなかったから

問題10　次の文章を読んで、後の問いに対する答えとして最もよいものを、1・2・3・4から一つ選びなさい。

①文章の本質は「ウソ」です。ウソという表現にびっくりした人は、それを演出という言葉に置きかえてみてください。

いずれにしてもすべての文章は、それが文章の形になった瞬間に何らかの創作が含まれます。良い悪いではありません。好むと好まざるとにかかわらず、文章を書くという行為はそうした性質をもっています。

②動物園に遊びに行った感想を求められたとしましょう。「どんな様子だったのか話して」と頼まれたなら、おそらくたいていの子は何の苦もなく感想を述べることができるはずです。ところが、「様子を文章に書いて」というと、途端に多くの子が困ってしまう。それはなぜか。同じ内容を同じ言葉で伝えるとしても、話し言葉と書き言葉は質が異なるからです。

巨大なゾウを見て、思わず「大きい」と口走ったとします。このように反射的に発せられた話し言葉は、まじり気(注1)のない素(す)の言葉です。しかし、それを文字で表現しようとした瞬間、言葉は思考のフィルター(注2)をくぐりぬけて(注3)変質していきます。

「『大きい』より『でかい』のほうがふさわしいのではないか」

「『大きい！』というように、感嘆符(注4)をつけたらどうだろう」

「カバが隣にいたとあえてウソをついて、『カバの二倍はあった』と表現すれば伝わるかもしれない」

人は自分の見聞きした事柄や考えを文字に起こすプロセスで、言葉を選択したり何らかの修飾を考えます。言葉の選択や修飾は演出そのもの。そうした積み重ねが文章になるのだから、原理的に「文章にはウソや演出が含まれる。あるいは隠されている」といえます。

ある文章術の本に、③「見たもの、感じたものを、ありのままに自然体で書けばいい」というアドバイスが載っていました。「ありのままに」といわれると、何だか気楽に取り組めるような気がします。

しかし、このアドバイスが実際に文章に悩む人の役に立つことはないでしょう。

ありのままに描写した文章など存在しないのに、それを追い求めるのは無茶な話です。文章の本質は創作であり、その本質から目を背けて耳に心地よいアドバイスに飛びついても、文章はうまくはならない。

（藤原智美『文は一行目から書かなくていい　検索、コピペ時代の文章術』プレジデント社による）

（注1）まじり気のない：何もまざっていない、純粋な
（注2）フィルター：不純物を取り除く装置
（注3）くぐり抜ける：くぐって通り抜ける
（注4）感嘆符：感動・興奮・強調・驚きなどの感情を表す「！」の符号

59 ①文章の本質は「ウソ」ですとあるが、それについて筆者はどのように述べているか。

1　本当はよくないことだが、仕方がない。
2　当然のことであり、良いか悪いかは問題ではない。
3　以前は嫌いだったが、今は受け入れられるようになった。
4　決して正しい事実ではない。

60 ②動物園に遊びに行った感想を求められた多くの子供の反応はどれか。

1　言葉を選びながら、ゆっくりと話すことができる。
2　話す内容をよく考えてから、きちんと話すことができる。
3　何を話せばいいかわからず、困ってしまう。
4　反射的にすらすらと話すことができる。

61 ③「見たもの、感じたものを、ありのままに自然体で書けばいい」というアドバイスについて、筆者はどのように考えているか。

1　絶対に不可能なことである。
2　簡単にできそうである。
3　文章の本質をついたアドバイスである。
4　慣れていない人にとっては難しすぎる。

62 この文章で筆者の考えに合うのはどれか。

1　優れた文章とは、ウソの多い文章である。
2　文章を書くという行為は、演出であり、創作である。
3　ありのままに書こうとすると、文章が下手になる。
4　文章を書く時は、きちんとしたアドバイスに従うべきである。

問題11　次のAとBの文章を読んで、後の問いに対する答えとして最もよいものを、1・2・3・4から一つ選びなさい。

A

男性の育児休暇の取得義務化について、私は慎重派です。日本の大半の夫婦は男性が主な稼ぎ手のため、育休(注1)を義務付けたら収入が減り、将来につながる重要な仕事のチャンスを失う恐れがあると思います。義務化するのではなく、男性の育児参加を増やすために、短時間勤務や残業免除などの制度を利用しやすくするほうが現実的なのではないでしょうか。育児経験は仕事にも役立ち、人生をより豊かにしてくれるという、育児の意外な効用もあると思います。まずは、社会、企業の意識改革必要であると考えます。

B

私は、男性の育児休暇義務化には、よい面と悪い面のどちらもあると思います。産まれたばかりの新生児(注2)という貴重な期間に、夫婦そろって赤ん坊と過ごせるのは幸せなことですし、その後の父子関係や家族のあり方によい影響を与えてくれると思います。また、育児に積極的に関わり、家族の健康維持や効率のよい家事育児の仕方について考えることによって、ビジネススキル(注3)を磨くことにもつながると思います。ただ、家事育児への意識と能力が高い人であればいいのですが、お昼になったら平気で「ごはんは?」と言ってくるタイプの夫の場合は、仕事に行って稼いでくれたほうがましかもしれません。それに、出産前後だけ休暇を取ってもあまり意味はないかな、とも思います。義務化するより、普段から継続的に家事や育児ができる体制にしたほうがよっぽど意味があるのではないでしょうか。

(注1) 育休：育児休暇のこと

(注2) 新生児：生まれたばかりの赤ちゃん

(注3) ビジネススキル：ビジネスにおいて必要な能力

63 男性の育児休暇義務化の良い点について、AとBはどのように述べているか。

1　Aは男性の採用が有利になると述べ、Bはその後の親子関係がよくなると述べている。

2　Aは人生がより充実すると述べ、Bは会社での昇進につながると述べている。

3　AもBも、育児や家事の経験が仕事でも役立つと述べている。

4　AもBも、収入が減るなどの不利益があると述べている。

64 育児休暇について、AとBで共通して提案していることは何か。

1　育休中の男性の収入を減らさないような体制を作ること

2　育休前に男性の家事育児の意識と能力を高めておくこと

3　男性が育休中に重要なビジネスチャンスを逃さないように保障すること

4　男性が普段から家事や育児に参加しやすくなるような仕組みを作ること

問題12　次の文章を読んで、後の問いに対する答えとして最もよいものを、1・2・3・4から一つ選びなさい。

①かつての遊びにおいては、子どもたちは一日に何度も息を切らし汗をかいた。自分の身体の全エネルギーを使い果たす毎日の過ごし方が、子どもの心身にとっては、測りがたい重大な意味を持っている。

この二十年ほどで、子どもの遊びの世界、②特に男の子の遊びは激変した。外遊びが、極端に減ったのである。一日のうちで息を切らしたり、汗をかいたりすることが全くない過ごし方をする子どもが圧倒的に増えた。子ども同士が集まって野球をしたりすることも少なくなり、遊びの中心は室内でのテレビゲームに完全に移行した。身体文化という視座(注1)から見たときに、男の子のこの遊びの変化は、看過(注2)できない重大な意味を持っている。

相撲(すもう)や(注3)チャンバラ遊びや鬼(注4)ごっこといったものは、室町時代や江戸時代から連綿(注5)として続いてきた遊びである。明治維新や敗戦、昭和の高度経済成長といった生活様式の激変にもかかわらず、子どもの世界では、数百年以上続いてきた伝統的な遊びが日常の遊びとして維持されてきたのである。

しかし、それが1980年代のテレビゲームの普及により、絶滅状態にまで追い込まれている。これは単なる流行の問題ではない。意識的に臨(注6)まなければ取り返すことの難しい身体文化の喪失である。かつての遊びは、身体の中心感覚を鍛え、他者とのコミュニケーション力を鍛える機能を果たしていた。これらはひ(注7)っくるめて自己形成のプロセスである。

コミュニケーションの基本は、身体と身体の触れ合いである。そこから他者に対する信頼感や距離感といったものを学んでいく。たとえば、相撲(すもう)を何度も何度も取れば、他人の体と自分の体の触れ合う感覚が蓄積されていく。他者と肌を触れ合わすことが苦にならなくなるということは、他者への基本的信頼が増したということである。これが大人になってからの通常のコミュニケーション力の基礎、土台となる。自己と他者に対する信頼感を、かつての遊びは育てる機能を担っていたのである。

この身体を使った遊びの衰退に関しては、伝統工芸の保存といったものとは区別して考えられる必要がある。身体全体を使ったかつての遊びは、日常の大半を占めていた活動であり、なおかつ自己形成に大きく関わっていた問題だからである。歌舞伎や伝統工芸といったものは、もちろん保存継承がされるべきものである。しかし、現在、より重要なのは、自己形成に関わっていた日常的な身体文化のものの価値である。

（土居健郎・齋藤孝『「甘え」と日本人』KADOKAWAによる）

（注1）視座：視点
（注2）看過できない：見過ごせない
（注3）チャンバラ遊び：枝や傘を刀に見立てて斬り合うふりをする遊び
（注4）鬼ごっこ：一人が鬼になって他の者たちを追い回し、捕まった者が次の鬼になる遊び
（注5）連綿：途絶えずに長く続くようす
（注6）臨む：立ち向かう
（注7）ひっくるめる：ひとつにまとめる

65 ①かつての遊びとはどのような遊びか。

1 二十年前から続いている外遊び
2 テレビゲームに人気を超されそうな遊び
3 時代と共に姿を変えてきた遊び
4 体を使って多くのエネルギーを消耗する遊び

66 ②特に男の子の遊びは激変したとあるが、どのように変化したか。

1 外遊びも伝統的な遊びも完全になくなった。
2 伝統的な遊びが日常の遊びとして定着した。
3 遊びの中心がコミュニケーションを育てるゲームに移った。
4 遊びの中心が身体を使った外遊びからテレビゲームに移った。

67 かつての遊びの機能として筆者が述べているのはどれか。

1 ボディタッチなどで他の人の肌に触れることが好きになる。
2 他の人と上手にコミュニケーションできることにつながる。
3 汗をかきながら体を動かすことで、健康になる。
4 誰のことも、心から信じられるようになる。

68 筆者が最も伝えたいことは何か。

1 かつての遊びは、歌舞伎や伝統工芸よりも重要な文化である。
2 かつての遊びは、歌舞伎と同様、衰退していくものである。
3 かつての遊びは、伝統工芸とは異なり、身体を鍛えられるという点で優れている。
4 かつての遊びは、伝統文化よりも身近な文化であるため、その価値を軽視しやすい。

問題13　右のページは、アルバイト募集の広告である。下の問いに対する答えとして最もよいものを、1・2・3・4から一つ選びなさい。

69 マリさんは、日本語と英語を活かした仕事がしたい。日本語と英語は上級レベルである。今までアルバイトをした経験はない。土日勤務はなるべく避けたい。マリさんに合うアルバイトはどれか。

1　①

2　②

3　③

4　④

70 イさんは、日本のデパートで働いた経験がある。日本語は上級レベル、英語は中級レベルである。将来正社員になることを目指して長期的に働きたい。できれば残業はしたくない。イさんに合うアルバイトはどれか。

1　①

2　②

3　③

4　④

アルバイト募集！

職種	応募資格		給料	その他
	【必須スキル・資格】	【歓迎スキル・資格】		
①スニーカー店での接客販売	・日本語：中級レベル ・土日祝勤務可能な方	・接客が好きな方 ・ランニングや運動に興味がある方	時給 1,300円	職場は10名体制。20～30代の男女スタッフが一緒にワイワイと楽しくお仕事しています。残業ほぼなし。 詳細を見る
②空港内の免税店での接客販売	・日本語：中～上級レベル ・早朝の勤務、夜の勤務などに対応できる方	・英語ができれば尚可 ・未経験者歓迎！ ・ファッションが好きな方 ・人と話すことが好きな方	時給 1,200円	外国人が活躍しています！ 残業あり。正社員登用チャンスあり。 詳細を見る
③空港のWiFiレンタルカウンター	・日本語：中級レベル ・英語：中級レベル ・接客の経験がある方 ・ＰＣスキル（パワーポイント、エクセル、メール） ・最低1年以上は勤務できる方	・明るくてコミュニケーション能力が高い方	時給 1,300円	一緒に働くスタッフは、幅広い年齢層の様々な背景を持った人たちで、みんなとても仲良し。正社員登用チャンスあり。残業ほぼなし。 詳細を見る
④ホテルスタッフ	・日本語：中級レベル ・韓国語・英語・タイ語のいずれかが堪能であること ・接客・サービス業の経験がある方（アルバイト経験もＯＫ） ・土日祝勤務できる方	・笑顔で接客できる方 ・人と話すのが好きな方 ・お世話をするのが好きな方	時給 1,350円	正社員登用チャンスあり。深夜残業あり。 詳細を見る

第3回

読解

合格模試　第3回　　　　　　　　　　　　　　　　　　　問題用紙

N1
聴解
(60分)

注　　意
Notes

1. 試験が始まるまで、この問題用紙を開けないでください。
   Do not open this question booklet until the test begins.
2. この問題用紙を持って帰ることはできません。
   Do not take this question booklet with you after the test.
3. 受験番号と名前を下の欄に、受験票と同じように書いてください。
   Write your examinee registration number and name clearly in each box below as written on your test voucher.
4. この問題用紙は、全部で13ページあります。
   This question booklet has 13 pages.
5. この問題用紙にメモをとってもいいです。
   You may make notes in this question booklet.

受験番号　Examinee Registration Number	

名前　Name	

問題1　N1_3_02

問題1では、まず質問を聞いてください。それから話を聞いて、問題用紙の1から4の中から、最もよいものを一つえらんでください。

例　N1_3_03

1　グッズの数をチェックする
2　客席にゴミが落ちていないか確認する
3　飲み物とお菓子を用意する
4　ポスターを貼る

1番 N1_3_04

1 客に待つように言う
2 客に丁寧に謝る
3 客に飲み物をサービスする
4 客の間違いを指摘する

2番 N1_3_05

1 追加料金を支払う
2 航空券の値段を確認する
3 鈴木さんからのメールを読む
4 航空券の領収書を探す

3番　N1_3_06

1　ホームページ上で手続きを終わらせる
2　お客様相談室に電話する
3　担当者にメールを送る
4　担当者からの連絡を待つ

4番　N1_3_07

1　新しいコピー機を買う
2　代わりのコピー機を借りる
3　コピー機を組み立てる
4　三日間コピー機を使わない

5番(ばん) N1_3_08

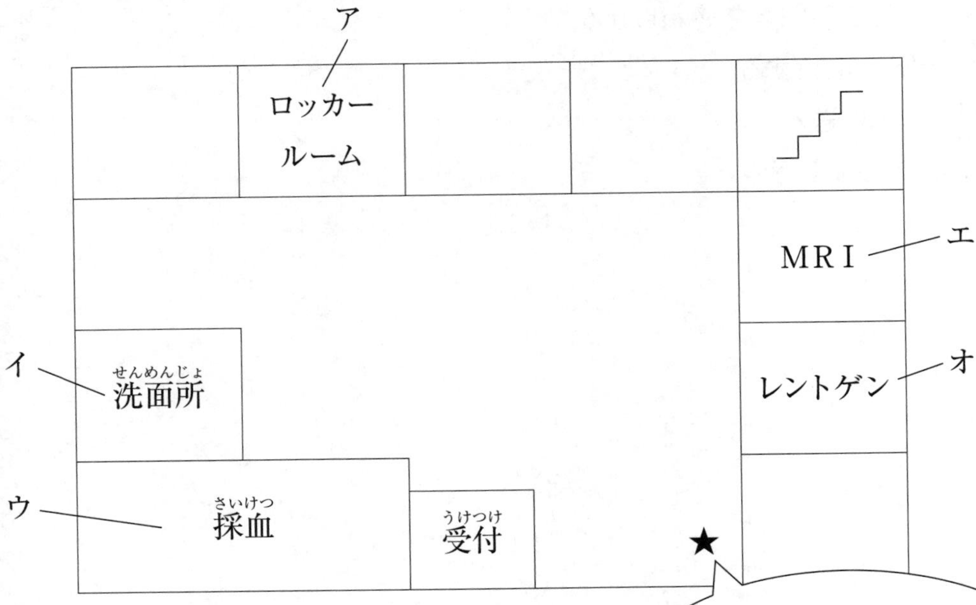

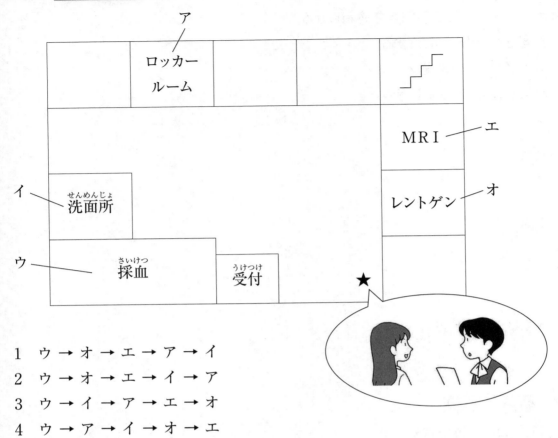

1　ウ → オ → エ → ア → イ
2　ウ → オ → エ → イ → ア
3　ウ → イ → ア → エ → オ
4　ウ → ア → イ → オ → エ

6番(ばん) N1_3_09

1　講師用(こうしよう)のアンケートを作(つく)る
2　会場(かいじょう)の備品(びひん)を確認(かくにん)する
3　座席表(ざせきひょう)を作(つく)る
4　講師(こうし)にメールする

問題2 N1_3_10

問題2では、まず質問を聞いてください。そのあと、問題用紙のせんたくしを読んでください。読む時間があります。それから話を聞いて、問題用紙の1から4の中から、最もよいものを一つえらんでください。

例 N1_3_11

1 役者の顔
2 役者の演技力
3 原作の質
4 演劇のシナリオ

1番 N1_3_12

1 紙の吸水性がよくなった

2 ぼかしにくくなった

3 にじみにくくなった

4 紙の表面が強くなった

2番 N1_3_13

1 内容が簡単であること

2 具体的な例が多いこと

3 行動の指針が書いてあること

4 読んだら人気者になれること

3番 N1_3_14

1　障害者が車の来る方向に気づけるようにする
2　障害者用に信号を整備する
3　障害者のために道路標識をつける
4　障害者が運転しやすい道をつくる

4番 N1_3_15

1　食べたらすぐ店を出るというルールがあるから
2　お肉を切った状態で出すようにしたから
3　相席してくれた人に飲み物をサービスするようにしたから
4　店に来た人全員に飲み物をサービスするようにしたから

5番 N1_3_16

1　電話番号にハイフンを入れなかったから
2　パスワードに数字か記号を入れなかったから
3　パスワードが電話番号と同じだったから
4　基本情報を入れていなかったから

6番 N1_3_17

1　社長に気に入られたから
2　前の会社より儲かるから
3　社長に協力したいと思ったから
4　自分の能力を生かせると思ったから

7番 N1_3_18

1 チームがうまくまとまること
2 若い選手が意識を変えること
3 きつい試合に慣れること
4 若い選手が力をつけること

問題3 N1_3_19

問題3では、問題用紙に何も印刷されていません。この問題は、全体としてどんな内容かを聞く問題です。話の前に質問はありません。まず話を聞いてください。それから、質問とせんたくしを聞いて、1から4の中から、最もよいものを一つえらんでください。

例 N1_3_20

1番 N1_3_21

2番 N1_3_22

3番 N1_3_23

4番 N1_3_24

5番 N1_3_25

6番 N1_3_26

問題4 N1_3_27

問題4では、問題用紙に何も印刷されていません。まず文を聞いてください。それから、それに対する返事を聞いて、1から3の中から、最もよいものを一つえらんでください。

例 N1_3_28

1番 N1_3_29

2番 N1_3_30

3番 N1_3_31

4番 N1_3_32

5番 N1_3_33

6番 N1_3_34

7番 N1_3_35

8番 N1_3_36

9番 N1_3_37

10番 N1_3_38

11番 N1_3_39

12番 N1_3_40

13番 N1_3_41

14番 N1_3_42

問題5 N1_3_43

問題5では、長めの話を聞きます。この問題には練習はありません。

問題用紙にメモをとってもかまいません。

1番、2番

問題用紙に何も印刷されていません。まず話を聞いてください。それから、質問とせんたくしを聞いて、1から4の中から、最もよいものを一つえらんでください。

1番 N1_3_44

2番 N1_3_45

3番 N1_3_46

まず話を聞いてください。それから、二つの質問を聞いて、それぞれ問題用紙の1から4の中から、最もよいものを一つえらんでください。

質問1 N1_3_47

1　パイプ枕
2　ふわふわ枕
3　キューブ枕
4　もちもち枕

質問2

1　パイプ枕
2　ふわふわ枕
3　キューブ枕
4　もちもち枕

合格模試　解答用紙

N1　言語知識（文字・語彙・文法）・読解

第3回

受験番号 Examinee Registration Number		名前 Name	

〈ちゅうい　Notes〉

1. くろいえんぴつ（HB、No.2）でかいてください。
   Use a black medium soft (HB or No.2) pencil.
   （ペンやボールペンではかかないでください。）
   (Do not use any kind of pen.)
2. かきなおすときは、けしゴムできれいにけしてください。
   Erase any unintended marks completely.
3. きたなくしたり、おったりしないでください。
   Do not soil or bend this sheet.
4. マークれい Marking Examples

よいれい Correct Example	わるいれい Incorrect Examples
●	⊘ ✓ ○ ◎ ⊜ ⦶ ●

問題1				
1	①	②	③	④
2	①	②	③	④
3	①	②	③	④
4	①	②	③	④
5	①	②	③	④
6	①	②	③	④
問題2				
7	①	②	③	④
8	①	②	③	④
9	①	②	③	④
10	①	②	③	④
11	①	②	③	④
12	①	②	③	④
13	①	②	③	④
問題3				
14	①	②	③	④
15	①	②	③	④
16	①	②	③	④
17	①	②	③	④
18	①	②	③	④
19	①	②	③	④
問題4				
20	①	②	③	④
21	①	②	③	④
22	①	②	③	④
23	①	②	③	④
24	①	②	③	④
25	①	②	③	④

問題5				
26	①	②	③	④
27	①	②	③	④
28	①	②	③	④
29	①	②	③	④
30	①	②	③	④
31	①	②	③	④
32	①	②	③	④
33	①	②	③	④
34	①	②	③	④
35	①	②	③	④
問題6				
36	①	②	③	④
37	①	②	③	④
38	①	②	③	④
39	①	②	③	④
40	①	②	③	④
問題7				
41	①	②	③	④
42	①	②	③	④
43	①	②	③	④
44	①	②	③	④
45	①	②	③	④
問題8				
46	①	②	③	④
47	①	②	③	④
48	①	②	③	④
49	①	②	③	④

問題9				
50	①	②	③	④
51	①	②	③	④
52	①	②	③	④
53	①	②	③	④
54	①	②	③	④
55	①	②	③	④
56	①	②	③	④
57	①	②	③	④
58	①	②	③	④
問題10				
59	①	②	③	④
60	①	②	③	④
61	①	②	③	④
62	①	②	③	④
問題11				
63	①	②	③	④
64	①	②	③	④
問題12				
65	①	②	③	④
66	①	②	③	④
67	①	②	③	④
68	①	②	③	④
問題13				
69	①	②	③	④
70	①	②	③	④

合格模試　解答用紙

N1 聴解

第3回

受験番号 Examinee Registration Number		名前 Name	

〈ちゅうい　Notes〉

1. くろいえんぴつ（HB、No.2）でかいてください。
   Use a black medium soft (HB or No.2) pencil.
   （ペンやボールペンではかかないでください。）
   (Do not use any kind of pen.)
2. かきなおすときは、けしゴムできれいにけしてください。
   Erase any unintended marks completely.
3. きたなくしたり、おったりしないでください。
   Do not soil or bend this sheet.
4. マークれい Marking Examples

よいれい Correct Example	わるいれい Incorrect Examples
●	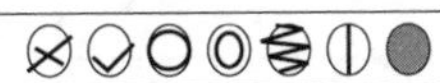

もんだい
問題1

例	①	②	③	●
1	①	②	③	④
2	①	②	③	④
3	①	②	③	④
4	①	②	③	④
5	①	②	③	④
6	①	②	③	④

もんだい
問題2

例	①	②	③	●
1	①	②	③	④
2	①	②	③	④
3	①	②	③	④
4	①	②	③	④
5	①	②	③	④
6	①	②	③	④
7	①	②	③	④

もんだい
問題3

例	①	②	●	④
1	①	②	③	④
2	①	②	③	④
3	①	②	③	④
4	①	②	③	④
5	①	②	③	④
6	①	②	③	④

もんだい
問題4

例	①	●	③
1	①	②	③
2	①	②	③
3	①	②	③
4	①	②	③
5	①	②	③
6	①	②	③
7	①	②	③
8	①	②	③
9	①	②	③
10	①	②	③
11	①	②	③
12	①	②	③
13	①	②	③
14	①	②	③

もんだい
問題5

1		①	②	③	④
2		①	②	③	④
3	(1)	①	②	③	④
	(2)	①	②	③	④